ABITUR TRAINING

Ulrike Brombierstäudl
Volkswirtschaft
Wirtschaft/Recht
Grund- und Leistungskurs

ISBN: 3-89449-163-9

© 1995 by Stark Verlagsgesellschaft mbH · D-85318 Freising · Postfach 1852 · Tel. (0 81 61) 17 90
1. Auflage 1995
Nachdruck verboten!

Inhalt

Vorwort

I. Konjunkturelle und strukturelle Probleme der Volkswirtschaft

1. Der Begriff "Konjunktur" 1
2. Der Konjunkturzyklus – eine idealtypische Darstellung 2
3. Die Konjunkturindikatoren und die Problematik ihrer Aussagekraft 3
4. Die Beschreibung der einzelnen Konjunkturphasen anhand ausgewählter Konjunkturindikatoren 6
5. Abgrenzung der Konjunkturschwankungen von saisonalen und langfristigen Schwankungen 7
6. Konjunkturwellen in der Bundesrepublik seit 1967 8
7. Strukturelle Probleme in der Volkswirtschaft der Bundesrepublik 11

II. Das Modell des Wirtschaftskreislaufes

1. Das volkswirtschaftliche Kreislaufmodell als Analyseinstrument 21
2. Die Ableitung des komplexen Kreislaufmodelles vom einfachen Kreislauf unter schrittweiser Aufhebung der eingeführten Prämissen 22
   a) Der Kreislauf in der stationären Wirtschaft 22
   b) Das Kreislaufmodell einer evolutorischen Volkswirtschaft 23
   c) Das Kreislaufmodell einer evolutorischen Volkswirtschaft mit ökonomischer Aktivität des Staates 24

(Fortsetzung nächste Seite)

    d) Das Kreislaufmodell einer offenen evolutorischen
       Volkswirtschaft mit ökonomischer Aktivität des Staates   26
    e) Mathematische Darstellung der Kreisläufe   29

3. Der Kreislauf im Gleichgewicht und im Ungleichgewicht   30
    a) Gleichgewichtsbedingungen   30
    b) Ex-post-Ausgleichsmechanismen   31
    c) Gesamtwirtschaftliche Expansions- und
       Kontraktionsprozesse   32
    d) Multiplikatorwirkungen und Akzeleratorprinzip   33

4. Wichtige volkswirtschaftliche Größen und deren Berechnung   35
    a) Gesamtwirtschaftliche Nachfrage und gesamtwirtschaftliches
       Angebot   35
    b) Berechnung von Bruttosozialprodukt und Volkseinkommen   38
    c) Kritische Betrachtung des Bruttosozialproduktes als
       Wohlstandsindikator   43

III. Ziele der Wirtschaftspolitik in der sozialen Marktwirtschaft

1. Freie Marktwirtschaft und zentrale Planwirtschaft als
   idealtypische Wirtschaftsordnungen   51
2. Die soziale Marktwirtschaft in der Bundesrepublik   54
3. Die Schwächen der sozialen Marktwirtschaft   56
4. Die Träger der Wirtschaftspolitik in der Bundesrepublik und ihre
   Ziele nach § 1 Stabilitätsgesetz   61
5. Die Vereinbarkeit der Ziele: Komplementäre, konkurrierende
   und indifferente Zielbeziehungen   62
6. Das Vollbeschäftigungsziel   65
    a) Ermittlung der Arbeitslosenquote und Meßprobleme   65
    b) Arten und Ursachen der Arbeitslosigkeit   67
    c) Strukturelle Probleme am Arbeitsmarkt   68
7. Das Ziel der Preisniveaustabilität   71
    a) Ermittlung des Preisindex der Lebenshaltungskosten und
       Meßprobleme   72
    b) Inflationsursachen   75

8.	Das Wachstumsziel	77
	a) Ermittlung des wirtschaftlichen Wachstums	78
	b) Kritik am Wachstum	78
9.	Außenwirtschaftliches Gleichgewicht	79
10.	Vom magischen Viereck zum magischen Achteck	80

IV. Möglichkeiten und Grenzen der Geldpolitik

1.	Die Deutsche Bundesbank als Trägerin der Geldpolitik	83
2.	Die Wirkungsweise der Diskont- und Lombardpolitik	86
3.	Die Wirkungsweise der Mindestreservenpolitik	90
	a) Der Prozeß der Giralgeldschöpfung	90
	b) Wirkungsweise der Mindestreservenpolitik	94
4.	Die Wirkungsweise der Offenmarktpolitik unter besonderer Berücksichtigung der Wertpapierpensionsgeschäfte	94
5.	Die Grenzen der Geldpolitik – mögliche Wirkungshemmnisse	97
	a) Wirkungshemmnisse bei kontraktiver Geldpolitik	98
	b) Wirkungshemmnisse bei expansiver Geldpolitik	100
6.	Das Geldmengenkonzept der Bundesbank	101

V. Möglichkeiten und Grenzen der Fiskalpolitik

1.	Der Staatshaushalt	107
2.	Die klassische Budgetpolitik und das Konzept der antizyklischen Fiskalpolitik	109
3.	Das fiskalpolitische Instrumentarium der Bundesregierung und seine Wirkungsweise	113
4.	Die Grenzen der staatlichen Fiskalpolitik	115
	a) Wirkungshemmnisse bei kontraktiver Fiskalpolitik	115
	b) Wirkungshemmnisse bei expansiver Fiskalpolitik	117
5.	Das Problem der Staatsverschuldung und seine Folgen	119
6.	Der Strategiewechsel in der Wirtschaftspolitik: nachfrageorientierte und angebotsorientierte Wirtschaftspolitik	122

VI. Außenwirtschaftspolitik

1. Der Aufbau der Zahlungsbilanz — 131
2. Das System der festen Wechselkurse — 134
   a) Funktionsweise — 134
   b) Auf- und Abwertung und ihre Folgen — 136
   c) Internationaler Konjunkturzusammenhang im System der festen Wechselkurse — 138
3. Das System der flexiblen Wechselkurse — 140
   a) Funktionsweise — 140
   b) Bestimmungsgründe für Wechselkursänderungen — 141
4. Vergleich der Wechselkurssysteme — 143
5. Das Europäische Währungssystem (EWS) und die Europäische Wirtschafts- und Währungsunion (EWU) — 144

VII. Strukturpolitik und Umweltschutzpolitik

1. Ursachen des Strukturwandels und Entwicklungstendenzen — 152
2. Aufgaben der Strukturpolitik und strukturpolitische Maßnahmen — 154
   a) Infrastrukturpolitik — 156
   b) Regionale und sektorale Strukturpolitik — 156
3. Standort Deutschland — 157
   a) Nachteile des Standortes Deutschland — 158
   b) Vorteile des Standortes Deutschland — 166
4. Umweltschutz in der sozialen Marktwirtschaft — 167
   a) Das Problem des Umweltschutzes in der sozialen Marktwirtschaft — 168
   b) Instrumente der Umweltpolitik — 169
   c) Wirksamkeit der Maßnahmen — 172

Lösungen — 175

Anmerkungen — 225
Stichwortverzeichnis — 226
Literaturverzeichnis — 230

Vorwort

Liebe Kollegiatin, lieber Kollegiat,

das vorliegende Abitur-Training Volkswirtschaft orientiert sich genau am geltenden Curricularen Lehrplan und soll sowohl zur **Vorbereitung** auf **Klausuren** und das **Abitur** als auch zur **Nachbereitung** des **Unterrichts** dienen.

Der **prüfungsrelevante** und die aktuelle Wirtschaftsentwicklung einbeziehende **Stoff** wird ausführlich und anschaulich anhand einer großen Anzahl von **Schaubildern** einprägsam dargestellt. Wo es um Beurteilungen oder Stellungnahmen geht, spiegeln die Antworten die Meinung der Autorin wider. Am Ende jedes Kapitels befinden sich **Fragen,** die eine optimale Übungsmöglichkeit zur selbständigen Anwendung des Gelernten bieten. Die in einem eigenen Teil zusammengestellten **ausführlichen Lösungen** ermöglichen es Ihnen, die Richtigkeit Ihrer Antwort sogleich zu überprüfen.

Das Skriptum ist grundsätzlich für die Verwendung im Grund- und Leistungskurs geeignet, da sich die einzelnen Themenbereiche des Lehrplans nicht gravierend unterscheiden. Für den Grundkurs genügt bei den Kapiteln III, Abschnitt 1 bis 3, 7b und bei Kapitel IV, Abschnitt 6, ein Überblick, während sich die Leistungskursler auch mit diesen Bereichen intensiv beschäftigen müssen. In einigen Abschnitten wird gesondert darauf hingewiesen, inwieweit sie für den Grundkurs relevant sind.

Wegen der Stofffülle wurde das Kapitel Einkommens- und Vermögenspolitik in der sozialen Marktwirtschaft, das im Lehrplan für den Leistungskurs vorgesehen ist, nicht aufgenommen.

Viel Erfolg bei der Arbeit mit diesem Band wünscht Ihnen

Ulrike Brombierstäudl

I. Konjunkturelle und strukturelle Probleme der Volkswirtschaft

1. Der Begriff "Konjunktur"

Karikatur: Bensch

Wie die obenstehende Karikatur zeigt, hängt der Begriff "Konjunktur" mit Bewegung zusammen. Die "Konjunktur" wird häufig als Lokomotive oder Schwungrad dargestellt.

Der Begriff "Konjunktur" (lat. conjugere: verbinden) wird in der Bedeutung verwendet, daß sämtliche ökonomischen Bewegungsvorgänge zu einer wirtschaftlichen Gesamtlage zusammenwirken. Die exakte Definition des Begriffes lautet wie folgt: "Erscheinung **mehrjähriger** mit **gewisser Regelhaftigkeit** auftretender wirtschaftlicher Wechsellagen, durch die das **gesamte wirtschaftliche Geschehen** in einer Volkswirtschaft gekennzeichnet ist. Die Wechsellagen äußern sich durch aufeinanderfolgende Perioden der gesamtwirtschaftlichen Expansion (Ausdehnung) und Kontraktion (Schrumpfung)"[1]. Im Hinblick auf die typischen Verlaufsschwankungen kapitalistischer Volkswirtschaften steht der Begriff "Konjunktur" also nicht für eine bestimmte Wirtschaftslage, sondern für den zyklischen Ablauf (Konjunkturzyklen) schlechthin.

Konjunkturelle und strukturelle Probleme der Volkswirtschaft

2. Der Konjunkturzyklus – eine idealtypische Darstellung

Da die wirtschaftlichen Wechsellagen (Konjunkturschwankungen) mit gewisser Regelhaftigkeit auftreten, wurde eine Modelldarstellung entwickelt.

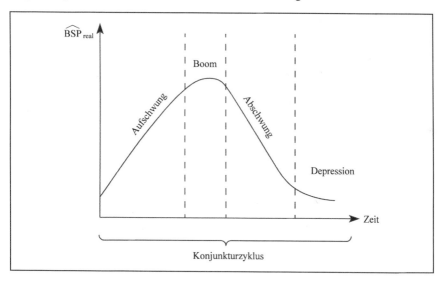

Als Indikator für die Wirtschaftslage verwendet man im Modell das Wachstum des realen Bruttosozialproduktes ($\widehat{BSP}_{real}$). Unter Bruttosozialprodukt versteht man den Wert aller in einer Volkswirtschaft in einem Jahr erstellten Güter und Dienstleistungen. Das nominale Bruttosozialprodukt erfaßt die produzierten Güter und Dienstleistungen zum jeweiligen Preis. Die Berechnung des realen Bruttosozialproduktes erfolgt, indem man die jeweiligen Mengen mit dem Preis eines Basisjahres multipliziert. Das reale Wachstum des Bruttosozialproduktes ($\widehat{BSP}_{real}$) bezeichnet die Veränderung des realen Bruttosozialproduktes im Berichtsjahr gegenüber dem Vorjahr. Der Vorteil dieser Berechnung liegt darin, daß sich auf diese Weise der rein mengenmäßige Zuwachs der Produktion ermitteln läßt. Das Wachstum des nominalen Bruttosozialproduktes enthält dagegen auch Preissteigerungen. Sein Wachstum könnte theoretisch nur auf Preissteigerungen zurückzuführen sein. Somit gilt das Wachstum des realen BSP als zuverlässigerer Indikator für den Zustand der Wirtschaft, da es nur das mengenmäßige Wachstum wiedergibt. **Nullwachstum** bedeutet, daß die Menge der erzeugten

Güter- und Dienstleistungen gegenüber dem Vorjahr unverändert blieb. Als **Minuswachstum** bezeichnet man einen Rückgang des realen Bruttosozialproduktes, d. h. wenn die Produktion gegenüber dem Vorjahr geschrumpft ist.

Ein idealtypischer Konjunkturzyklus umfaßt vier **Konjunkturphasen** und dauert in der Regel drei bis fünf Jahre. Die Konjunkturphase, in der das reale BSP mit zunehmenden Wachstumsraten steigt, nennt man **Aufschwung** oder **Expansion**. In der Phase der **Hochkonjunktur**, die auch als **Boom** bezeichnet wird, erreicht die Wachstumsrate den Höchstwert, die Zuwachsraten nehmen jedoch bereits ab. Dem Boom folgt die konjunkturelle Talfahrt, auch **Abschwung** bzw. **Rezession** genannt. Das reale BSP steigt zwar weiterhin, allerdings mit relativ geringen Zuwachsraten. Das Wachstum des realen BSP erreicht schließlich in der **konjunkturellen Talsohle** den Tiefstand. Für einen Tiefstand mit geringem Wachstum oder Nullwachstum verwendet man häufig den Begriff Rezession. Die Bezeichnung **Depression** bleibt in der Regel einem Tiefstand mit Minuswachstum vorbehalten.

Charakteristische Merkmale konjunktureller Schwankungen sind, daß sie die gesamte Wirtschaft betreffen, nicht nur eine einzelne Branche, und mehrjährig auftreten. Es handelt sich um mittelfristige Schwankungen der Gesamtwirtschaft.

In Wirklichkeit hat jede Konjunktur individuelle Züge. Der letzte Aufschwung (1983–1990) dauerte alleine schon sieben Jahre. Kein bisher beobachteter Zyklus gleicht dem anderen, da sich die ökonomischen Rahmenbedingungen wie technischer Fortschritt, Altersaufbau der Bevölkerung, Konsumgewohnheiten und politische Einflüsse (Wiedervereinigung der deutschen Staaten) ständig ändern. Modellhafte bzw. typische Zyklen sind in der wirtschaftlichen Realität die Ausnahme (vgl. Abschnitt 6).

3. Die Konjunkturindikatoren und die Problematik ihrer Aussagekraft

Unter Konjunkturindikatoren versteht man statistische Daten, mit deren Hilfe eine Konjunkturdiagnose, -analyse und -prognose stattfinden kann. Die **Konjunkturdiagnose** versucht aus der großen Fülle statistischer Reihen den jeweiligen Standort der Gesamtwirtschaft im zyklischen Bewegungsverlauf festzulegen. Die Aufgabe der **Konjunkturanalyse** ist die Erklärung der Zusammenhänge, die den augenblicklichen Zustand herbeigeführt haben. Die Konjunkturprognose beschäftigt sich mit Voraussagen über konjunkturelle Entwicklungen, die allerdings nur für einen begrenzten Zeitraum möglich und mit vielen Unsicherheitsfaktoren behaftet sind.

Zunächst soll ein Überblick über die am häufigsten verwendeten **Konjunkturindikatoren** gegeben werden:

- **Wachstum des realen Bruttosozialprodukts**; eine Erklärung erfolgte bereits in Abschnitt 2.

- **Auftragseingang**: Die statistischen Landesämter werten monatlich die Meldungen von 18 000 Betrieben mit mehr als 25 Beschäftigten aus, wobei die Auftragseingänge nach verschiedenen Industriezweigen gegliedert werden.

- **Kapazitätsauslastung**: Die Kapazitätsauslastung ist ein Prozentwert, der die tatsächliche Produktionshöhe im Vergleich zur maximal möglichen Produktion angibt. Vollauslastung bedeutet nicht 100 %; dieser Auslastungsgrad wäre betriebswirtschaftlich auch nicht sinnvoll, da dadurch die Kosten durch Verschleiß überproportional anstiegen.

- **Geschäftsklimaindex**: Das ifo-Institut in München verschickt Fragebögen an 200 000 Unternehmen und ermittelt die Erwartungen der Betriebe über die zukünftige Geschäftslage, d. h. für die nächsten Monate. Die Unternehmen geben Wertungen, wie beispielsweise "unverändert", "eher günstig", "eher ungünstig", ab.

- **Arbeitslosenquote**: Die Arbeitslosenquote wird monatlich von der Bundesanstalt für Arbeit ermittelt und zeigt an, wieviel Prozent der (abhängigen) Erwerbspersonen arbeitslos gemeldet sind. Weitergehende Informationen zur Arbeitslosenquote und deren Berechnung enthält Kapitel III, Abschnitt 6.

- **Kursentwicklung der Wertpapiere**: Die Verwendung der Kursentwicklung der Wertpapiere als Konjunkturindikator ist mit Skepsis zu betrachten, da insbesondere Aktienkurse von einem Bündel komplexer Faktoren bestimmt werden, so daß sich konjunkturelle Einflüsse nur schwer herausfiltern lassen.

- **Zinsentwicklung**: Als Indikator wird meist auf den durch die Geldpolitik der Bundesbank gesteuerten langfristigen Marktzins zurückgegriffen.

- **Steueraufkommen**: Die Steuereinnahmen des Staates spiegeln bei unveränderten Steuertarifen die gesamtwirtschaftlichen Aktivitäten wider und können somit als Konjunkturindikatoren verwendet werden.

- **Lohneinkommen, Gewinneinkommen**: An der Entwicklung der Lohneinkommen der abhängig Beschäftigten und der Gewinneinkommen der Unternehmen lassen sich wirtschaftliche Wechsellagen erkennen, da die Einkommen der Konjunktur mit zeitlicher Verzögerung folgen.

Die Konjunkturindikatoren lassen sich in verschiedene Gruppen einteilen. Sie werden in **Präsens-, Spät-** und **Frühindikatoren** gegliedert. Außerdem unterscheidet man **Mengen-** und **Preis-/Kostenindikatoren**.

Konjunkturindikatoren stehen in einer zeitlichen Beziehung zur Konjunktur. Einige zeigen Veränderungen der wirtschaftlichen Entwicklung sofort an, andere hingegen eilen dem Konjunkturgeschehen voran. Ein typischer **Präsensindikator** ist die Kapazitätsauslastung, die den augenblicklichen Stand der Produktion wiedergibt. Als typischer **Frühindikator** fungiert der Auftragseingang, da die Aufträge die heute erteilt werden, eine künftige Steigerung oder Drosselung der Produktion ankündigen. Die meisten Indikatoren zählen zur Gruppe der Spätindikatoren. So passen sich Einkommensentwicklung, Steueraufkommen und die Preissteigerungsraten erst mit zeitlicher Verzögerung dem Konjunkturgeschehen an. Auch die Arbeitslosenquote ist ein typischer **Spätindikator**. Bevor Neueinstellungen bzw. Entlassungen stattfinden, versuchen sich die Betriebe durch Überstunden bzw. deren Abbau oder durch Einführung bzw. Abbau von Kurzarbeit auf die jeweilige konjunkturelle Lage einzustellen. Außerdem ist bei Entlassungen die Einhaltung von Kündigungsfristen zu berücksichtigen.

Konjunkturindikatoren unterscheiden sich auch dadurch, daß sie entweder Mengen oder Preise und Kosten bezeichnen. Kapazitätsauslastung, Wachstum des realen BSP und Auftragseingang sind typische **Mengenindikatoren**. In die Gruppe der **Preis-** und **Kostenindikatoren** gehören Preissteigerungsrate, Einkommensentwicklung, Steueraufkommen und Zinsentwicklung.

Bei der Beschreibung der Konjunkturzyklen mit Hilfe der Konjunkturindikatoren muß stets die zeitliche Beziehung der Konjunkturindikatoren zum Konjunkturgeschehen berücksichtigt werden. Zeigen Kapazitätsauslastung und reales Bruttosozialprodukt einen Aufschwung an, der sich bereits am Ende der letzten Depression in den Auftragsbüchern ankündigte, reagiert der Arbeitsmarkt erst mit einer zeitlichen Verzögerung. Bevor Neueinstellungen erfolgen, muß sich erst der Aufschwung gefestigt haben; die Mehrproduktion kann am Anfang des Aufschwunges über eine stärkere Auslastung der vorhandenen Kapazitäten bewerkstelligt werden.

Konjunkturelle und strukturelle Probleme der Volkswirtschaft

Fundierte Aussagen über die konjunkturelle Lage einer Volkswirtschaft können sich somit nie auf einen einzigen Indikator stützen; sie verlangen vielmehr die Heranziehung eines Bündels von verschiedenen Indikatoren.

4. Die Beschreibung der einzelnen Konjunkturphasen anhand ausgewählter Konjunkturindikatoren

	Charakteristik der Phasen			
Merkmale	**Aufschwung**	**Hochkonjunktur**	**Abschwung / Rezession**	**Depression**
allgemeine Stimmungstendenzen	optimistische Einschätzung der Zukunft	Optimismus ungebrochen	Optimismus schlägt in Pessimismus um.	pessimistische Einschätzung der Zukunft, Angst
Nachfrage (N) bei Konsum- (C_H) und Investitionsgütern (I)	N C_H steigt, I progressiv	weiterer, aber langsamer Anstieg	langsames Nachlassen	progressiver Rückgang
Arbeitslosenzahl	sinkt, da mehr Arbeitskräfte für den Produktionsprozeß benötigt werden	nur noch Arbeitslosigkeit bei (häufigen) Stellenwechslern; Anstellung ausländischer Arbeitnehmer/innen	Zunahme der Kurzarbeit, vermehrte Entlassungen von ungelernten Arbeitnehmern	häufig Kurzarbeiten, Massenentlassungen
Zahl der offenen Stellen	Zunahme bei qualifizierten Berufen	sehr groß; ungelernte Arbeitskräfte besetzen Facharbeiterplätze	für Facharbeiter, Spezialisten weiterhin hoch; ungelernte Arbeiter werden entlassen	stark rückläufig
Kapazitätsauslastung	steigend	Vollauslastung und Betriebserweiterungen	abnehmend	abnehmend, Betriebsstillegungen
Lagerhaltung	Lagerabbau, Verkauf bis zur optimalen Lagermenge	geräumte Lager, Verlängerung der Lieferzeiten	verstärkte Produktion auf Lager	kostenintensive Lagerhaltung, Abstoß z. T. durch Unterschreiten des Selbstkostenpreises

Konjunkturelle und strukturelle Probleme der Volkswirtschaft

Merkmale	Aufschwung	Hochkonjunktur	Abschwung / Rezession	Depression
Löhne, die sich in der Regel an der Preisentwicklung orientieren	in der Anfangsphase geringe Lohnsteigerungen, die sich an der Inflationsrate bewegen; später kräftige Lohnerhöhungen	Mit steigenden Gewinnen, steigen die Lohnforderungen. Die Steigerungen liegen in der Regel über der Inflationsrate, um die "Verluste" aus der Vorperiode wieder auszugleichen.	nur noch geringe Lohnsteigerungen; da die Verhandlungsposition der Gewerkschaften mit zunehmender Arbeitslosigkeit schwächer wird	Rückgang der Lohnerhöhungen unter die Inflationsrate (Realeinkommensverluste)
Preisentwicklung	in der 1. Phase relativ konstant, dann steigend, abhängig von der Nachfrage und vom Ausnutzungsgrad der Kapazitäten	je nach Intensität der Nachfrage kräftiges Ansteigen der Preise	Die Preise steigen weiter, da die durchgesetzten Lohnerhöhungen über die Preise abgewälzt werden.	Die Preise für lebensnotwendige Güter steigen nur langsam, bei nichtlebensnotwendigen bröckeln sie ab.
Gewinne	stärker steigend, da die Preise steigen und die Löhne nur mäßig zunehmen	anfangs große Gewinne, die aufgrund der stark steigenden Lohnkosten gedrückt werden, wenn diese nicht über die Preise abgewälzt werden können	schrumpfende Gewinne; die Lohnkosten steigen; die Auftragseingänge gehen zurück; die Investitionsbereitschaft sinkt	starker Rückgang – Betriebsschließungen; Schrumpfungsprozeß
Kursentwicklung der Wertpapiere	Belebung der Nachfrage, steigende Kurse mit progressivem Anstieg	Abschwächung der Kursentwicklung in Erwartung der nachfolgenden Rezession	progressiver Rückgang der Aktienkurse	vorsichtige Nachfrage, Spekulationskäufe in Erwartung des Aufschwungs

5. Abgrenzung der Konjunkturschwankungen von saisonalen und langfristigen Schwankungen

Außer mittelfristigen konjunkturellen Schwankungen gibt es andere Schwankungen in der wirtschaftlichen Aktivität, die sich in Zeitdauer und Umfang unterscheiden.

Bei den **saisonalen Schwankungen** handelt es sich um kurzfristige Schwankungen mit einer Dauer von ein bis drei Monaten, die nur Teilbereiche der Wirtschaft betreffen. Saisonale Schwankungen sind meist klima- oder witterungsbedingt wie in der Landwirtschaft, im Bausektor und Fremdenverkehr. Auch vom Verbraucherverhalten können saisonale Schwankungen ausgelöst werden, wie beispielsweise der Einzelhandelsboom in der Vorweihnachtszeit.

Neben kurz- bzw. mittelfristigen Schwankungen der wirtschaftlichen Aktivitäten gibt es die **langfristigen Wachstumswellen**, die sich über einen Zeitraum von 50 bis 60 Jahren erstrecken. Der russische Statistiker und Volkswirtschaftler NIKOLAJ D. KONDRATIEFF hat diese langfristigen Wachstumswellen in einer Untersuchung von 1926 festgestellt. Sie werden daher als **Kondratieffzyklen** bezeichnet. Der österreichische Wirtschaftswissenschaftler JOSEF SCHUMPETER (1883–1950) hat versucht, die Ursachen der einzelnen Wellen zu ergründen. Er kam zu dem Ergebnis, daß bahnbrechende Erfindungen und deren wirtschaftliche Nutzung (Innovationen) die langfristigen Zyklen auslösen. So bewirkten um 1900 Elektrifizierung, Chemie, die Erfindung des Autos und der Aluminiumverhüttung eine lange Welle der Weltkonjunktur, die in den 50er Jahren langsam abebbte, bis durch Elektronik, Fernsehen, Kernkraft, Kunststoffe, Raumfahrt und Computer eine neue Welle einsetzte. Theoretisch befinden wir uns am Ende des 20. Jahrhunderts in einer Phase, wo diese Welle mit verringertem Wachstum ausläuft. Kernfusion, Gentechnologie, Supraleitungen, neue Werkstoffe u. a. scheinen als Technologien des 21. Jahrhunderts geeignet, eine neue Wachstumswelle in Gang zu setzen.

Kritiker bezweifeln die Existenz der langfristigen Wellen, weil die langen Zeitreihen meist von schlechter statistischer Qualität sind und der Einfluß zahlreicher exogener Einflüsse, wie beispielsweise der beiden Weltkriege, nicht berücksichtigt wird.

6. Konjunkturwellen in der Bundesrepublik seit 1967

Versucht man die realen Konjunkturzyklen der Bundesrepublik (alte Länder) in die vier idealtypischen Phasen zu gliedern, ergeben sich Schwierigkeiten. Es ist beispielsweise nicht möglich, exakt festzustellen, zu welchem Zeitpunkt der Aufschwung in die Hochkonjunktur übergeht oder wann der Abschwung in die Depression mündet. Man unterscheidet deshalb aus praktischen Gründen häufig nur Auf- und Abschwungphasen.

Die folgende Abbildung zeigt die Konjunkturzyklen der Bundesrepublik (alte Länder) seit 1967:

Konjunkturelle und strukturelle Probleme der Volkswirtschaft

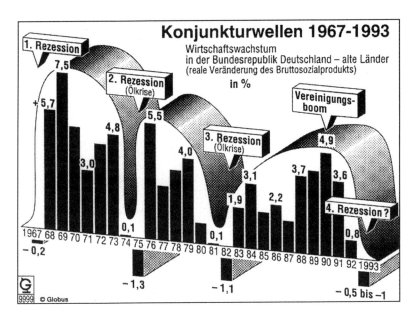

1967 endete der **vierte Zyklus,** der im Jahr 1963 begann. Das Besondere am vierten Zyklus war, daß zum erstenmal seit Bestehen der Bundesrepublik eine "echte" Depression (Rezession) mit Minuswachstum auftrat. Bisher waren auch in der Rezession satte Wachstumsraten von 4,5 bis 5 % zu verzeichnen. Der vierte Zyklus wurde durch eine starke Auslandsnachfrage ausgelöst. Die außenwirtschaftlichen Auftriebskräfte wurden zusätzlich durch eine gewaltige, vor der Bundestagswahl 1965 anrollende öffentliche Ausgabenwelle angeheizt. Die konjunkturelle Überhitzung hatte einen scharfen Bremskurs der Bundesbank zur Folge, der schließlich mit zur ersten Depression der Nachkriegszeit führte. Aus den Erfahrungen dieser ersten ernsthaften ökonomischen Krise der Bundesrepublik wurde das Gesetz zur Förderung von Stabilität und Wachstum (**Stabilitätsgesetz**) entwickelt, das der Regierung künftig schnelle Eingriffsmöglichkeiten ins Wirtschaftsgeschehen sichern sollte, um eine "Konjunktur nach Maß" schneidern zu können.

Durch kräftige Finanzspritzen im Rahmen von staatlichen Konjunkturförderprogrammen wurde der **fünfte Zyklus** in Bewegung gesetzt. Als Besonderheit an diesem Zyklus gilt, daß höhere Lohnforderungen durchgesetzt werden konnten und der Außenwert der D-Mark gewaltig stieg, so daß ihre Aufwertung unumgänglich wurde.

Nach einer nur mäßigen Abschwächung begann 1971 der **sechste Zyklus,** und zwar mit zuvor nie gekannten hohen Preissteigerungsraten. Die Boulevardpresse munkelte, daß die neuen Geldscheine sich schon im Keller der Bundesbank befänden. Der Bremskurs der Bundesbank und die Ölkrise im Jahre 1974/75 mit den stark erhöhten Ölpreisforderungen der OPEC-Staaten lösten 1975 die zweite Depression (Rezession) aus. Die Arbeitslosenquote schnellte in bisher unbekannte Höhen. Zum ersten Mal wurde nach der "Nachkriegsarbeitslosigkeit", bedingt durch den Zustrom von Vertriebenen, die Millionengrenze wieder überschritten, was einer Arbeitslosenquote von 4,7 % (1975) entsprach.

Der **siebte Zyklus,** der durch staatliche Konjunkturförderprogramme in Gang gebracht wurde, war nur von kurzer Dauer und endete bereits 1977. Wegen der Kürze der Konjunkturzyklen bürgerte sich damals kurzfristig der Begriff "Wellblechkonjunktur" ein.

Der **achte Zyklus,** der Ende 1977 begann, und in dessen Verlauf die hohe Arbeitslosenquote aus der ersten Ölkrise nicht wesentlich abgebaut werden konnte, wurde durch die zweite Ölkrise im Jahre 1979/80, in der die OPEC-Staaten abermals den Rohölpreis anhoben, abgewürgt. Der zweite Ölpreisschock löste zunächst keine so starke Krisenstimmung wie die erste Ölpreisverteuerung aus, da sich die Volkswirtschaften der westlichen Industriestaaten inzwischen durch Energieeinsparung und Umstellung auf andere Energiequellen (z. B. Ausbau der Kernkraft) an den erhöhten Ölpreis angepaßt hatten. Dennoch folgte den Ölpreisverteuerungen im Jahre 1981/82 eine dritte tiefe Rezession im Rahmen einer weltweiten Wirtschaftsflaute, in die eine hohe Arbeitslosenzahl als Hypothek mitgenommen wurde. Die gewaltigen Anpassungsprobleme der Wirtschaft an veränderte Strukturen (Konkurrenz der Billiglohnländer, Niedergang der Kohle- und Stahlindustrie, erhöhte Kosten durch die Rohölpreisverteuerung, Wandel von der Industriegesellschaft zur postindustriellen Dienstleistungsgesellschaft) lösten die sogenannte Strukturkrise aus, die bis heute noch nicht vollständig überwunden ist.

Der **neunte Zyklus** begann 1983 und weist als besonderes Merkmal einen sieben Jahre anhaltenden Aufschwung auf. Einige Wirtschaftspropheten frohlockten, daß die Konjunktur nun endlich "tot" sei. Man glaubte kurze Zeit, die Konjunkturzyklen mit einem stetigen andauernden Wachstum zwischen zwei und drei Prozent nun endgültig in Griff bekommen zu haben. Allerdings ließ der Abbau der Arbeitslosenquote auf sich warten. 1985 erreichte die Arbeitslosenzahl mit (knapp) ca. 2,3 Millionen, was einer Arbeitslosenquote von 9,3 % entsprach, einen Rekordstand. Auch in den Aufschwungjahren 1986 bis 1988 konnte die

Arbeitslosigkeit nicht wesentlich abgebaut werden. Erst von 1989 bis 1991 machte sich der Aufschwung bzw. der "Vereinigungsboom" auf dem Arbeitsmarkt bemerkbar. Die Wirtschaft der alten Bundesländer profitierte vom Zusammenbruch der zentralen Verwaltungswirtschaft der DDR. Nach der Öffnung der Grenzen kam es zu einem Nachfrageschub aus den neuen Bundesländern auf dem Konsumgütermarkt des Westens. Zudem eröffneten sich neue Absatzperspektiven durch den Zusammenbruch der ehemaligen Ostblockstaaten. Das Ende des ungewöhnlich langen neunten Zykluses bildet die vierte Rezession im Jahr 1993 nach dem Auslaufen des Einigungsbooms. Die Wirtschaft schrumpfte in diesem Jahr um ca. zwei Prozent, die Zahl der Arbeitslosen stieg wieder deutlich an. Im Frühjahr 1994 setzte ein neuer Aufschwung ein.

Seit der Wiedervereinigung wird häufig der Begriff **"gespaltene Konjunktur"** verwendet, da der Konjunkturverlauf in West und Ost teilweise unterschiedlich ist. In Ostdeutschland ist die Lage im dritten Jahr nach der deutschen Einheit unverändert kritisch. Ein sich selbst tragender – das heißt ein aus eigener Kraft erwirtschafteter – Aufschwung ist noch nicht in Gang gekommen. Nach wie vor macht ein Großteil der Unternehmen Verluste; die Arbeitslosenquote ist doppelt so hoch wie in den alten Bundesländern.

7. Strukturelle Probleme der Volkswirtschaft der Bundesrepublik

Der Weg aus der Krise wird schwierig werden. Die Arbeitslosigkeit in Ost und West wird aufgrund struktureller Probleme der Volkswirtschaft der Bundesrepublik wahrscheinlich nur langsam abgebaut werden können.

Die Bundesrepublik durchlebt derzeit einen großen **Umverteilungskonflikt.** Allein im Jahr 1993 wurde der West-Ost-Transfer auf 170 Milliarden Mark geschätzt. Auf Jahre hinaus werden die Westdeutschen schätzungsweise fünf Prozent ihres Bruttosozialproduktes in die neuen Länder überweisen müssen. Dieses Geld steht aber in den alten Ländern weder für Investitionen noch für den Konsum zur Verfügung, die für das Wirtschaftswachstum sowie für die Schaffung und Erhaltung der Arbeitsplätze unabdingbar sind.

Außerdem muß die deutsche Industrie zum ersten Mal mit **Billiglohnländern** in ihrer unmittelbaren Nachbarschaft konkurrieren. Polen, Tschechen, Slowaken und Ungarn produzieren zu Löhnen, die rund ein Zehntel der westdeutschen und immer noch rund ein Fünftel der ostdeutschen betragen. "Hongkong", sagen die Unternehmer, "liegt jetzt achzig Kilometer östlich von Berlin". Schon heute verlagern Betriebe vor allem lohnkostenintensive Produktionen in diese Länder, was viele Arbeitsplätze im Westen wie im Osten kostet.

Der amerikanische Nationalökonom NUSSBAUM schildert die Strukturschwächen der deutschen Volkswirtschaft wie folgt:
"Die Deutschen mögen es noch nicht wissen, aber die ganze industrielle Basis unterliegt einem Erosionsprozeß. Ausgerechnet diejenige Nation, welche im letzten Jahrhundert die fortgeschrittensten Chemie-, Elektrizitäts-, Automobil- und Maschinenbauunternehmen der Welt aufgebaut hat, ist nicht in der Lage einzusehen, daß sich ihre vergangenen Erfolge auf billige Energie gründeten, die es nicht länger gibt. Das Deutschland von heute ist eine Nation, die den Übergang von der mechanischen zur biologischen Ingenieurkunst nicht zu bewältigen vermag. Sie kann den Schritt von den auf Erdöl beruhenden Chemikalien zu den biologischen Pharmazeutika nicht tun. Deutschland stellt nach wie vor die besten Produkte des 19. Jahrhunderts her: Schwere Turbinen, wundervolle Autos und Präzisionswerkzeuge. Aber es kann nicht mithalten, wenn es zur Hochtechnologie kommt – Roboter, Telekommunikation, Halbleiter, Gentechnologie, Computer. Seine Anstrengungen, Produkte des 21. Jahrhunderts herzustellen, sind schwach, und seine Versuche, sie auf den Weltmärkten zu verkaufen, werden von japanischen und amerikanischen Konkurrenten mit leichter Hand abgewehrt."[2]

Nussbaum prognostiziert der deutschen Wirtschaft, daß sie zwischen die Mühlsteine der Niedriglohnländer, jetzt vor der Haustüre in Osteuropa, einerseits und der Hochtechnologiestaaten Japan und USA andererseits gerate, wenn nicht ein gewaltiger Strukturwandel stattfinde.

Fest steht, daß der Konkurrenz der neuen Industrieländer nicht durch Lohnsenkung begegnet werden kann. Nach Meinung von Experten hilft nur eine Strategie bei der Überwindung der Krise: Verlagerung einfacher Tätigkeiten in die Billiglohnländer, um wenigstens die "intelligenten" Produkte und Tätigkeiten wie Design, Entwicklung, Konstruktion sowie komplizierte Fertigungsvorgänge im Lande behalten zu können. Neue Arbeitsplätze müssen geschaffen werden durch ein massives Hineingehen in die neuen Hochtechnologie-Industrien und insbesondere hochtechnologischen Dienstleistungen wie Informationstechnik, Gentechnik, Solarenergie, Luft- und Raumfahrttechnik, neue Werkstoffe, den Schlüsselindustrien der "neuen industriellen Revolution". Die Aufgabe der Zukunft lautet also, die **Produktionsstruktur für ein Hochlohnland** zu schaffen. Dazu ist auch eine Umverteilung im Forschungsetat notwendig. 1992 flossen immer noch 40 % der Mittel in die "Dinosaurier-Großtechnologien", während für die Technologien des 21. Jahrhunderts nur 8 % bereitstanden.

Durch zahlreiche Rationalisierungsmaßnahmen werden in allen Industriebranchen Arbeitsplätze abgebaut werden. Allein in der Metallindustrie wurden 92/93 weit über 200 000 Arbeitsplätze vernichtet. Nach einer Prognose (vgl. folgende Tabelle[3]) wird die Zahl der Beschäftigten in der Industrie bis zum Jahre 2010 um 1,8 Millionen schrumpfen.

	Erwerbstätige in Deutschland Angaben in Tausend		
Erwerbssektor	1991	2010	Veränderung in %
Industrie	10 988	9 168	− 17 %
Staat, Organisationen	7 274	8 125	+ 12 %
Dienstleistungen	6 288	8 656	+ 38 %
Handel	4 697	4 249	− 10 %
Bau	2 541	2 513	− 1 %
Verkehr, Post	2 128	1 939	− 9 %
Landwirtschaft	1 393	762	− 45 %
Energieversorgung	372	300	− 19 %
Bergbau	301	115	− 62 %

Quelle: Prognos

Ersatz schafft nur der Dienstleistungssektor. Mit einer weiteren **Tertiärisierung der Wirtschaft** werden **sektorale** und **regionale Ungleichgewichte** verbunden sein. Die Beschäftigungslosen in den Industriebranchen lassen sich nicht ohne weiteres auf die Dienstleistungsbereiche umlenken, da erhebliche Qualifikationsunterschiede bestehen. Nur umfangreiche Umschulungsprogramme, Fort- und Weiterbildungsmaßnahmen können die strukturelle Arbeitslosigkeit vermindern. Außerdem ergeben sich regionale Ungleichgewichte zwischen den altindustriellen Standorten (Ruhrgebiet, Saarland, Südsachsen) und den High-Tech-Standorten (Bayern, Baden-Württemberg) mit einem hohen Anteil an hochspezialisierten Dienstleistungen.

Konjunkturelle und strukturelle Probleme der Volkswirtschaft

Lernziel-Kontrollfragen

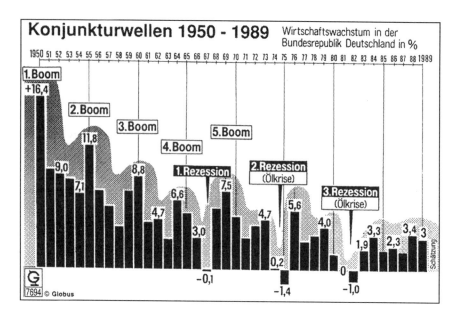

1. Bestimmen Sie anhand der obenstehenden Abbildung die Zeitdauer der einzelnen Konjunkturzyklen in der Bundesrepublik, und vergleichen Sie die Zyklen in den 50er und 60er Jahren mit den jüngeren!

2. Die Deutsche Bundesbank verwendet u. a. die folgenden Konjunkturindikatoren. Unterscheiden Sie die untenangeführten Indikatoren in Früh-, Präsens-, Spätindikatoren sowie Preis-Kosten- und Mengenindikatoren!
   - Privater Verbrauch
   - Außenbeitrag (Exporte – Importe)
   - Wachstum des realen Bruttosozialproduktes
   - Auftragseingang im verarbeitenden Gewerbe
   - Einkommen aus unselbständiger Arbeit
   - Produktion im produzierenden Gewerbe
   - Arbeitslose in Prozent aller Erwerbspersonen
   - Erwerbstätige Inländer
   - Preisindex für die Lebenshaltung aller privaten Haushalte

Konjunkturelle und strukturelle Probleme der Volkswirtschaft

- Sollzinsen für Hypothekarkredite
- Habenzinsen für Spareinlagen
- Zinsentwicklung am Rentenmarkt
- Entwicklung am Aktienmarkt, Index der Aktienkurse

3. Erläutern Sie die Problematik des Aussagewertes von Konjunkturindikatoren als Prognosemittel!

4. Beschreiben Sie einen Abschwung mit Hilfe des typischen Verlaufes folgender Konjunkturindikatoren: Wachstum des realen BSP, Preisindex der Lebenshaltung, Kapazitätsauslastung, Auftragseingang, Arbeitslosenquote, Einkommen aus unselbständiger Tätigkeit, privater Verbrauch und Steuereinnahmen!

5. Zeigen Sie anhand von vier Beispielen, in welchen Branchen saisonale Schwankungen auftreten können!

6. Wodurch unterscheiden sich Konjunkturschwankungen von den Kondratieffzyklen?

7. Vorsicht Statistik!
Betrachten Sie die untenstehenden statistischen Daten, die die konjunkturelle Entwicklung der Bundesrepublik widerspiegeln sollen **genau**! Sind die folgenden Aussagen richtig oder falsch? Begründen Sie Ihre Antwort kurz!

(1) Die Zahl der Erwerbstätigen in Westdeutschland ist im Juli 1994 gegenüber dem Vormonat leicht zurückgegangen.

(2) Die Zahl der Erwerbstätigen ist im Juli 1994 aufgrund der konjunkturellen Erholung gegenüber dem Vormonat um ca. 90 000 gestiegen.

(3) Die Zahl der Arbeitslosen in ganz Deutschland ist im August 1994 zurückgegangen.

(4) Im August 1994 erreichte die saisonbereinigte Arbeitslosigkeit in Westdeutschland einen neuen Rekord.

(5) In den letzten Jahren gingen über eine Million Arbeitsplätze in Deutschland verloren. Es fehlen gegenwärtig ca. 3,6 Millionen Arbeitsplätze.

(6) Die Zahl der Erwerbstätigen (Beschäftigte) beträgt in Deutschland gegenwärtig ca. 28,5 Millionen.

Konjunkturelle und strukturelle Probleme der Volkswirtschaft

(7) Die Produktion in der westdeutschen Industrie erhöhte sich im Juli 1994 um 8,9 % gegenüber dem Vorjahr, in Ostdeutschland stieg die Produktion um 16,1 % gegenüber dem Vorjahr.
(8) Die Produktion in Ostdeutschland erreichte im Juni 1994 eine Rekordhöhe seit der Vereinigung.
(9) Der Außenhandel signalisiert ein Anhalten des seit Mitte 1993 feststellbaren Aufwärtstrends.
(10) Im ersten Halbjahr 1994 war insgesamt ein Außenhandelsüberschuß von ca. 36 Milliarden zu verzeichnen.
(11) Der Preisindex der Lebenshaltung ist im August 1994 in Ost und West gestiegen.
(12) Vier Jahre nach der deutsch-deutschen Vereinigung gibt es kaum noch Unterschiede in der Beschäftigtenstruktur.
(13) Jeder dritte Arbeitnehmer in Deutschland ist im verarbeitenden Gewerbe tätig.

Beschäftigung der Deutschen

	Westdeutschland	Ostdeutschland
	in Prozent aller Beschäftigten*	
Land- und Forstwirtschaft	0,8	3,4
Energie, Bergbau	1,8	2,8
Verarbeitendes Gewerbe	1,8	2,8
Baugewerbe	6,8	13,8
Handel	14,5	10,5
Verkehr, Nachrichten	5,1	7,6
Kredit, Versicherung	4,3	1,9
sonstige Dienstleistungen	23,4	23,3
Organisation ohne Erwerbscharakter	2,5	3,1
Körperschaften, Sozialversicherung	6,4	14,5

*nur sozialversicherungspflichtig Beschäftigte; Stand: 31. 12. 93; Quelle: Bundesanstalt für Arbeit

Konjunkturelle und strukturelle Probleme der Volkswirtschaft

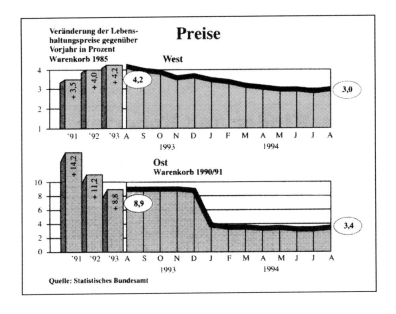

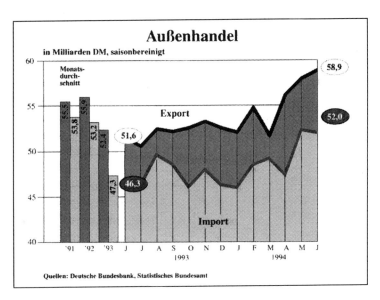

Konjunkturelle und strukturelle Probleme der Volkswirtschaft

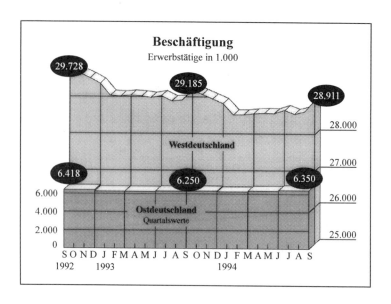

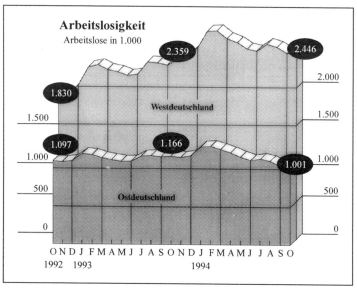

Beide Abbildungen: Institut der deutschen Wirtschaft Köln;
Ursprungsdaten: Statistisches Bundesamt;
© 46/1994 Deutscher Instituts-Verlag

Konjunkturelle und strukturelle Probleme der Volkswirtschaft

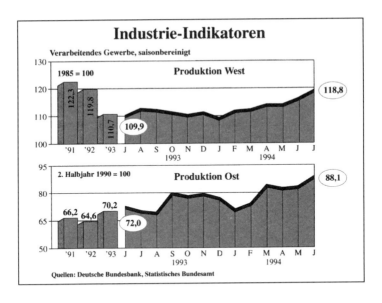

II. Das Modell des Wirtschaftskreislaufes

1. Das volkswirtschaftliche Kreislaufmodell als Analyseinstrument

Das volkswirtschaftliche Kreislaufmodell ist grundlegend für das Verständnis der ökonomischen Zusammenhänge. Als Modell stellt es ein Abbild der Realität dar. Die wirtschaftlichen Zusammenhänge sind so komplex, daß man sich eines Modells bedienen muß. Wie in jedem Modell tauchen Vereinfachungen auf, die ein besseres Verstehen ermöglichen. Da es sich um ein volkswirtschaftliches Modell handelt, werden gesamtwirtschaftliche Größen (Makrogrößen) betrachtet, wie z. B. Bruttosozialprodukt und Volkseinkommen. Die Betriebswirtschaftslehre beschäftigt sich hingegen überwiegend mit mikroökonomischen Größen, wie Kostenstrukturen einzelner Unternehmungen, Bilanzgewinn oder gewinnmaximale Absatzmenge. Das Kreislaufmodell, das in vereinfachter Form bereits in der 8. Klasse eingeführt wurde, ist ein spezifisches Modell, das nur Stromgrößen erfaßt. Es dient der Volkswirtschaftslehre als Analyseinstrument, d. h. mit Hilfe des Kreislaufmodells sollen wirtschaftliche Vorgänge und Zusammenhänge erklärt werden.

Bevor wir uns dem Kreislaufmodell zuwenden, müssen die Annahmen erklärt werden, die allen Modellen dieser Art zugrunde liegen.

- Im Modell werden ausschließlich gesamtwirtschaftliche Größen betrachtet. Sie werden durch Aggregation einzelwirtschaftlicher Größen ermittelt. Wirtschaftssubjekte mit gleichartigen ökonomischen Aktivitäten werden zu Sektoren zusammengefaßt. Die gemeinsamen ökonomischen Aktivitäten der Unternehmen bestehen in der Produktion nach dem erwerbswirtschaftlichen Prinzip. So werden alle Unternehmen einer Volkswirtschaft, vom Ein-Mann-Betrieb bis zu den Unternehmensgiganten mit über 100 000 Beschäftigten, zum Sektor U zusammengefaßt. Aufgabe der Haushalte, die ebenfalls einen Sektor bilden, ist die Bereitstellung der Produktionsfaktoren (Arbeit, Kapital) und der Konsum.
  Die ökonomischen Transaktionen, d. h. den Güter- bzw. Geldaustausch, der zwischen den Sektoren stattfindet, aggregiert man zu Strömen, wie Volkseinkommen und Konsumausgaben.

- Die volkswirtschaftliche Rechnung stellt eine Wertrechnung dar, folglich finden nur die Geldströme im Modell Berücksichtigung.

- Ströme oder Stromgrößen sind zeitraumbezogene Größen, das bedeutet, sie sind immer für einen bestimmten Zeitraum definiert. Die volkswirtschaftlichen Stromgrößen beziehen sich meistens auf den Zeitraum eines Jahres. Die Einbeziehung der zeitlichen Dimension ist vor allem für Vergleichsrechnungen bedeutsam.
- Die Kreisläufe, mit denen wir in der Schule arbeiten, sind stets geschlossene Kreisläufe, d. h. die Summe der Einnahmen, die in einen Sektor hineinfließen, ist gleich der Summe der Ausgaben, die den Sektor verlassen.
- Außerdem müssen **Ex-post-Größen** und **Ex-ante-Größen** unterschieden werden. Ex-post-Größen sind tatsächlich realisierte Größen, die sich somit auf eine Zeitperiode der Vergangenheit beziehen, wie beispielsweise das nominale Bruttosozialprodukt der gesamtdeutschen Volkswirtschaft im Jahre 1991 in Höhe von 2 826,6 Milliarden DM. Bei den Ex-ante-Größen handelt es sich um geplante Größen, wie beispielsweise die geplanten Investitionsausgaben der deutschen Unternehmen für das kommende Jahr.

2. Die Ableitung des komplexen Kreislaufmodelles vom einfachen Kreislauf unter schrittweiser Aufhebung der eingeführten Prämissen

Um das komplexe Kreislaufmodell, das einen wichtigen Grundstein zum Verständnis gesamtwirtschaftlicher Zusammenhänge und später auch der Wirtschaftspolitik bildet, besser verstehen zu können, werden das komplexe Modell aus dem einfachen Kreislauf, der in der Mittelstufe eingeführt wurde, entwickelt und wichtige Grundbegriffe eingeführt und erläutert.

a) Der Kreislauf in der stationären Wirtschaft

Der Kreislauf der stationären Wirtschaft wird auch als Zwei-Sektoren-Modell bezeichnet, weil er nur die Sektoren Haushalt (H) und Unternehmung (U) berücksichtigt. Die **Konsumausgaben** (C_H), die vom Sektor H zum Sektor U fließen, stellen den Geldstrom dar, der den Gegenstrom zu den Konsumgüterkäufen des Sektors H vom Sektor U, die aber als Güterstrom nicht im Kreislaufmodell erfaßt werden, bildet. Das **Volkseinkommen** wird mit der international gebräuchlichen Abkürzung Y (engl. yield: Ertrag, Gewinn) versehen. Es entsteht durch die Bereitstellung von Produktionsfaktoren des Sektors H und setzt sich aus Einkommen aus unselbständiger Arbeit (Löhne, Gehälter), Einkommen aus selbständiger Tätigkeit (ausgeschüttete Gewinne) sowie Vermögenseinkommen (Zinsen, Miete, Pacht) zusammen. Die ausgeschütteten Gewinne sind Bestandteil des Volkseinkommensstromes, weil der Unternehmer als Person auch ein Privathaushalt ist und für seine Unternehmertätigkeit Einkommen, sprich Gewinn, bezieht, um seinen Lebensunterhalt bestreiten zu können.

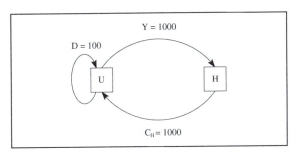

In einer stationären Wirtschaft wird kein Geldvermögen gebildet, die Haushalte sparen nicht, sondern geben ihr gesamtes Einkommen für Konsumgüterkäufe aus. Die Unternehmen tätigen keine Investitionsausgaben, d. h. der Kapitalstock dieser Volkswirtschaft bleibt gleich. Da der Kapitalstock nicht erweitert wird, kann die Konsumgüterproduktion nicht erhöht werden. Der Status quo bleibt erhalten. Damit der vorhandene Kapitalstock fortbestehen kann, müssen allerdings Ersatzinvestitionen getätigt werden. Sie sind im Modell als Abschreibung mit der Abkürzung D (engl. depreciation: Abschreibung) erfaßt. Der Strom D enthält also jenen Teil der Einnahmen des Sektors U, der nicht als Einkommen zum Sektor H wandert und somit nicht dem Konsum dient. Die Abschreibungsbeträge bleiben im Sektor U, um den Kapitalschwund, der durch den Verschleiß der Anlagen bei der Produktion entsteht, auszugleichen.

Weil der Kapitalstock stets gleich bleibt und sich auch die Stromgrößen nicht verändern, handelt es sich um den Kreislauf einer stationären Wirtschaft.

b) Das Kreislaufmodell einer evolutorischen Volkswirtschaft

In die Modellbetrachtung wird nun als dritter Sektor die Vermögensveränderung (VV) eingeführt. Vereinfacht gesehen könnte der Sektor VV als Bankensektor betrachtet werden. Im Drei-Sektoren-Modell erfolgt eine Aufhebung der realitätsfremden Annahme, daß weder Geld- noch Sachvermögensbildung stattfindet.

Das Modell des Wirtschaftskreislaufes

Die Haushalte sparen einen Teil des Volkseinkommens und verzichten auf Konsum in Höhe des Sparbetrages. Die Ersparnisse (S_H) gehen als Einnahmen bei Sektor VV ein. Der Sektor VV stellt die Gelder dem Sektor U in Form von Krediten zur Verfügung, die der Sachvermögensbildung dienen. Der Strom I^n (Nettoinvestitionen) erfaßt diesen Vorgang im Modell. Nettoinvestitionen (Neuinvestitionen, Erweiterungsinvestitionen) erhöhen den Kapitalstock einer Volkswirtschaft. Sie ermöglichen in den nächsten Perioden eine Steigerung der Konsumgüterproduktion. Das Bruttosozialprodukt wächst. Ersatzinvestitionen (D) und Nettoinvestitionen (I^n) ergeben die Bruttoinvestitionen (I^b), wobei alleine die Höhe der Nettoinvestitionen das Tempo des Wirtschaftswachstums bestimmt. Rationalisierungs- bzw. Umstrukturierungsinvestitionen können Ersatzinvestitionen und Nettoinvestitionen sein, wenn sie veraltete Anlagen ersetzen und durch eine größere technische Effizienz zu höherer Produktion führen.

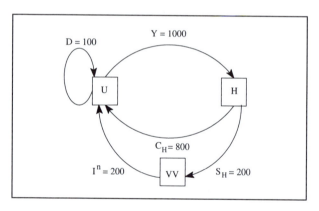

c) Das Kreislaufmodell einer evolutorischen Volkswirtschaft mit ökonomischer Aktivität des Staates

Das Modell nähert sich der Realität um einen weiteren Schritt, indem der Staat als vierter Sektor eingeführt wird (Vier-Sektoren-Modell). Der Sektor Staat (St) umfaßt Bund, Länder, Gemeinden und von diesen finanzierte Einrichtungen, wie Schulen, Krankenhäuser und die gesetzlichen Sozialversicherungen (Renten-, Kranken-, Arbeitslosen-, gesetzliche Unfallversicherung). Diese staatlichen Institutionen erfüllen Umverteilungsaufgaben. Der Sektor Staat beschafft sich seine Mittel nicht durch Teilnahme am privatwirtschaftlichen Produktionsprozeß. Er schöpft aus der Privatwirtschaft (U, H) einen Teil des Einkommens ab, um seine

Aufgaben erfüllen zu können. Staatliche Unternehmen wie Bundespost oder Bundesbahn, die nach dem erwerbswirtschaftlichen Prinzip arbeiten und keine Umverteilungsaufgaben wahrnehmen, werden dem Sektor U zugeordnet.

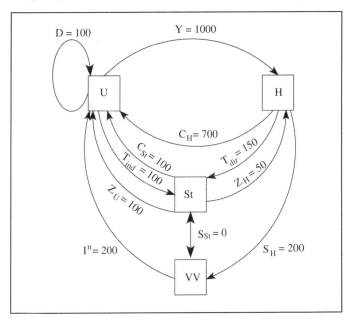

Die Einnahmeströme des Sektors St bestehen im Modell aus Steuern T (engl. tax) und den Beiträgen zur gesetzlichen Sozialversicherung. Andere staatliche Einnahmequellen finden keine Berücksichtigung. Die Steuern unterteilen sich in direkte Steuern (T_{dir}) und indirekte Steuern (T_{ind}). **Direkte Steuern** sind Steuern auf Einkommen und Vermögen, wie beispielsweise die Lohn- und Einkommensteuer, und werden unmittelbar vom Steuerpflichtigen erhoben. Im Modell geht der Strom der direkten Steuern deshalb direkt vom Sektor H zum Sektor St. Bei den **indirekten Steuern** handelt es sich um sogenannte überwälzbare Steuern. Die Unternehmen führen sie zwar als Steuerpflichtige an das Finanzamt ab, wälzen sie aber über die Konsumgüterpreise auf die Verbraucher ab. Mineralölsteuer, Umsatzsteuer und Tabaksteuer stellen indirekte Steuern dar.

Zu den staatlichen Ausgabenströmen zählen die Transferzahlungen an die Haushalte (Z_H), **Subventionen** an Unternehmen (Z_U) und die staatlichen Konsumausgaben (C_{St}). Bei den **Transferzahlungen** oder Übertragungen leistet der Staat im

Das Modell des Wirtschaftskreislaufes

Rahmen seiner Umverteilungsaufgaben Zahlungen an die Haushalte, die ohne direkte ökonomische Gegenleistung erfolgen, wie beispielsweise Sozialhilfe, Kindergeld, Renten. Das Einkommen, über dessen Verwendung die Haushalte nach Leistung der Zwangsabgaben (T_{dir} und Beiträge zur Sozialversicherung) und Erhalt von staatlichen Transferzahlungen entscheiden können, bezeichnet man als **verfügbares Einkommen** ($Y_{verf} = Y + Z_H - T_{dir} - BeiSV$). Die **staatlichen Konsumausgaben** beinhalten die Ausgaben des Staates für den zivilen Verbrauch, wie beispielsweise für die Instandhaltung der staatlichen Gebäude, für Einrichtungsgegenstände in Behörden und Schulbücher. Der Staat bezieht die Konsumgüter vom Sektor U. Im Modell gehören die Beamtengehälter ebenfalls zu den staatlichen Konsumausgaben.

Halten sich Staatseinnahmen und Staatsausgaben die Waage, ist der Staatshaushalt ausgeglichen. Übersteigen die Staatsausgaben die Einnahmen, so erfolgt eine Kreditaufnahme beim Sektor VV zur Finanzierung des Haushaltsdefizites. In das Modell wird die Kreditaufnahme als negatives Sparen des Staates mit $-S_{St}$ aufgenommen. Bei Haushaltsüberschüssen (Staatseinnahmen > Staatsausgaben) führt der Strom S_{St} als "echtes" Sparen des Staates vom Sektor St zum Sektor VV. Der Strom vom Staat zu VV kann auch eine Tilgung alter Kredite bedeuten, d. h. einen Abbau der Staatsverschuldung.

d) **Das Kreislaufmodell einer offenen evolutorischen Volkswirtschaft mit ökonomischer Aktivität des Staates**

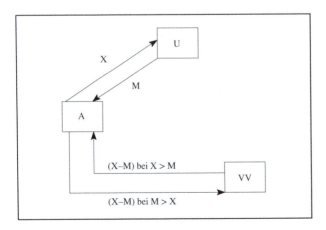

Das Modell des Wirtschaftskreislaufes

Die modernen Volkswirtschaften sind heute offene Volkswirtschaften, d. h. mit Auslandsbeziehungen. Es gibt keine Volkswirtschaft, die heute völlig abgeschottet vom Ausland existieren kann. Der Sektor Ausland (A) faßt im Modell alle Länder, zu denen ökonomische Beziehungen bestehen, zusammen. Das komplexe Geflecht der außenwirtschaftlichen Beziehungen wird im Grundkurs auf die Handelsströme (Exporte, Importe) beschränkt. Dabei läuft der Strom Exporte (X) vom Ausland zum Sektor U, der Importstrom (M) in umgekehrter Richtung, da das Modell nur Geldströme festhält. Die Differenz zwischen Exporten und Importen bezeichnet man als Außenbeitrag (X − M). Sind Export- und Importstrom gleich groß, ist auch der Sektor A ausgeglichen, d. h. der Zustrom entspricht dem Abstrom. Gestaltet sich der Außenbeitrag jedoch positiv (X > M) oder negativ (M > X), ist der Kreislauf nicht mehr geschlossen. Ein Ausgleich muß herbeigeführt werden. Übersteigen die Exporterlöse die Zahlungen für die Importe, fließt dem Inland mehr Geld zu als wieder ans Ausland zurückfließt. Um die Waren bezahlen zu können, muß das Ausland beim Sektor VV des Inlandes Kredite aufnehmen. Der **positive Außenbeitrag** (X − M) wird durch einen Strom von VV an den Sektor A ausgeglichen. Durch den Kredit an das Ausland entsteht ein Anspruch auf das Vermögen des Auslandes. Die Kreditvergabe stellt eine Vermögensbildung dar, die allerdings im Ausland stattfindet. Ist der **Außenbeitrag negativ**, können die Importe nicht mehr über die Einnahmen aus den Exporten finanziert werden. Das Inland ist gezwungen, einen Kredit beim Ausland aufzunehmen. Der Geldstrom (X − M) führt nun vom Ausland zum Sektor VV. Damit entsteht ein Anspruch des Auslandes auf das inländische Vermögen.

Aus Gründen der Übersichtlichkeit soll hier noch einmal das vollständige Kreislaufmodell mit den verwendeten Symbolen dargestellt werden. Die durchgehenden Pfeile stellen die Stromgrößen dar, die im Grundkurs verlangt werden. Die im Leistungskurs geforderten Ströme sind mit gestrichelten Linien eingetragen. G_{St} bezeichnet die **Gewinne staatlicher Unternehmen**, die als Einnahmen in den Staatshaushalt eingehen. Nicht ausgeschüttete Gewinne der Unternehmen werden als **Sparen der Unternehmen** (S_U) erfaßt, da die Unternehmen die nichtausgeschütteten Gewinne im Banken- oder Versicherungssektor anlegen und Geldvermögen bilden wie die Haushalte durch ihre Ersparnisse. Die Außenbeziehungen werden durch Übertragungen bzw. Transferzahlungen des Staates und der privaten Haushalte an das Ausland erweitert. Die Übertragungen erfolgen ohne direkte ökonomische Gegenleistung. Bei den **staatlichen Übertragungen an das Ausland** (Z_A St) handelt es sich beispielsweise um Beiträge zu inter-

Das Modell des Wirtschaftskreislaufes

nationalen Organisationen oder Entwicklungshilfe. Überweisungen der Gastarbeiter in ihre Heimatländer fallen unter **private Übertragungen an das Ausland** (Z_A H).

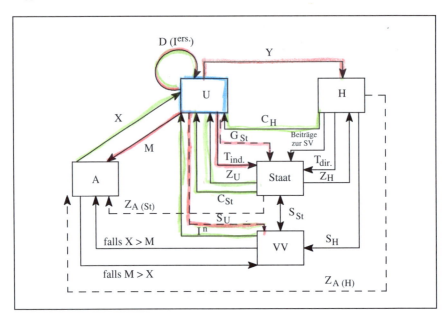

Symbole

Y	= Volkseinkommen	C_{St}	= Konsumausgaben des Staates
C_H	= Konsumausgaben der Haushalte	S_{St}	= Sparen des Staates (auch: Kreditaufnahme; Schuldentilgung)
S_H	= Sparen der Haushalte	X	= Export
I^n	= Nettoinvestitionen	M	= Import
$D_{(Iers)}$	= Abschreibungen, Ersatzinvestitionen	(X–M)	= Außenbeitrag
$T_{dir.}$	= direkte Steuern	G_{St}	= Gewinne staatl. Unternehmen
$T_{ind.}$	= indirekte Steuern	S_U	= Sparen der U (unverteilte Gewinne)
Z_H	= Transferzahlungen an Haushalte	$Z_A(St)$	= Staatl. Übertragungen an das Ausland
Z_U	= Subventionen an Unternehmen	$Z_A(H)$	= Private Übertragungen an das Ausland

Das Modell des Wirtschaftskreislaufes

e) **Mathematische Darstellung der Kreisläufe**

In Abituraufgaben wird oft die Berechnung einzelner Stromgrößen verlangt. Da es sich um geschlossene Kreisläufe handelt, gestalten sich die Rechenoperationen relativ einfach, weil es sich, mathematisch gesehen, stets um eine Gleichung mit einer Unbekannten handelt.

Für jeden Sektor des Modelles gilt, daß die Summe der Zuströme gleich der Summe der Abströme ist. Es können daher die folgenden Gleichungen im Fünf-Sektoren-Modell aufgestellt werden (Grundkurs):

	Zuströme	=	Abströme
Sektor H	$Y + Z_H$	=	$T_{dir} + BeiSV + C_H + S_H$
Sektor U	$D + C_H + C_{St} + Z_U + X + I^n$	=	$Y + T_{ind} + M + D$
	oder $C_H + C_{St} + Z_U + X + I^n$	=	$Y + T_{ind} + M$
Sektor St	$T_{dir} + T_{ind}$	=	$Z_H + Z_U + C_{St}$
	Bei staatlicher Kreditaufnahme: $T_{dir} + T_{ind} + S_{St}$	=	$Z_H + Z_U + C_{St}$
	Bei Schuldentilgung oder Sparen des Staates: $T_{dir} + T_{ind}$	=	$Z_H + Z_U + C_{St} + S_{St}$
Sektor A	M	=	X
	Bei positivem Außenbeitrag: $M + (X > M)$	=	X
	Bei negativem Außenbeitrag: M	=	$X + (M > X)$
Sektor VV	$(S_{St})^* + S_H + (M > X)^*$ *je nach staatl. Kreditaufnahme bzw. außenwirtschaftlicher Situation	=	$I^n + (S_{St})^* + (X > M)^*$

3. Der Kreislauf im Gleichgewicht und im Ungleichgewicht

a) Gleichgewichtsbedingungen

Die Ermittlung der Gleichgewichtsbedingung läßt sich am einfachsten am Drei-Sektoren-Modell zeigen. Es gelten folgende Gleichungen, die sich aus dem Kreislaufmodell ergeben:

(1) $Y = C_H + S_H$ bzw. $S_H = Y - C_H$

(2) $Y = C_H + I^n$ bzw. $I^n = Y - C_H$

Als Gleichgewichtsbedingung folgt $I^n = S_H$ aus (1) und (2). Die erste Gleichung beschreibt die Verwendung des Volkseinkommens für Konsumausgaben und Ersparnisbildung. Die zweite Gleichung definiert das Volkseinkommen über seine Entstehung durch die Produktion von Konsumgütern und Investitionsgütern.

Auf eine Ableitung der Gleichgewichtsbedingungen für die anderen Modelle wird verzichtet. Sie lassen sich am einfachsten aus dem Gleichgewicht des Sektors Vermögensveränderung ableiten. So lautet z. B. die Gleichgewichtsbedingung für eine offene evolutorische Volkswirtschaft mit ökonomischer Aktivität des Staates mit positivem Außenbeitrag und staatlicher Kreditaufnahme wie folgt: $I^n + S_{St} + X > M = S_H$.

Unter Gleichgewicht versteht man streng genommen die Gleichheit von Ex-post- und Ex-ante-Größen, d. h. von geplanten und dann tatsächlich realisierten Größen. Herrscht Übereinstimmung, so haben die Wirtschaftssubjekte keine Veranlassung, ihre Pläne abzuändern. Die Wirtschaft befindet sich im Gleichgewicht, das Gleichgewicht ist stabil. Aufgrund der autonomen dezentralen Planung in marktwirtschaftlichen Systemen müßte eine Ex-ante-Identität von Nettoinvestitionen und Ersparnisbildung rein zufällig zustande kommen. In der Realität stimmen die Plangrößen nicht überein, da keine zentrale Stelle existiert, die die Investitions- bzw. Konsumausgabenpläne der Millionen Unternehmen und Haushalte koordiniert. Ex post erfolgt ein Ausgleich über ungeplante Investitionen oder ungeplante (unfreiwillige) Ersparnisse. Ungeplante Größen lösen ökonomische Anpassungsprozesse aus. Die Wirtschaft ist instabil, es kommt zu Expansions- und Kontraktionsprozessen. Das Konjunkturrad dreht sich.

Das Modell des Wirtschaftskreislaufes

b) Ex-post-Ausgleichsmechanismen

Die Ex-post-Ausgleichsmechanismen sollen wiederum am Beispiel des Drei-Sektoren-Modells erklärt werden:

In der Ausgangssituation sollen die geplanten Investitionsausgaben der Unternehmen (I^n gepl.) 20 Geldeinheiten (GE), die geplanten Ersparnisse der Haushalte (S_H gepl.) 10 GE betragen, das Volkseinkommen sei 100 GE. Es herrscht ein Ex-ante-Ungleichgewicht. Die Haushalte planen Konsumausgaben in Höhe von 90 GE, während die Unternehmen eine Konsumgüterproduktion in Höhe von 80 GE vorsehen. Die Haushalte sparen zu wenig, d. h. sie wollen mehr Konsumgüter beziehen als die Unternehmen bereit sind zu produzieren. Es gibt zwei Möglichkeiten, einen Ex-post-Ausgleich herbeizuführen. Setzen die Haushalte ihre Pläne durch, müssen die Unternehmer die gewünschten Konsumgüter in Höhe von 90 GE bereitstellen. Dies kann über einen Lagerabbau in Höhe von 10 GE geschehen. Der Lagerabbau stellt für den Unternehmenssektor ungeplante negative Investitionen (**Desinvestition**) dar. Realisieren die Unternehmen ihre Pläne und tätigen Investitionsausgaben in vorgesehener Höhe von 20 GE, müssen sich die Haushalte anpassen. Die Unternehmen stellen Konsumgüter nur in Höhe von 80 GE bereit. Sie erhöhen aber die Konsumgüterpreise und verkaufen die produzierte Menge für 90 GE. Preiserhöhungen bedeuten für die Unternehmen bei gleichbleibenden Produktionskosten zusätzliche Gewinne. Werden diese ausgeschüttet, steigt das Einkommen der Unternehmerhaushalte. Es entstehen bei den Haushalten ungeplante zusätzliche Ersparnisse in Höhe von 10 GE.

Verändern wir nun die Ausgangsposition und nehmen geplante Investitionen von 10 GE und geplante Ersparnisse von 20 GE an. Das Volkseinkommen betrage weiterhin 100 GE. Der Ex-post-Ausgleich kann wiederum über Lagerbewegungen stattfinden. Die Haushalte planen Konsumausgaben in Höhe von 80 GE, während die Unternehmen Konsumgüter im Wert von 90 GE produzieren wollen. Die überschüssige Konsumgüterproduktion kann zur Aufstockung der Lagerbestände benutzt werden. Die Unternehmen machen unfreiwillige zusätzliche Lagerinvestitionen in Höhe von 10 GE. Sind die Unternehmen nicht bereit, ihre Lagerbestände zu vergrößern, müssen sie versuchen, die Konsumgüter abzusetzen. Dies funktioniert nur dann, wenn sie die Preise senken und die Produktion für 80 GE verkaufen. Preissenkungen schmälern die Gewinne im Unternehmenssektor. Das Einkommen der Unternehmerhaushalte sinkt. Das Sparen der Haushalte fällt um 10 GE geringer als geplant aus (unfreiwillige negative Ersparnisse).

Die Ex-post-Gleichgewichtsbedingung lautet stets:

$$I^n \text{ gepl.} + I^n \text{ ungepl.} = S \text{ gepl.} + S \text{ ungepl.}$$

Findet der Ex-post-Ausgleich über Lagerbewegungen statt, spricht man von **Realausgleich**. Der **monetäre Ausgleich** vollzieht sich über Preisbewegungen. In Wirklichkeit handelt es sich um eine Mischform aus realem und monetärem Ausgleich.

c) Gesamtwirtschaftliche Expansions- und Kontraktionsprozesse

Ex-ante-Ungleichgewichte und Ex-post-Ausgleich lösen ökonomische Anpassungsprozesse in den kommenden Wirtschaftsperioden aus. Den Wirtschaftssubjekten gelang es in der Vergangenheit nicht, ihre Pläne zu realisieren, sie ändern sie für die Zukunft.

Müssen die Unternehmen ihre Lager räumen bzw. besteht die Aussicht auf zusätzliche Gewinne durch Preiserhöhungen, werden sie die Konsumgüterproduktion forcieren. Das führt zu einer Erhöhung des Volkseinkommens. Ein größeres Volkseinkommen zieht höhere Konsumausgaben der Haushalte nach sich. Sind die Kapazitäten der Unternehmen ausgelastet, werden sie zusätzliche Arbeitskräfte einstellen und Nettoinvestitionen tätigen. Das Volkseinkommen steigt abermals. Es findet ein gesamtwirtschaftlicher **Expansionsprozeß** statt. Die Wirtschaft kommt in eine Aufschwungphase. Vom konjunkturellen Aufschwung profitiert auch der Staat. Die Steuereinnahmen steigen, die Transferzahlungen sinken. Bei vollausgelasteten Kapazitäten ergeben sich verstärkt Preissteigerungen. Die Mengenkonjunktur schlägt in eine Preiskonjunktur um. Die Gefahr einer inflationären Entwicklung wächst.

Ein gesamtwirtschaftlicher **Kontraktionsprozeß** wird durch einen Lageraufbau und/oder Preissenkungen bzw. schlechte Gewinnaussichten eingeleitet. Die Unternehmen passen sich an, indem sie die Produktion drosseln. Durch Kurzarbeit und Abbau von Überstunden verringert sich das Volkseinkommen. Das geringere Volkseinkommen führt zu einer Einschränkung der Konsumgüterausgaben. Das Volkseinkommen sinkt wiederum, die Nettoinvestitionen schrumpfen bei unausgelasteten Kapazitäten. Arbeitskräfte müssen entlassen werden. Volkseinkommen und Konsumgüterausgaben gehen weiter zurück. Die Wirtschaft schlittert in einen Abschwung. Für den Sektor Staat bedeutet die Rezession geringere Steuereinnahmen und höhere Transferzahlungen (Arbeitslosengeld).

Das Modell des Wirtschaftskreislaufes

Mit Hilfe der Anpassungsprozesse, die aufgrund der autonomen, dezentralen Planung in marktwirtschaftlichen Systemen ausgelöst werden, lassen sich Konjunkturschwankungen erklären. Allerdings gibt es auch exogene Konjunkturtheorien, die Konjunkturschwankungen nicht als systemimmanent betrachten, sondern mit Anstößen, die außerhalb der Volkswirtschaft liegen, erklären.

Es obliegt der staatlichen Konjunkturpolitik, in marktwirtschaftlichen Systemen einen übersteigerten Boom mit hohen Inflationsraten zu bremsen und in einer Depression die Massenarbeitslosigkeit zu bekämpfen, wenn die Selbstheilkräfte des Marktes nicht ausreichen.

d) Multiplikatorwirkungen und Akzeleratorprinzip

Bei gesamtwirtschaftlichen Kontraktions- und Expansionsprozessen sind der Multiplikatoreffekt und das Akzeleratorprinzip als sogenannte mechanistische konjunkturelle Verstärkereffekte zu beachten. Das Akzeleratorprinzip ist allerdings nur für den Leistungskurs relevant.

Der Multiplikatoreffekt besagt, daß eine einmalige Erhöhung der Nachfrage (Investitionsgüter-, Konsumgüter-, Staats- oder Exportnachfrage) das Volkseinkommen um ein Vielfaches erhöht.

Beispiel (Drei-Sektoren-Modell):

Periode	Veränderung I^n ΔI^n	Veränderung Y ΔY	Veränderung C_H ΔC_H	und S_H ΔS_H
1	100 Mrd.	100 Mrd.	–	–
2	–	80 Mrd.	80 Mrd.	20 Mrd.
3	–	64 Mrd.	64 Mrd.	16 Mrd.
4	–	51,2	51,2	12,8
.	.	.	.	.
.	.	.	.	.

Im Beispiel soll der Impuls von einer einmaligen Erhöhung der Investitionsgüternachfrage (ΔI^n) um 100 Mrd. GE ausgehen. Die höheren Investitionsausgaben führen in derselben Periode zu einem zusätzlichen Volkseinkommen in gleicher Höhe, da die Unternehmen für die Erstellung der Investitionsgüter die benötigten Produktionsfaktoren bezahlen müssen. Zur Vereinfachung der Multiplikatorberechnung wird nun die Annahme eingeführt, daß das zusätzliche Einkommen erst in der nächsten Periode zu einer Veränderung der Konsumausgaben führt (Robertson-Lag). In unserem Beispiel beträgt die Konsumquote 80 % oder 0,8, d. h. von jeder verdienten Mark wandern 80 Pfennig in den Konsum, 20 Pfennig werden gespart. Die Konsumquote (c) bleibt annahmegemäß konstant. Da die Haushalte in der kommenden Periode 80 Mrd. GE mehr für Konsumgüter ausgeben, erzielt die Konsumgüterindustrie zusätzlich Einnahmen in gleicher Höhe. Das Volkseinkommen steigt um 80 Mrd. GE, weil Arbeit und Kapital, die für die Produktion der Konsumgüter notwendig sind, entlohnt werden müssen. Die Unternehmer sowie die Beschäftigten der Konsumgüterindustrie werden das Einkommen in der nächsten Periode wieder ausgeben. Die Konsumausgaben werden um 64 Mrd GE steigen (Konsumquote 0,8); 16 Mrd. GE gehen auf die Sparkonten. Dieser Prozeß ließe sich fortsetzen. Fest steht, daß die einmalige Nachfrageerhöhung das Volkseinkommen im Laufe der Zeit um ein Vielfaches erhöht hat.

$$\Delta Y = 100 \text{ Mrd.} + 80 \text{ Mrd.} + 64 \text{ Mrd.} + 51{,}2 \text{ Mrd.} + ...$$

Mathematisch gesehen, handelt es sich um eine fallende unendliche geometrische Reihe. Die Berechnung des Grenzwertes erfolgt nach der Formel:

$$\lim_{n \to \infty} s_n = \frac{a_1}{1-q}$$

Mit a_1 wird das erste Glied in der Reihe bezeichnet, in unserem Fall die zusätzliche Investitionsgüternachfrage von 100 Mrd. GE. Q ist mit der Konsumquote (c) gleichzusetzen. Die Multiplikatorformel lautet:

$$\boxed{\Delta Y = \frac{1}{1-c} \cdot I^n}$$

$$\boxed{m = \frac{1}{1-c}}$$

Der Multiplikator (m) gibt an, um das Wievielfache sich das Volkseinkommen im Laufe der Zeit erhöht. Im Drei-Sektoren-Modell und unter den im Beispiel gesetzten Annahmen läßt sich der Multiplikator durch $\frac{1}{1-c}$ ausdrücken. Er nimmt den Wert 5 an, das Volkseinkommen steigt somit um ein Fünffaches des ursprünglichen Investitionsschubes von 100 Mrd. GE.

Das Ausmaß der Multiplikatorwirkung hängt unter den gegebenen Bedingungen von der Höhe der ursächlichen Nachfrageänderung und von der Höhe der Konsumquote ab. Je höher die zusätzliche Nachfrage und je höher die Konsumquote, desto stärker fällt der Multiplikatoreffekt aus.

Es gibt auch eine negative Multiplikatorwirkung. Geht die gesamtwirtschaftliche Nachfrage zurück, sinkt das Volkseinkommen im Laufe der Zeit um ein Vielfaches.

Das **Akzeleratorprinzip** beschreibt den Kapazitätseffekt von Nachfrageveränderungen. Erhöht sich die gesamtwirtschaftliche Güternachfrage (C_H, C_{St}, X, I^n), zieht dies bei Vollauslastung der Kapazitäten eine Erhöhung des Kapitalstockes in Form von Nettoinvestitionen nach sich. Dabei steigen die Nettoinvestitionen in ihrem Wert um ein Vielfaches der ursächlichen Nachfrageerhöhung.

$$\Delta I^n = a \cdot \Delta N \quad \text{(vereinfacht)}$$

Nehmen wir an, eine Firma erhält einen Auftrag über die Produktion von 1000 Autos im Wert von 20 000 DM pro Stück. Sind die Kapazitäten durch die bisherige Produktion voll ausgelastet, kann das Unternehmen den Auftrag entweder ablehnen und somit auf künftige Marktanteile und Gewinnaussichten verzichten oder die Kapazitäten erweitern, um den Auftrag zu erfüllen. Die Kosten für die Neuinvestitionen werden dabei den Wert des Auftrages in Höhe von 20 Millionen DM überschreiten, bedenkt man, daß Grundstücke, Fertigungsgebäude, Fertigungsstraßen usw. bereitgestellt werden müssen. Der **Kapitalkoeffizient** (a), auch Akzelerator genannt, gibt an, um das Wievielfache sich die Nettoinvestitionen bei Vollauslastung der Kapazitäten erhöhen werden. Er hängt u. a. vom technologischen Stand einer Volkswirtschaft und von der Kapitalintensität der Produktion ab.

4. Wichtige volkswirtschaftliche Größen und ihre Berechnung

a) Gesamtwirtschaftliche Nachfrage und gesamtwirtschaftliches Angebot

Unter der gesamtwirtschaftlichen Nachfrage versteht man den Teil der Kaufkraft, der innerhalb einer Periode zum Gütererwerb zu gegebenen Marktpreisen verwendet wird.

Die gesamtwirtschaftliche Nachfrage (N) ergibt sich aus der Summe der folgenden Kreislaufgrößen:

$$N = C_H + C_{St} + I^b + X$$

Dabei bilden $C_H + C_{St} + I^b$ die Inlandsnachfrage.

Die Bestimmungsfaktoren für die jeweilige Höhe der einzelnen Nachfragekomponenten lassen sich größtenteils aus dem Kreislaufmodell ableiten. So bestimmt das **verfügbare Einkommen**, das wiederum von der Höhe der **Faktoreinkommen** (Lohnhöhe, Gewinne), **direkten Steuern** und **Transferzahlungen** abhängt, die Konsummöglichkeiten der privaten Haushalte. Auch **Preiserwartungen** spielen für die Höhe der Konsumausgaben eine wichtige Rolle. Rechnen die Haushalte mit steigenden Preisen, reagieren sie mit vorgezogenem Konsum. Erwarten sie hingegen Preissenkungen, werden geplante Konsumausgaben auf spätere Perioden verschoben. Die Konsumgüternachfrage hängt auch von der **Einkommensverteilung** ab. Bezieher hoher Einkommen haben eine niedrigere Konsumquote als Bezieher geringer Einkommen. Diese müssen den größten Anteil des verfügbaren Einkommens bereits zur Befriedigung der Grundbedürfnisse verwenden. Die Ersparnisbildung ist entsprechend gering. Eine gleichmäßigere Einkommensverteilung würde demnach eine Erhöhung der durchschnittlichen Konsumquote bewirken. Bezieher hoher Einkommen könnten den Einkommensverlust, z. B. über eine stärkere Steuerbelastung, durch eine Verringerung der Sparquote auffangen. Das zusätzliche Einkommen, das den Beziehern der unteren Einkommensgruppen zufließen würde, verwandelte sich größtenteils in Konsumgüternachfrage. Der **Altersaufbau** der Bevölkerung beeinflußt ebenfalls die Höhe der Konsumgüternachfrage, da junge Menschen in der Regel konsumfreudiger sind als ältere.

Die Höhe der **Bruttoinvestitionen** wird vor allem von den **Absatzmöglichkeiten** und den **Gewinnaussichten** geprägt. Die Absetzbarkeit der Produkte hängt ihrerseits wiederum von **Sättigungstendenzen** auf bestimmten Märkten und der herrschenden **Konkurrenzsituation** ab. Besitzen bereits 95 % der Haushalte Farbfernsehgeräte, ist der Markt nahezu gesättigt. Sind japanische Fernsehgeräte technisch besser und billiger im Anschaffungspreis, haben inländische Hersteller geringere Absatzchancen. Der erzielte Gewinn hängt von den **durchsetzbaren Preisen** (Konkurrenzsituation, Marktform) und der Höhe der **Kosten** (Lohn- und Lohnnebenkosten, Rohstoffkosten, Steuerbelastung, Zinsen) ab. Auch **wirtschaftliche Rahmenbedingungen** (staatliche Investitionsförderprogramme, Subventionen, Abschreibungsmöglichkeiten, Umweltauflagen) stärken oder schwächen die Investitionsbereitschaft. Zudem beeinflussen **politische Faktoren** (Regierungskrisen und -wechsel, Kriege, Zusammenbruch politischer Systeme) die Investitionsentscheidungen, indem sie Optimismus oder Pessimismus verbreiten.

Die Bestimmungsgründe für die Höhe der staatlichen Konsumausgaben lassen sich wiederum aus dem Kreislaufmodell feststellen. Maßgeblich für den Staatsverbrauch sind die **Steuereinnahmen** des Staates und die Höhe der **Ausgaben-**

verpflichtungen durch Transferzahlungen an Haushalte, Unternehmen und Ausland. Außerdem spielt die Haushaltspolitik mit **Kreditaufnahmemöglichkeiten** bzw. **Schuldendienst** (Zinsen, Tilgungen von Staatsschulden) eine wichtige Rolle.

Die Exporte werden im wesentlichen von den Preisunterschieden zwischen den Handelspartnern bestimmt. **Zölle und Einfuhrkontingente** der Partnerländer erschweren die Exporte. Die Auslandsnachfrage hängt auch von der **allgemeinen Wirtschaftslage bei den wichtigen Handelspartnern** ab. Zeichnet sich im Ausland eine Wirtschaftsflaute mit sinkendem Realeinkommen ab, verschlechtern sich die Exportchancen. Die Exporterfolge der High-Tech-Staaten beruhen auf ihrem **technologischen Vorsprung** gegenüber den weniger fortgeschrittenen Industriestaaten. Auch **Wechselkursbewegungen** haben Einfluß auf die Exporthöhe. Exportgüter im Wert von 1 000 DM könnten bei einem Dollarkurs von 2,– DM zu 500 US $ angeboten werden. Würde der Dollarkurs auf 1,– DM sinken, kosteten dieselben Güter 1 000 US $. Die Exportgüter verteuerten sich enorm, die Exportchancen würden geringer.

Als gesamtwirtschaftliches Angebot (A) bezeichnet man die Gütermenge, die Anbieter auf den Märkten einer Volkswirtschaft in einer Periode bereitstellen. Die Berechnung des gesamtwirtschaftlichen Angebotes gestaltet sich etwas problematischer und ist nicht ohne weiteres mit Hilfe der Kreislaufströme möglich. Zur Erfassung des gesamtwirtschaftlichen Angebotes müssen Güterströme bzw. deren Geldwerte addiert werden. Aus der Summe aller Marktpreise der in einer Volkswirtschaft in einer Periode erzeugten Güter resultiert der Bruttoproduktionswert.

In einer arbeitsteiligen Volkswirtschaft vollzieht sich die Produktion in mehreren Produktionsstufen, wie am Beispiel der Automobilindustrie in der folgenden Abbildung gezeigt wird.

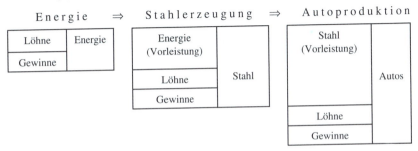

Das Modell des Wirtschaftskreislaufes

Addiert man die Marktwerte der in den einzelnen Betrieben erzeugten Güter, kommt es zur Mehrfachzählung der Vorleistungen. Unter Vorleistungen versteht man die Rohstoffe, Halbfertig- oder Fertigerzeugnisse, die ein Betrieb einer nachgelagerten Produktionsstufe von einem Betrieb einer vorgelagerten Produktionsstufe bezieht. Der Fehler läßt sich bereinigen, indem man vom **Bruttoproduktionswert** die Summe der Vorleistungen abzieht und so den **Nettoproduktionswert** erhält. Da es sich um eine offene Volkswirtschaft handelt, komplementieren die Importe das Güterangebot der Volkswirtschaft.

$$\begin{array}{l} \text{Bruttoproduktionswert (BPW)} \\ \underline{- \text{Vorleistungen (V)}} \\ \text{Nettoproduktionswert (NPW)} \\ \underline{+ \text{Importe (M)}} \\ = \text{Gesamtwirtschaftliches Angebot} \end{array}$$

Der Nettoproduktionswert, die Produktionsmöglichkeiten einer Volkswirtschaft, hängen von Faktoren wie Ausstattung einer Volkswirtschaft mit Rohstoffen und Energiequellen, der Bevölkerungszahl, Arbeitszeit und Arbeitsdisziplin, dem Ausbildungsniveau der Arbeitskräfte, der Höhe des Kapitalstockes, dem technologischen Stand und der Infrastruktur ab.

Die Importe werden durch "Schutzzölle", Einfuhrkontingente, Preisunterschiede zu den Handelspartnern und technologische Unterschiede bestimmt. Auch Wechselkursbewegungen stärken oder schwächen die Importnachfrage. Bei einem Dollarkurs von 2,– DM könnten amerikanische Anbieter Güter im Wert von 1 000 US $ für 2 000 DM verkaufen. Fiele der Dollarkurs auf 1,– DM, ließen sich dieselben Güter zum Preis von 1 000 DM auf den Markt bringen. Die Importe verbilligten sich, die Importe aus dem Dollarraum stiegen.

b) Berechnung von Bruttosozialprodukt und Volkseinkommen

Der Unterschied zwischen dem nominalen und realen Bruttosozialprodukt ist bekannt: Während das nominale Bruttosozialprodukt in jeweiligen Marktpreisen ausgedrückt wird, berechnet sich das reale Bruttosozialprodukt aus den Preisen eines Basisjahres, um das rein mengenmäßige Wachstum von inflationsbedingten Zuwächsen zu trennen.

Tabelle 1 dokumentiert die Entwicklung des realen und nominalen Bruttosozialproduktes und deren Wachstum in den alten Bundesländern für den Zeitraum von 1980 bis 1991. Als Basisjahr bei der Errechnung des realen Bruttosozialproduktes dient derzeit das Jahr 1985. Tabelle 2 gewährt Einblick in die Entwicklung des Bruttosozialproduktes je Einwohner, das für internationale Vergleiche aussagekräftiger ist als die absolute Höhe des erwirtschafteten Sozialproduktes.

Tabelle 1: Bruttosozialprodukt in jeweiligen und konstanten Preisen

Jahr	1980	1985	1986	1987	1988	1989	1990[1]	1991[1]
in jeweiligen Preisen								
in Mrd. DM	1477,4	1834,5	1936,1	2003,0	2108,0	2249,1	2439,1	2631,2
1975 = 100	144	179	188	195	205	219	237	256
Veränderung gegen Vorjahr in v. H.	6,0	4,0	5,5	3,5	5,2	6,7	8,4	7,9
in Preisen von 1985								
in Mrd. DM	1733,8	1834,5	1874,4	1902,3	1971,8	2050,3	2149,8	2226,8
1975 = 100	118	125	127	129	134	139	146	151
Veränderung gegen Vorjahr in v. H.	1,0	1,8	2,2	1,5	3,7	4.0	4,9	3,6

[1] vorläufig

Tabelle 2: Bruttosozialprodukt je Einwohner[1]

Jahr	1980	1985	1986	1987	1988	1989	1990	1991
in jeweiligen Preisen								
in DM	23997	30062	31705	32795	34305	36239	38561	41089
1975 = 100	144	181	191	197	206	218	232	247
Veränderung gegen Vorjahr in v. H.	5,6	4,3	5,5	3,4	4,6	5,6	6,4	6,6
in Preisen von 1985								
in DM	28162	30062	30695	31146	32088	33036	33987	34774
1975 = 100	118	126	129	131	135	139	143	146
Veränderung gegen Vorjahr in v. H.	0,7	2,1	2,1	1,5	3,0	3.0	2,9	2,3

[1] Zur Berechnung von Angaben je Einwohner wurde für die Bevölkerung 1991 ein Durchschnittswert geschätzt.
[2] vorläufig

Quelle: Bundesministerium für Wirtschaft (Hrsg.): Wirtschaft in Zahlen 1992, S. 36

Das Modell des Wirtschaftskreislaufes

Das **Bruttosozialprodukt zu Marktpreisen** (Y_m^b, nominales BSP) bezeichnet die produktive Gesamtleistung einer Volkswirtschaft innerhalb eines Jahres, ausgedrückt in Geldwerten. Zieht man vom Bruttosozialprodukt zu Marktpreisen die Ersatzinvestitionen (D) ab, ergibt sich daraus das **Nettosozialprodukt zu Marktpreisen** (Y_m^n). Es spiegelt die produktive Gesamtleistung einer Volkswirtschaft abzüglich der Leistungen, die zur Aufrechterhaltung des vorhandenen Kapitalstocks benötigt werden, wider. Schließlich läßt sich aus dem Nettosozialprodukt zu Marktpreisen das **Nettosozialprodukt zu Faktorkosten** (Y_f^n) feststellen, das das **Volkseinkommen** (Y) oder die **Wertschöpfung** einer Volkswirtschaft darstellt. Das Volkseinkommen oder Nettosozialprodukt zu Faktorkosten ist der Wert, der den Produktionsfaktoren (Arbeit, Kapital) unter Aufrechterhaltung des jeweiligen Kapitalstocks zufließt. Anders ausgedrückt handelt es sich um die Kosten, die die zur Herstellung der Gesamtgütermenge benötigten Produktionsfaktoren verursacht haben. Dabei gilt es, die fiskalischen Aktivitäten des Staates, die die Herstellungskosten berühren, auszuklammern. Um das Volkseinkommen zu erhalten, müssen vom Nettosozialprodukt zu Marktpreisen die indirekten Steuer (T_{ind}), die zu einer Erhöhung des Marktpreises führen, abgezogen und die Subventionen (Z_u), die den Marktpreis drücken, hinzugezählt werden.

$$Y_m^b = C_H + C_{St} + I^b + (X - M)$$

$$Y_m^b = NPW$$

$$Y_m^n = C_H + C_{St} + I^n + (X - M)$$

$$Y_m^n = Y_m^b - D$$

$$Y_f^n = C_H + C_{St} + I^n + (X - M) - T_{ind} + Z_u$$

$$Y_f^n = Y = Y_m^n - T_{ind} + Z_u$$

Untenstehende Tabelle zeigt die Entwicklung dieser Sozialproduktgrößen in den alten Bundesländern von 1980 bis 1991.

Bruttoinlandsprodukt, Bruttosozialprodukt und Volkseinkommen – in Mrd. DM – Früheres Bundesgebiet								
Jahr	1980	1985	1986	1987	1988	1989	1990[2]	1991[2]
in jeweiligen Preisen								
Bruttoinlandsprodukt: zu Marktpreisen	1472,0	1823,2	1925,3	1990,5	2096,0	2224,4	2417,8	2612,6
Saldo der Erwerbs- und Vermögenseinkommen mit dem Ausland[1](–)	5,4	11,3	10,8	12,5	12,0	24,7	21,3	18,6
Brottosozialprodukt zu Marktpreisen (Sozialprodukt)	1477,4	1834,5	1936,1	2003,0	2108,0	2249,1	2439,1	2631,2
Abschreibungen	175,0	235,4	243,7	252,3	263,1	279,5	300,4	327,0
Nettosozialprodukt zu Marktpreisen (Sozialprodukt)	1302,4	1599,1	1692,4	1750,7	1844,9	1969,7	2138,7	2304,2
Indirekte Steuer (–)	193,5	230,3	236,2	245,5	257,1	278,3	302,2	342,1
Subventionen (+)	30,7	37,9	41,3	44,8	47,7	46,8	48,7	46,7
Nettosozialprodukt zu Faktorkosten (Volkseinkommen)	1139,6	1406,8	1497,6	1550,0	1635,5	1738,1	1885,3	2008,8

[1] zwischen Inländern und der übrigen Welt
[2] vorläufig
Quelle: Bundesministerium für Wirtschaft (Hrsg.): Wirtschaft in Zahlen 1992, S. 36

Die Berechnung des Bruttosozialproduktes zu Marktpreisen erfolgte im obigen Beispiel nach der Verwendung. Die **Verwendungsrechnung** zeigt auf, wofür das Bruttosozialprodukt verwendet wurde. Es ließe sich auch von der Entstehungsseite her ermitteln. Diese Berechnungsmethode geht von den einzelnen Wirtschaftsbereichen (Landwirtschaft, Industrie, Handwerk, Dienstleistungen) aus und erklärt, wo das Bruttosozialprodukt erarbeitet wurde. Die **Entstehungsrechnung** ermittelt das Bruttosozialprodukt zu Marktpreisen aus den Nettoproduktionswerten (BPW – V) der einzelnen Wirtschaftssektoren. Bei der **Verteilungsrechnung** soll das Bruttosozialprodukt aus der Aufteilung auf die Produktionsfaktoren (Lohneinkommen = L, Gewinneinkommen = G) berechnet werden. Lohneinkommen und Gewinneinkommen repräsentieren das Volkseinkommen. Um aus dem Volkseinkommen das Bruttosozialprodukt zu Marktpreisen zu ermitteln, sind die Ersatzinvestitionen und die indirekten Steuern dazuzuzählen und die Subventionen zu subtrahieren.

Das Modell des Wirtschaftskreislaufes

Verwendungsrechnung: $\quad Y_m^b = C_H + C_{St} + I^b + (X - M)$
Entstehungenrechnung: $\quad Y_m^b = BPW - V$
Verteilungsrechnung: $\quad Y_m^b = L + G + T_{ind} - Z_U + D$

Das **Bruttoinlandsprodukt** ist eine weitere Meßzahl für die Leistungskraft einer Volkswirtschaft und ersetzte in den letzten Jahren zunehmend das Bruttosozialprodukt. Das **Sozialprodukt** geht vom Inländerkonzept aus, d. h. es mißt das Ergebnis der wirtschaftlichen Betätigung der Inländer im In- und Ausland. Als Inländer gilt, unabhängig von der Nationalität, derjenige, der seinen ständigen Wohnsitz im Inland hat. Das **Inlandsprodukt** wird als das Produktionsergebnis aller im Inland eingesetzten Produktionsfaktoren definiert. Aus dem Inlandsprodukt erhält man das Sozialprodukt, indem alle Erwerbs- und Vermögenseinkommen, die Inländer aus dem Ausland empfangen haben, hinzugefügt und alle Erwerbs- und Vermögenseinkommen, die Ausländer im Inland verdient haben, abgezogen werden. So zählt beispielsweise das Gehalt eines Fußballprofis, der für einen ausländischen Club spielt, nicht zum Inlands- aber zum Sozialprodukt, falls er seinen festen Wohnsitz im Inland behält.

Die untenstehende Abbildung zeigt das Bruttoinlandsprodukt (BIP) der alten Bundesländer bzw. ab 1991 von Gesamtdeutschland nach Entstehung, Verwendung und Verteilung.

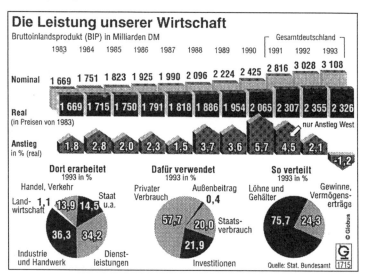

Das Modell des Wirtschaftskreislaufes

c) **Kritische Betrachtung des Bruttosozialproduktes als Wohlstandsindikator**

Das nominale Bruttosozialprodukt ist die meistgebrauchte, umfassendste Meßgröße für die wirtschaftliche Gesamtleistung eines Landes. In ihm ist der Geldwert sämtlicher in einem Jahr produzierten Güter und Dienstleistungen aller Wirtschaftsbereiche zusammengefaßt – soweit dies überhaupt möglich ist. Aussagekräftiger ist das reale Bruttoszialprodukt bzw. dessen Wachstum. Die nominalen Zuwachsraten fallen stets größer aus als die realen, weil sie auch Preissteigerungen enthalten (vgl. Abbildung Seite 42). Bei hohen Preissteigerungsraten kann das nominale Bruttosozialprodukt noch steigen, während das reale Bruttosozialprodukt sinkt, weil die Menge der produzierten Güter und Dienstleistungen gegenüber dem Vorjahr abgenommen hat.

Zur Beurteilung der Wachstumsraten ist auch der **Basiseffekt** miteinzubeziehen. Bei einem höheren Bruttosozialprodukt als Basiswert für die Berechnung der Zuwachsraten lassen sich hohe Wachstumsraten schwieriger erzielen als bei geringerem Ausgangswert. 1950 bedeutete 1 % reales Wirtschaftswachstum eine Erhöhung des realen Bruttosozialproduktes um 3,9 Mrd. DM. Um im Jahre 1992 ein reales Wachstum von 1 % zu erzielen, mußte das reale Bruttosozialprodukt bereits um ca. 22 Mrd. DM gesteigert werden. Je größer der Basiswert ist, desto gehaltvoller ist also 1 % reales Wachstum.

Einige Leistungen entziehen sich weitgehend der Bewertung durch die amtlichen Statistiker; dazu gehören die Haus- und Hobbyarbeit, aber auch die Schwarzarbeit. Die gesamtwirtschaftliche Buchführung erfaßt nur den Teil der Produktion, der direkt oder indirekt über den Markt bewertet werden kann – in Mark und Pfennig. Mit Ausnahme der bezahlten Haushaltshilfen tauchen die privaten Haushalte in der Statistik nicht als Produzenten von Waren und Dienstleistungen auf. Internationale Untersuchungen ergaben, daß die Einbeziehung der Haushaltsproduktion das Bruttosozialprodukt um über 30 % steigern würde. Schwarzarbeit, auch **Schatten-** oder **Untergrundwirtschaft** genannt, gehört zum Bruttosozialprodukt, geht aber nicht oder nur unzureichend in die Berechnung ein, weil sie von ihren Urhebern bewußt der amtlichen Erfassung entzogen wird. Staat und Sozialversicherungssystem entgehen dadurch Steuern und Beiträge in Milliardenhöhe. Sehr unterschiedlich fallen die Schätzungen der Experten aus. So veranschlagte das baden-württembergische Wirtschaftsministerium den wertmäßigen Umfang der Schwarzarbeit in der Bundesrepublik Mitte der 80er Jahre auf 30 bis 40 Mrd. DM. Der Vorstandssprecher der Dresdner Bank AG, HANS

Das Modell des Wirtschaftskreislaufes

FRIDRICHS, nennt sogar über 100 Milliarden DM realistisch. Allgemein geht man in der Bundesrepublik von einem Umfang der Schattenwirtschaft in Höhe von ca. 5,5 % des Bruttosozialproduktes aus.

Die absolute Höhe des Bruttosozialproduktes läßt keine Rückschlüsse auf die Einkommensverteilung zu. Bei einer ungerechten Einkommensverteilung kann sich der Wohlstand nur auf eine kleine Gruppe konzentrieren, während die breite Masse der Bevölkerung in Armut lebt. Die bekannteste Kennziffer zur Messung der Einkommensverteilung ist der nach dem gleichnamigen italienischen Ökonomen und Statistiker benannte **Gini-Koeffizient**. Der Gini-Koeffizient nimmt Werte zwischen 0 und 100 an. Der Wert 0 bedeutet, daß alle Einkommensbezieher einer Volkswirtschaft das gleiche Einkommen erhalten. Je ungleicher die Einkommen verteilt sind, desto größer wird der Gini-Koeffizient. Gelänge es einem einzigen Einkommensbezieher, das gesamte Volkseinkommen an sich zu reißen, betrüge der Wert 100. Die untenstehende Abbildung zeigt die Einkommensverteilung im Ländervergleich.

Einkommensverteilung: Ein System-Vergleich

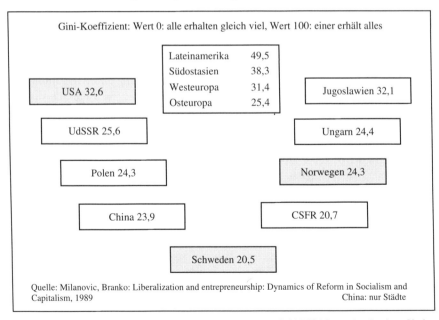

Institut der deutschen Wirtschaft Köln © 30/1991 Deutscher Instituts-Verlag

Ein weiterer Kritikpunkt des Bruttosozialprodukts als Wohlstandsindikator liegt darin, daß es sich um eine rein materielle Größe handelt. Der Wohlstand wird rein quantitativ definiert. Steigt die produzierte Menge an Gütern und Dienstleistungen, muß dies nicht unbedingt mehr Wohstand bedeuten, wenn dabei die Umwelt zerstört wird und die Ressourcen rücksichtslos ausgebeutet werden. Wenn Chemieprodukte hergestellt werden und dabei die Gewässer verschmutzen, dann steigt das Bruttosozialprodukt um den Wert der chemischen Produkte. Für die Wasserverschmutzung gibt es jedoch keinen Abzug. Humane Arbeitsbedingungen und Wohnqualität zu erträglichen Mieten tragen ebenfalls wesentlich zum Wohlstand bei, auch wenn sie nicht in Sozialproduktsberechnungen eingehen, weil sie keinen Preis haben. Es ist sicherlich schwierig, die qualitativen Komponenten des Wohlstandes miteinzubeziehen, da sie sich schlecht in Geldwerten erfassen lassen. Einen interessanten Vorschlag zur Einbeziehung der Lebensqualität in die volkswirtschaftliche Gesamtrechnung machte die Zeitschrift "natur". Es wurde vorgeschlagen, das Bruttosozialprodukt durch ein **Ökosozialprodukt** als Wohlstandsindikator zu ersetzen. Viele Werte könnten zwar nicht in Preisen, aber in Folgekosten erfaßt werden. Für Schäden, die aus der Ausbeutung der Natur und Umwelt entstünden, fielen "Reparaturkosten", d. h. Kosten für die Beseitigung der Umweltschäden bzw. Lebensqualitätsinvestitionen an. Sie gehörten als Minusposten nach der Formel "Bruttosozialprodukt minus Reparaturkosten plus Lebensqualitätsinvestitionen gleich Ökosozialprodukt" in die volkswirtschaftliche Gesamtrechnung.

Das Modell des Wirtschaftskreislaufes

Lernziel-Kontrollfragen

8. Ordnen Sie die folgenden Wirtschaftssubjekte den Sektoren des Kreislaufmodelles zu!
   - Allgemeine Ortskrankenkasse Kelheim
   - Telekom
   - Stadt München
   - Rentenversicherung
   - Lufthansa
   - TSV 1860 München
   - Daimler Benz AG
   - Kreis Kelheim
   - Reichsbahn / Bundesbahn
   - Lebensversicherungen
   - Deutsche Bank AG

9. Zu welchen Strömen des Kreislaufmodelles gehören die folgenden Staatseinnahmen?
   - Gewinne der Bundespost
   - Lohnsteuer
   - Kaffeesteuer
   - Umsatzsteuer
   - Mineralölsteuer
   - Sekt-, Branntweinsteuer
   - Erbschaftssteuer
   - Versicherungssteuer
   - Kirchensteuer
   - Hundesteuer
   - Vergnügungssteuer
   - Grundsteuer

10. Durch welche Ströme des Kreislaufmodells werden die untenstehenden Staatsausgaben erfaßt?
    - Tilgung von Schulden
    - Beamtengehälter
    - Sozialhilfeleistungen
    - Ausgaben der Bundesanstalt für Arbeit für ABM-Maßnahmen
    - Ausgaben der Städte, Kreise für Schulbücher
    - Kreditaufnahme bei der Bundesbank

11. In einer fiktiven Volkswirtschaft ergeben sich folgende Zahlen aus der volkswirtschaftlichen Gesamtrechnung:

Nettoproduktionswert	1 701 GE
Löhne und Gehälter (L)	945 GE
Importe (M)	538 GE
Konsum des Staates (C_{St})	351 GE
Direkte Steuern (T_{dir})	454 GE
Indirekte Steuern (T_{ind})	190 GE
Transferzahlungen an Haushalte (Z_H)	255 Ge
Subventionen an Unternehmen (Z_U)	58 GE
Bruttoinvestitionen (I^b)	388 GE
Verteilte Gewinne (G)	394 GE

Die Sparquote der Haushalte beträgt 20 % des verfügbaren Einkommens.

a) Zeichnen Sie das Kreislaufmodell dieser Volkswirtschaft, und beschriften Sie die einzelnen Geldströme! Berechnen Sie die folgenden Stromgrößen: Exporte (X), Nettoinvestitionen (I^n), Konsum der Haushalte (C_H), Sparen der Haushalte (S_H), Sparen des Staates (S_{St}) und die Abschreibungen (D). Führen Sie den zahlenmäßigen Ausgleich mit dem Ausland durch.

b) Berechnen Sie das gesamtwirtschaftliche Angebot und die gesamtwirtschaftliche Nachfrage!

12. Stellen Sie die Gleichgewichtsbedingungen für
a) eine geschlossene evolutorische Volkswirtschaft mit staatlicher Kreditaufnahme,
b) eine offene evolutorische Volkswirtschaft mit negativem Außenbeitrag und echtem Sparen des Staates auf!

13. Welches Verhältnis haben I^n gepl. und S gepl. bei folgenden Situationen zueinander?
- Desinvestitionen
- Preissenkungen

14. Erläutern Sie die möglichen wirtschaftlichen Entwicklungen mit Hilfe der Ströme des Kreislaufmodelles in den kommenden Perioden, wenn der Ex-post-Ausgleich über einen Lageraufbau stattfand!

15. Erklären Sie die Begriffe Multiplikator und Akzelerator!

16. Welche Wirkungen hat es auf den Multiplikatoreffekt, wenn
    a) die Konsumquote steigt,
    b) der Staat direkte Steuern erhebt,
    c) Güter aus dem Ausland importiert werden,
    d) die Wirtschaft bereits vollbeschäftigt ist.

17. Von welchen Faktoren hängt die Akzeleratorwirkung ab?

18. Zur Lösung der Verkehrsprobleme wird derzeit auch eine drastische Erhöhung der Mineralölsteuer erwogen.
    Zeigen Sie mit Hilfe der Ströme des Kreislaufmodelles auf, welche Auswirkungen eine derartige Maßnahme haben könnte! Beziehen Sie auch Multiplikator- und Akzeleratorprozesse mit ein!

19. Definieren Sie das gesamtwirtschaftliche Angebot und die gesamtwirtschaftliche Nachfrage!

20. Welche Faktoren bestimmen die Höhe des gesamtwirtschaftlichen Angebots?

21. Der Zusammenhang zwischen den Konsumausgaben und dem verfügbaren Einkommen läßt sich durch die folgende Funktion wiedergeben:

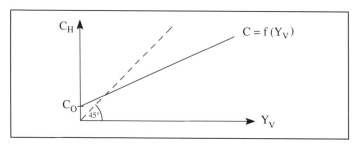

a) Erklären Sie die Bedeutung der Größe C_0!
b) Definieren Sie das verfügbare Einkommen!
c) Welche Bedeutung hat die 45°-Linie?
d) Markieren Sie die Ersparnisbildung in der obenstehenden Zeichnung!

e) Worin spiegelt sich die Konsumneigung der Haushalte in der Konsumfunktion wider?

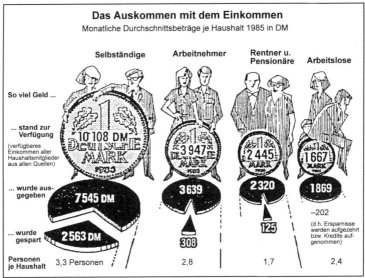

© Globus

22. Berechnen Sie aus dem gegebenen Datenmaterial der obenstehenden Abbildung die Konsum- bzw. Sparquote der einzelnen Haushaltsgruppen! Welche Auswirkungen hätte eine gleichmäßigere Einkommensverteilung auf die durchschnittliche Konsumquote?

23. Stellen Sie die Formeln auf, nach denen sich Bruttosozialprodukt zu Marktpreisen, Nettosozialprodukt zu Marktpreisen und Nettosozialprodukt zu Faktorkosten in einer stationären Wirtschaft und in einer geschlossenen evolutorischen Volkswirtschaft ohne und mit ökonomischer Aktivität des Staates berechnen lassen!

24. a) Berechnen Sie aus dem untenstehenden Kreislauf das Bruttosozialprodukt zu Marktpreisen!
    b) Ermitteln Sie das Nettosozialprodukt zu Faktorkosten auf zwei verschiedenen Wegen!
    c) Welche Daten müßten zusätzlich verfügbar sein, wollte man das reale Wachstum dieser Volkswirtschaft berechnen?

Das Modell des Wirtschaftskreislaufes

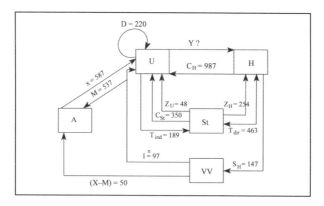

25. Stellen Sie das Wirtschaftswachstum (nominal und real) in der Bundesrepublik von 1980 bis 1992 graphisch dar! Verwenden Sie dazu die Daten aus der Abbildung Seite 42!

26. Vergleichen Sie die untenstehende Abbildung, die Entstehung, Verwendung und Verteilung des Bruttosozialproduktes im Jahre 1981 darstellt, mit der Abbildung auf Seite 42! Halten Sie die Veränderungen kurz fest!

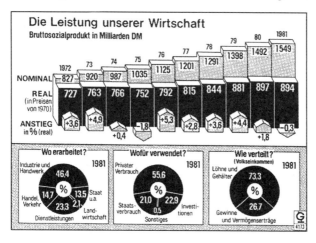

27. Wodurch unterscheiden sich Inlandsprodukt und Sozialprodukt?

28. Erörtern Sie die Grenzen der Aussagefähigkeit des Bruttosozialproduktes als Wohlstandsindikator!

III. Ziele der Wirtschaftspolitik in der sozialen Marktwirtschaft

1. Freie Marktwirtschaft und zentrale Planwirtschaft als idealtypische Wirtschaftsordnungen

"Unter Wirtschaftsordnungen versteht man die realen Erscheinungsformen einer Volkswirtschaft. Sie sind vielgestaltige, komplexe Gebilde aus sittlichen und rechtlichen Normen sowie aus zahlreichen Ordnungsformen."[4]

Die **Wirtschaftsordnung** beschreibt, auf welche Weise und durch welche Regelungen die am Wirtschaftsprozeß beteiligten Einheiten wie Unternehmen, Haushalte und Staat aufeinander abgestimmt werden, ob dies durch den Markt oder einen zentralen Plan erfolgt. So bezeichnet man Wirtschaftsordnungen wie diejenige der Bundesrepublik als Marktwirtschaft, soziale Marktwirtschaft, Wettbewerbswirtschaft oder vielfach auch einfach als "kapitalistische" Wirtschaft. Die Wirtschaftsordnungen der sozialistischen Staaten lassen sich mit Planwirtschaft, Zentralverwaltungswirtschaft, Zwangswirtschaft oder auch mit "sozialistische" Wirtschaft umschreiben.

Der Begriff **Wirtschaftssystem** bezieht sich nach herrschender Auffassung eher auf die Eigentumsverhältnisse, wie Privat-, Genossenschafts- oder Staatseigentum.

Die Aufgabe der Wirtschaft besteht darin, die Güter zur Befriedigung der Bedürfnisse bereitzustellen. Dabei gilt es, drei Grundfragen zu lösen:
- Was soll produziert werden?
  Welche Güter sollen in welchen Mengen hergestellt werden?
- Wie soll produziert werden?
  Mit welchen Produktionsfaktoren (Arbeit, Kapital) und mit welcher Technik sollen die Güter produziert werden?
- Für wen soll produziert werden?
  Wie soll das Bruttosozialprodukt, alle erzeugten Güter und Dienstleistungen, verteilt werden?

Diese Grundfragen bezeichnen das Problem der **Allokation der Ressourcen**. Für die Lösung des Problems gibt es zwei Möglichkeiten. Treffen eine Vielzahl von einander unabhängige Wirtschaftssubjekte (Unternehmen, Haushalte) die Ent-

Ziele der Wirtschaftspolitik in der sozialen Marktwirtschaft

scheidungen, handelt es sich um eine dezentrale Lösung. Eine zentrale Lösung liegt dann vor, wenn eine zentrale Behörde die Entscheidungen trifft und die Wirtschaftssubjekte sich diesen Entscheidungen beugen müssen. In Theorie und Praxis der letzten 200 Jahre haben sich zwei Organisationsmodelle herausgebildet: die Marktwirtschaft und die Planwirtschaft.

Die geistigen Wurzeln der **freien Marktwirtschaft** liegen im **Liberalismus** des 18. und 19. Jahrhunderts begründet. Als Gesellschaftslehre legitimierte er den Kampf des Bürgertums gegen die Privilegien von König, Adel und Klerus. Nach den Vorstellungen des Liberalismus stehen dem Individuum das Recht auf freie Selbstbestimmung und Selbstenfaltung zu (Individualprinzip). Auch die Philosophie der Aufklärung verkündet das Individualprinzip. Der Mensch ist mit Vernunft ausgestattet und vermag rational zu handeln. Daraus leitet sich ein natürliches Recht auf Freiheit ab. Der Forderung nach freier Entfaltung der Marktkräfte wird durch das Schlagwort des **"Laissez-faire"** Ausdruck verliehen. Nach Ansicht des bedeutendsten Vertreters des **Wirtschaftsliberalismus**, ADAM SMITH (1723–1790), soll die freie Entfaltung des Individuums zugleich einen gesamtwirtschaftlichen Idealzustand herbeiführen. Wenn die Menschen ihre Eigeninteressen verfolgten, führe dies zu einer, wenn auch unbeabsichtigten Steigerung der allgemeinen Wohlfahrt.

Die freie Marktwirtschaft (Laissez-faire-Wirtschaft) baut darauf auf, daß jedes Wirtschaftssubjekt Handlungsfreiheit (Gewerbefreiheit, Konsumfreiheit, freie Wahl des Berufes und Arbeitsplatzes, Vertragsfreiheit) besitzt. Die vielen Einzelpläne müssen jedoch aufeinander abgestimmt werden. Die Koordination übernimmt der Marktmechanismus mit Hilfe des Preises. Garant für das Funktionieren des Marktes ist der Wettbewerb, denn nur er gewährleistet nach Meinung der Marktwirtschaftler die maximale Bedürfnisbefriedigung und Entscheidungsfreiheit aller sowie eine marktbestimmte Leistungsgerechtigkeit. Durch die Marktkräfte stelle sich automatisch, wie von "unsichtbarer Hand" (A. SMITH), ein gesamtwirtschaftliches Gleichgewicht bei Vollbeschäftigung ein. Eine staatliche Wirtschaftspolitik sei deshalb nicht notwendig. Staatliche Reglementierungen störten nur die freie Entfaltung der Marktkräfte.

Die Verwirklichung der liberalen Wirtschaftsordnung führte zu wirtschaftlichen Krisen und zu einer ungerechten Einkommens- und Vermögensverteilung. Das unvorstellbare Elend von Hunderttausenden von Fabrikarbeitern entfachte die ersten großen Aktionen der Arbeiterschaft, darunter die Aufstände der Textilarbeiter in Lyon (1831 und 1834) und den Aufstand der schlesischen Weber (1844), die zeigten, daß die Arbeiterschaft als eigenständige Kraft mit eigenen

Forderungen auftrat. Die soziale Frage stand von nun an im Zentrum der Diskussion. Unter diesen historischen Bedingungen entstand der **"wissenschaftliche Sozialismus"** von KARL MARX (1818–1883) und FRIEDRICH ENGELS (1820–1895), später allgemein als **Marxismus** bezeichnet. Die ökonomische Lehre des Marxismus analysierte und kritisierte die damals herrschenden Verhältnisse. Sie soll an dieser Stelle knapp skizziert werden.

Die Ware "Arbeitskraft" erzeugt mehr Wert, als ihre Erhaltung kostet. Der Arbeiter schafft daher mehr Werte, als er in Gestalt von Lohn erhält. Die Differenz zwischen den geschaffenen Werten und dem bezahlten Lohn, die MARX als **Mehrwert** bezeichnet, eignet sich der kapitalistische Unternehmer widerrechtlich an. Die Erzeugung von Mehrwert ist nach MARX das Hauptziel der kapitalistischen Produktion. Der kapitalistische Unternehmer versucht dabei den Mehrwert zu vergrößern, indem er entweder den Arbeitstag verlängert oder bei gleichbleibender Arbeitszeit die Arbeitsproduktivität steigert. Im Bestreben, einen möglichst großen Profit zu erzielen, werden die Produktion ausgedehnt, immer neue Märkte erschlossen und die Technik vervollkommnet. Die Produktion immer größerer Warenmengen stößt jedoch auf die engeren Schranken des Verbrauchs. Der Absatz gerät ins Stocken, die Krise beginnt. Im Verlaufe der Krise verschärft sich die Konkurrenz auf den Märkten, kleinere und mittlere Produzenten werden in den Ruin getrieben, der Lohn der noch beschäftigten Arbeiter sinkt. Nach einer gewissen Periode folgt eine neue Belebung, in der sich die Unternehmen wieder erholen. Die kapitalistische Wirtschaftsweise führt nicht nur zu regelmäßigen Absatzkrisen durch Überproduktion, sondern auch zu einer zunehmenden Konzentration und Kapitalakkumulation. Als Folge des Konkurrenzkampfes werden schwächere Betriebe ruiniert und von größeren Unternehmen geschluckt. Die wirtschaftliche Macht konzentriert sich im Endstadium des Kapitalismus nur noch auf wenige Unternehmensgiganten. Der Kapitalismus bewirkt, daß die Spaltung der Gesellschaft durch die Anhäufung von Reichtum auf der einen und die Vergrößerung des Elends auf der anderen Seite immer tiefer wird. Die Konzentration der Produktionsmittel nimmt schließlich solche Ausmaße an, daß sie nicht mehr durch Einzelpersonen oder Gruppen, sondern nur noch durch die Gesellschaft als Ganzes geleitet werden können. Damit nähert sich der Moment, wo es möglich und auch notwendig ist, die entscheidenden Produktionsmittel in gesellschaftliches Eigentum überzuführen. Da nun nicht mehr die Eigentümer über die Produktionsmittel verfügen, sondern die im Betrieb arbeitenden Menschen, ist eine Ausbeutung durch Aneignung des Mehrwertes nicht mehr möglich.

Ziele der Wirtschaftspolitik in der sozialen Marktwirtschaft

Die Ideen von MARX und ENGELS münden in das Modell der **Zentralverwaltungswirtschaft** mit Kollektiveigentum an Produktionsmitteln und Planerfüllung als oberstem Unternehmensziel. Gemeinziele stehen über den Zielen des Individuums ("gesellschaftliche notwendige Produktion"; "freie Wahl des Arbeitsplatzes entsprechend den gesellschaftlichen Erfordernissen", Art. 24 der Verfassung der ehemaligen DDR). Die Lenkung und Kontrolle des gesamten Wirtschaftsgeschehens erfolgt über zentrale Planbehörden, die über ein Sanktionssystem für die Einhaltung der Pläne sorgen. Die Preise haben keine Allokationsfunktion, sie fungieren lediglich als Verrechnungseinheiten.

2. Die soziale Marktwirtschaft in der Bundesrepublik

"Wenn uns eine soziale Marktwirtschaft, d. h. eine nach den Regeln der Marktwirtschaft ablaufende, aber mit sozialen Ergänzungen und Sicherungen versehene Wirtschaft vorschwebt, geschieht dies in der Überzeugung, daß keine andere soziale Ordnung den gleichen Grad von sachlicher Produktivität und technischer Fortschrittlichkeit mit der Möglichkeit persönlicher Freiheit und sozialer Gestaltung vereinigt. [...] In einer Synthese der marktwirtschaftlichen Kräfte und einer sozialen Ordnung liegt viel für das Schicksal unserer Zivilisation. [...] Ein anderes Charakteristikum der Konzeption einer sozialen Marktwirtschaft liegt darin, daß sie durch eine wirksame Konjunkturpolitik die Arbeitsplätze sichert [...] Ich stehe auch heute noch dafür ein, daß Konjunkturpolitik ein tragendes Element der sozialen Marktwirtschaft ist."[5]

Die Idee von der sozialen Marktwirtschaft wurde wesentlich von der Freiburger Schule ("Neoliberale Schule") entwickelt. Die bekanntesten Vertreter der Freiburger Schule sind WALTER EUCKEN, ARMIN MÜLLER-ARMACK, FRANZ BÖHM, WILHELM RÖPKE und LUDWIG ERHARD. Die soziale Marktwirtschaft sollte das **Individualprinzip** mit dem Prinzip des sozialen Ausgleichs, dem **Sozialprinzip**, verbinden und stellt eine nach sozialen Gesichtspunkten gelenkte Marktwirtschaft dar. Mit den Altliberalen haben die Neoliberalen die Überzeugung gemeinsam, daß der Wettbewerb essentiell für das Funktionieren eines Wirtschaftssystemes ist. Von den Altliberalen unterscheidet sie die stärkere Beachtung der sozialen Probleme.

Mit der Währungsreform 1948 wurde in der Bundesrepublik die soziale Marktwirtschaft eingeführt. Das Grundgesetz der Bundesrepublik enthält keine ausdrückliche Bestimmung über die Wirtschaftsordnung. Sie ist aber an die im Verfassungskern verankerten Grundfreiheiten, insbesondere an das Recht auf freie Entfaltung der Persönlichkeit, Koalitionsfreiheit, freie Berufs- und Arbeitsplatzwahl, Gewerbefreiheit, Garantie des Privateigentums usw. gebunden. Diese Bestimmungen des Grundgesetzes sprechen für eine marktwirtschaftliche Ordnung. Das im Grundgesetz garantierte Prinzip der Sozialstaatlichkeit und die ausdrückliche Betonung der Sozialbindung des Privateigentums sprechen für die Idee von der sozialen Marktwirtschaft. Diese Wirtschaftsordnung der Bundesrepublik ist verfassungskonform, aber keineswegs ein vom Grundgesetz vorgeschriebenes Ordnungsprinzip.

Das System der sozialen Marktwirtschaft läßt sich durch vier Grundprinzipien[6] charakterisieren:

– **Wettbewerbsprinzip:**
Der marktwirtschaftliche Wettbewerb ist die ordnungspolitische Basis. Er wird als notwendig erachtet, um das wirtschaftliche Wachstum und den technischen Fortschritt in Freiheit und Wohlstand zu sichern. Die Garantie eines funktionierenden Wettbewerbs obliegt der staatlichen Wettbewerbspolitik, die Wettbewerbsbeschränkungen, die von Monopolen, Oligopolen, Kartellen und Megafusionen ausgehen, kontrolliert bzw. verhindert.

– **Sozialprinzip**
Da sich nicht alle Probleme über den Markt lösen lassen, ist eine staatliche Sozialpolitik erforderlich, die die marktwirtschaftliche Einkommensverteilung über Renten, Sozialleistungen oder Subventionen korrigiert.

– **Konjunkturpolitisches Prinzip**
Eine weitere Aufgabe der staatlichen Wirtschaftspolitik besteht in der Konjunkturpolitik. Dabei soll eine Glättung von Konjunkturschwankungen mit dem Ziel der Währungsstabilität und Vollbeschäftigung erfolgen.

– **Prinzip der Marktkonformität**
Alle staatlichen Eingriffe in das Wirtschaftsgeschehen müssen am Kriterium der Marktkonformität gemessen werden. Die Marktprozesse, insbesondere die Preisbildung, sollen möglichst wenig gestört werden. Staatliche Eingriffe können zwar Anreize oder Erschwernisse für bestimmte Verhaltensweisen der Wirtschaftssubjekte beinhalten, die Entscheidungsfreiheit muß jedoch letzlich gewahrt bleiben.

3. Die Schwächen der sozialen Marktwirtschaft

In der real existierenden sozialen Marktwirtschaft der Bundesrepublik bestehen erhebliche soziale, wirtschaftliche und strukturelle Probleme, die in einem Zeitungsartikel von HANS-GERD HEINE, der in der Süddeutschen Zeitung vom 28./ 29. 12. 1991 erschienen ist, aufgezeigt werden:

Armut im Überfluß

Die Marktwirtschaft läßt selbst im reichen Deutschland viele Probleme ungelöst.

"Wenn das die Bundesrepublik nicht schafft, wer soll es denn dann schaffen?" Es vergeht keine Woche, in der nicht irgendein Politiker voll protzigem Stolz auf den Wohlstand in diesem Lande verweist. Und in der Tat, die alte Bundesrepublik gehörte zu den reichsten Ländern der Welt, und auch
5 nach der Wiedervereinigung nimmt Deutschland noch immer einen Platz ganz weit oben auf der Wohlstandsliste ein. Kann es in einem solchen Land überhaupt noch Probleme geben, die sich mit Geld lösen ließen?

Schaut man sich um, wird der Berg ungelöster Probleme sehr schnell deutlich. So fehlen z. B. mindestens zwei Millionen Wohnungen. Und überall
10 mangelt es an Möglichkeiten zur Kinderbetreuung. Bis 1995 wären allein in den alten Bundesländern zusätzlich 750 000 Kindergartenplätze nötig. Ähnlich sieht es bei Krippen und Horten aus. Dabei ist heute schon jedes neunte Kind ein sogenanntes Ein-Eltern-Kind. Bei der Pflege im Alter rangiert Deutschland unter vergleichbaren Nationen weit hinten.

15 In der medizinischen Betreuung im Krankenhaus klaffen riesige Löcher. Zwar sind die meisten Kliniken gut mit Apparaten ausgestattet, und auch die Chefärzte kommen gut zurecht, aber für eine anständige und angemessene Bezahlung des Pflegepersonals fehlt das Geld. Und deshalb fehlt es an Personal. So fliegen eben mehrmals im Monat Hamburger Fachärzte mit ihren
20 schwer herzkranken Patienten nach London, um sie dort zu operieren, denn in London ist an geschulten Pflegekräften kein Mangel.

Besonders betroffen von solchen Mißständen sind Arbeitslose, Behinderte, Um- und Aussiedler und vor allem allein erziehende Frauen. Wenn sie ihre Kinder nicht in einer Krippe oder einem Hort unterbringen können, haben
25 sie keine Chance, den Lebensunterhalt selbst zu verdienen. Sie fallen der

Ziele der Wirtschaftspolitik in der sozialen Marktwirtschaft

Sozialhilfe anheim mit allen negativen Folgen. Allein in München gibt es zur Zeit etwa 1 800 alleinstehende, wohnungslose Frauen. Und mit ihnen leben rund 1270 Kinder in "Unterkünften und sonstigen stationären Hilfseinrichtungen", wie es im Amtsdeutsch heißt.

30 Das Schlimme ist, daß der wachsende Wohlstand nicht etwa die Verhältnisse bessert, sondern daß die Not immer weiter um sich greift. In der Bundesrepublik Deutschland leben 5,8 Prozent der Bürger von der Sozialhilfe. Ihre Zahl hat sich damit seit Beginn der 80er Jahre verdoppelt. In München, das hat der Armutsbericht 1990 der bayerischen Landeshauptstadt ergeben,
35 hat jeder zehnte Einwohner ein monatliches Nettoeinkommen von weniger als 530 DM. Und in anderen Ballungszentren sieht es nicht viel anders aus. Überdeckt werden diese Verhältnisse vielfach dadurch, daß dort, wo die Randgruppen und kleinen Leute nicht mehr mithalten können, sich zugleich der Reichtum ballt. Beides bedingt sich offenbar gegenseitig. Auch hierfür
40 ist München mit seiner Schicki-Micki-"Kultur" ein typisches Beispiel. Der Marsch in die Zwei-Drittel-Gesellschaft geht weiter.

Hauptursachen für diese Entwicklung sind die Arbeitslosigkeit und ganz besonders der rasante Anstieg der Mieten. Nach dem zitierten Armutsbericht wenden in München bereits fast 50 000 Haushalte zwischen 30 und
45 50 Prozent ihres Nettoeinkommens für die Miete auf, und rund 15 000 müssen sogar mehr als die Hälfte dafür ausgeben. Die Zahl der überschuldeten Familien nimmt stetig zu.

Solche Verhältnisse sind nicht einfach ein sozialer Betriebsunfall, sondern Ausdruck gesellschaftlicher Wertvorstellungen und Präferenzen. Während
50 für Pflegekräfte im Krankenhaus kein Geld da ist, wird Profisportlern, wenn sie nur einigermaßen Leistung zeigen, zum Teil fürstliche Entlohnung zugebilligt. Für seichteste Unterhaltung sitzt das Geld lockerer als für die Betreuung alter Menschen. Die Forderung nach Überdachung eines Fußballstadions findet eher lautstarke Befürworter als die Einrichtung von Kindergärten.
55 Wie in München geschehen, wird eine 80jährige Frau nach rund 50jährigem Mietverhältnis aus ihrer Wohnung geklagt, weil sich bei Neuverwertung aus der Wohnung ein ungleich größerer Reibach schlagen läßt.

Daß allenthalben die Maßstäbe verlorengehen, daß sich in einer Leistungsgesellschaft, die jahrzehntelang einseitig auf wirtschaftlichen Erfolg gedrillt
60 worden ist, eine Mentalität der Raffgier breitmacht, ist – so paradox es klingen mag – auch eine Folge unseres Wirtschaftssystems. Denn die Markt-

Ziele der Wirtschaftspolitik in der sozialen Marktwirtschaft

wirtschaft, das unbestritten erfolgreichste Wirtschaftssystem aller Zeiten, basiert letztlich darauf, daß sie den wirtschaftlichen Egoismen der Bürger freien Lauf läßt und deren unterschiedliche Interessen dann auf dem Markt
65 über Angebot und Nachfrage in Übereinstimmung bringt.

Die Ergebnisse, die der Markt dabei zeitigt, sind wertfrei. Ob diese Ergebnisse gesellschaftlich erwünscht oder wenigstens akzeptabel sind, ist eine Frage, die der politischen Wertung unterliegt. Je stärker und ungezügelter sich Egoismus entfalten kann, desto größer wird die Gefahr, daß es zu sozial
70 unverträglichen Resultaten kommt. Gedanken ans Gemeinwohl sind der puren Marktwirtschaft nicht immanent. Das wird, zieht man die Erfolgsbilanz dieses Wirtschaftssystems, aber allzu leicht übersehen.

Der Drang nach persönlichem Vorteil, in weiten Grenzen durchaus sehr gesund, ja unverzichtbar, läßt sich, ohne das im ganzen sinnvolle System
75 der Marktwirtschaft zu kippen, nur dadurch stutzen, daß die Marktwirtschaft durch politische Vorgaben wieder stärker sozial ausgerichtet wird, wie es ihre Gründerväter Ludwig Erhard und Alfred Müller-Armack im Sinne hatten. Dazu aber müßten vor allem CDU/CSU und FDP als Gralshüter dieser Lehre bereit sein, nicht jeden Reformversuch gleich mit dem ideologischen
80 Schlagwort "sozialistische Experimente" abzuwürgen.

HEINE prangert in erster Linie die sozial unverträglichen Resultate des immer stärker um sich greifenden Egoismus an, dem ein marktwirtschaftliches System die besten Entfaltungsmöglichkeiten bietet. Die soziale Marktwirtschaft hat nach Meinung des Autors ihre soziale Prägung weitgehend verloren. Wir schlittern unaufhaltsam in eine Zwei-Drittel-Gesellschaft mit einer immer ungerechter werdenden Einkommens- und Vermögensverteilung. Diese Wortschöpfung, die dem SPD-Politiker PETER GLOTZ zugeschrieben wird, beschreibt eine Gesellschaft, in der nur diejenigen, die auf einem sicheren Arbeitsplatz in Lohn und Brot stehen, sich auf der Gewinnerseite befinden, während das restliche Drittel der Gesellschaft nicht im gleichen Maße am Wohlstandszuwachs teilhat, wie die wachsende Anzahl der Arbeitslosen, Sozialhilfeempfänger und Rentner zeigt.

Der chancengleiche Wettbewerb selbständiger und freier Unternehmer ist teilweise bereits stark eingeschränkt, wie nachstehende Tabelle[7] aufzeigt.

Ziele der Wirtschaftspolitik in der sozialen Marktwirtschaft

Größenklasse[1]	Anteil der Größenklasse an der Gesamtsumme in %	
	Arbeitsstätten[2]	Beschäftigte
1 – 4	65.4	12.8
5 – 19	27.4	22.3
20 – 99	5.9	22.4
100 – 499	0.2	20.8
über 499	0.2	20.8
Gesamt in 1 000	2 581	26 959

[1] Beschäftigte pro Arbeitsstätte
[2] Örtlich abgegrenzte wirtschaftliche Einheiten

Aus: Statistisches Bundesamt, Statistisches Jahrbuch 1990. – Eigene Berechnungen

Die größten Unternehmen (etwa 0,2 %) konzentrieren nach Berechnungen der obenstehenden Tabelle mehr als ein Fünftel aller Beschäftigten auf sich. Würde man diesen Größenvergleich der Unternehmen anhand des Eigenkapitals, wofür jedoch die Daten fehlen, durchführen, ergäbe sich eine noch viel stärkere Konzentration, da Großbetriebe in der Regel viel kapitalintensiver arbeiten als Klein- und Mittelbetriebe. Nach einer Spitzenreiterliste (SZ vom 06. 08. 1991) vereinigten 1990 die 50 größten Unternehmen, das sind 0,002 % aller gut zwei Millionen Unternehmen der Bundesrepublik, dreieinhalb Millionen Beschäftigte, also etwa 13 %, auf sich; darunter ragen noch die 10 größten Konzerne mit zwei Millionen Beschäftigten (ca. 8 %) heraus. Die Entstehung der Kapitalgesellschaften, ihre Durchdringung der gesamten Kapitalwelt und ihr überdurchschnittliches Wachstum begründen die auffallende Konzentration von Produktion, Beschäftigung und Umsätzen auf nur wenige große Unternehmen. Rein juristisch können auch Kleinaktionäre in ihren Unternehmen mitbestimmen; faktisch jedoch kaum. Einfluß auf Hauptversammlungen der Kapitaleigner haben, abgesehen von den Vorstandsmitgliedern, die Großaktionäre und Banken. Letzteren kommt vor allem das Depotstimmrecht zugute, das ist die Möglichkeit, für die in den Depots der Banken verwahrten und verwalteten Aktien der Kleinaktionäre das Stimmrecht auszuüben.

Die Konzentration ökonomischer Macht setzt zunehmend die Preisbildung über den Wettbewerb außer Kraft. Die Preise bilden sich nach der **Kostenaufschlagtheorie**, d. h., die Marktpreise setzen sich aus den Produktionskosten plus einem bestimmten Aufschlag zusammen. Man bezeichnet diese Preise als **angebotsdeterminierte Preise**. Tatsächlich konnte durch empirische Studien belegt wer-

Ziele der Wirtschaftspolitik in der sozialen Marktwirtschaft

den, daß große Firmen über beachtliche Preissetzungsmacht verfügen. Spiegeln die Preise nicht mehr Knappheitsverhältnisse, sondern ökonomische Macht wider, verlieren sie ihre Allokationsfunktion weitgehend. Die Arbeitsgruppe "Alternative Wirtschaftspolitik" hat viele Studien zu dieser Frage ausgewertet und kam bereits im Memorandum 1980 zu dem Ergebnis, daß die Profitraten mit steigender Branchenkonzentration (hoher Anteil der größten Unternehmen einer Branche am Gesamtumsatz dieser Branche), mit steigender absoluter Unternehmensgröße und steigenden Marktschranken (Marktbarrieren, die Etablierte vor möglichen neuen Konkurrenten schützen, wie z. B. technisch bedingte hohe Betriebsgrößen, Besitz von Patenten und Lizenzen, günstiger Zugang zu Ressourcen und Rohstoffen, Aufbau eines Markenartikelimages durch aggressive Werbung) tendenziell zunehmen.

Wirtschaftswachstum, das über die soziale Marktwirtschaft garantiert werden soll, bedeutet nicht nur mehr Wohlstand – für welche gesellschaftliche Gruppe auch immer – sondern auch **Ausbeutung natürlicher Ressourcen** und **Umweltverschmutzung**. Eine ökologisch ungebändigte Gewinnwirtschaft führt zur Zerstörung einer lebenswerten Umwelt. Solange natürliche Ressourcen kostenlos verbraucht oder ihre Kosten zu niedrig bewertet werden, ist der Raubbau an der Natur dem System immanent. Da für Güter wie "saubere Luft" keine Marktpreise existieren, werden sie auch nicht produziert. Der Markt als Lenkungsmechanismus versagt.

"Die Frage lautet nicht mehr, ob wir aus Qualitätsbewußtsein eine mehr oder weniger schöne und saubere Umwelt schaffen oder auch zugunsten anderer Ziele darauf verzichten wollen. Die Umweltfrage ist selbst zur Überlebensfrage der Menschheit geworden" (RICHARD VON WEIZSÄCKER). Die "Umweltfrage" zählt heute zu den zentralen Herausforderungen unserer bestehenden Wirtschaftsordnung. Es gilt künftig mehr denn je, den ökologischen Umbau zu forcieren und einen gezielten ökologischen Strukturwandel mit verminderten Schadstoffemissionen, verringertem Verbrauch an knappen natürlichen Ressourcen sowie einer Sanierung der ökologischen Altlasten herbeizuführen. Für den ökologischen Umbau wäre eine Vielzahl von marktwirtschaftlichen Instrumenten, wie ökologische Steuern sowie Abgabe oder Vergabe von Umweltlizenzen, einsetzbar (vgl. Kapitel VII).

4. Die Träger der Wirtschaftspolitik in der Bundesrepublik und ihre Ziele nach § 1 Stabilitätsgesetz

Das konjunkturpolitische Geschehen wird von verschiedenen Instanzen und Gruppen beeinflußt, die man als Träger der Konjunkturpolitik bezeichnen kann. MÜLLER/RÖCK unterscheiden zwischen offiziellen (staatlichen) und privaten Trägern.[8] Zu den staatlichen Trägern zählen die Parlamente (Bundes- und Landtag, Stadt- und Gemeinderat), die Regierungen des Bundes, der Länder und die lokalen Verwaltungen. Auch die Bundesbank gehört zu den offiziellen Trägern der Konjunkturpolitik. Die wichtigsten privaten Träger sind die Gewerkschaften und Unternehmensverbände. Die große Zahl der konjunkturpolitischen Träger erklärt sich aus dem Gesellschaftssystem der Bundesrepublik. Die Bundesrepublik ist föderalistisch gegliedert, und den einzelnen Gebietskörperschaften sind jeweils eigene, konjunkturpolitisch relevante Entscheidungsbefugnisse übertragen. Zudem hat das Gesellschaftssystem pluralistischen Charakter, d. h. eine große Zahl von Gruppen (Gewerkschaften, Arbeitgeberverbände, Bauernverband, Kirchen, Bürgerinitiativen) wirkt am politischen Geschehen mit, indem sie Einfluß auf die öffentliche Meinung und die Entscheidungsträger ausübt.

Ein wichtiger Meilenstein für die Konjunkturpolitik der Bundesrepublik war die Schaffung des Gesetzes zur Förderung der Stabilität und des Wachstums der Wirtschaft, kurz Stabilitätsgesetz genannt, das am 8. Juni 1967 in Kraft trat. Unter dem Schock der Wirtschaftskrise von 1966/67 entstanden, bot das Stabilitätsgesetz der Bundesregierung die gesetzliche Grundlage, massiv ins Wirtschaftsgeschehen per Rechtsverordnungen einzugreifen.

"Bund und Länder haben bei ihren wirtschafts- und finanzpolitischen Maßnahmen die Erfordernisse des gesamtwirtschaftlichen Gleichgewichts zu beachten. Die Maßnahmen sind so zu treffen, daß sie im Rahmen der marktwirtschaftlichen Ordnung gleichzeitig zur Stabilität des Preisniveaus, zu einem hohen Beschäftigungsgrad und außenwirtschaftlichem Gleichgewicht bei stetigem und angemessenem Wirtschaftswachstum beitragen" (§ 1 Gesetz zur Förderung der Stabilität und des Wachstums der Wirtschaft).

Das Stabilitätsgesetz nennt vier wirtschaftspolitische Ziele, die im Rahmen der Konjunkturpolitik anzustreben sind:
- Preisniveaustabilität
- Vollbeschäftigung
- Stetiges und angemessenes Wachstum
- Außenwirtschaftliches Gleichgewicht

Ziele der Wirtschaftspolitik in der sozialen Marktwirtschaft

Das Erreichen dieser Ziele erfordert laut Stabilitätsgesetz zusätzlich die Einhaltung der Nebenbedingung "im Rahmen der marktwirtschaftlichen Ordnung". Das bedeutet, die Maßnahmen, die zur Zielerreichung ergriffen werden, müssen im Einklang mit der marktwirtschaftlichen Ordnung stehen. Sie können Anreize für die einzelnen Marktteilnehmer geben oder bestimmte wirtschaftliche Aktivitäten erschweren. Die Entscheidungsfreiheit der privaten Wirtschaftssubjekte muß jedoch gewahrt bleiben. Eine Lenkung durch Gebote und Verbote wäre nicht marktkonform.

In späteren Jahren wurden die Ziele des Stabilitätsgesetzes konkretisiert. Außenwirtschaftliches Gleichgewicht besteht dann, wenn der Außenbeitrag (X – M), in jeweiligen Preisen gemessen, 1,5 % bis 2 % des nominalen Bruttosozialproduktes beträgt. Völlige Preisniveaustabilität ist nach den bisherigen Erfahrungen kaum zu erreichen. In der wirtschaftspolitischen Praxis gibt man sich deshalb zufrieden, wenn der jährliche Preisanstieg unter einer bestimmten Marke bleibt. Der Finanzplan des Bundes 1989 bis 1993 geht von einer Begrenzung des gesamtwirtschaftlichen Preisanstiegs von 2,0 % im Jahresdurchschnitt aus. Das Ziel der Vollbeschäftigung wurde in der Bundesrepublik im Laufe der Jahre immer wieder relativiert. Bedeutete im Jahre 1968 eine Arbeitslosenquote von 0,7 bis 1,2 % Vollbeschäftigung, so stieg der Prozentsatz 1974 auf 2,5 bis 3 %. Nach der Zielprojektion im Jahreswirtschaftsbericht 1980 soll die Arbeitslosenzahl auf 3,5 bis 4 % begrenzt werden. Auch das Wachstumsziel wurde im Laufe der Zeit relativiert. Als "angemessenes Wachstum" wurden in der Zielsetzung des Bundesfinanzplanes 1979 bis 1983 noch 4 % Wachstum des realen BSP angegeben. 1980 forderte der Jahreswirtschaftsbericht für die Zielerreichung noch 2,5 % reales Wirtschaftswachstum.

5. Die Vereinbarkeit der Ziele: komplementäre, konkurrierende und indifferente Zielbeziehungen

Die Ziele des Stabilitätsgesetzes bezeichnet man häufig als **"magisches Viereck"**. Es bedürfte nämlich der Zauberkraft eines Magiers, wollte man alle vier Ziele gleichzeitig verwirklichen. Die Ziele des magischen Vierecks sind nicht unabhängig voneinander; die Erreichung eines Zieles beeinflußt auch andere Ziele. Dienen die Maßnahmen zur Realisierung eines Zieles gleichzeitig der Erreichung eines anderen Zieles, sind die Ziele komplementär. Führt die Erreichung eines Zieles dazu, daß ein anderes Ziel negativ beeinflußt wird, handelt es sich um konkurrierende Zielbeziehungen. Tangiert die Durchsetzung eines Zieles keine anderen Zielsetzungen, ist die Zielbeziehung indifferent.

Beziehung zwischen Wirtschaftswachstum und Vollbeschäftigung

Reales Wirtschaftswachstum bedeutet, daß die Produktion steigt. Steigende Produktion und zunehmende Investitionsgüternachfrage führen zu einer höheren Beschäftigung. Die Arbeitslosenquote sinkt. Die Ziele scheinen sich zu ergänzen. Allerdings läßt sich eine steigende Produktion nicht nur über Erweiterungsinvestitionen, sondern auch über Rationalisierungsinvestitionen bewerkstelligen. Wie sich die Investitionen auf den Arbeitsmarkt auswirken, hängt davon ab, ob der Freisetzungseffekt durch Wegrationalisieren von Arbeitsplätzen oder der Beschäftigungseffekt, der bei der Herstellung von Investitionsgütern auftritt, überwiegt. Die Frage, ob Rationalisierungsinvestitionen letzten Endes "Jobknüller" oder "Jobkiller" sind, ist unter den Experten strittig.

Beziehung zwischen Wirtschaftswachstum und Preisniveaustabilität

Wachstum führt zu verstärkter Investitionstätigkeit und höherer Beschäftigung. Die Nachfrage nach Investitionsgütern steigt. Sind die Kapazitäten ausgelastet, kommt es zu Engpässen im Investitionsgüterbereich. Die Preise für Investitionsgüter steigen. Wächst das Einkommen bei steigender Beschäftigung, erhöht sich die Konsumgüternachfrage. Bei zunehmender Kapazitätsauslastung ergeben sich auch im Konsumgütersektor Preissteigerungen. Durch Erreichen des Wachstumszieles wird das Ziel Preisniveaustabilität gefährdet. Die Ziele treten in eine Konkurrenzbeziehung.

Beziehung zwischen Vollbeschäftigung und Preisniveaustabilität

Auf Zusammenhänge zwischen diesen Zielen machte erstmals der britische Ökonom A. W. PHILIPS in einer historischen statistischen Untersuchung für England (The Relation between Unemployment and the Rate of Change of Money Wage Rates in the United Kingdom, 1862–1957) aufmerksam. Die Aussagen der sogenannten Philipskurve wurden später verallgemeinert.

Die Philipskurve behauptet, daß sinkende Arbeitslosigkeit mit steigendem Preisniveau verbunden ist und somit ein Konflikt zwischen den gesamtwirtschaftlichen Zielen Preisniveaustabilität und Vollbeschäftigung besteht.

Steigende Beschäftigung führt zu einem höheren Volkseinkommen und wachsender Konsumgüternachfrage. Bei vollausgelasteten Kapazitäten kommt es zu Preissteigerungen. In einer wachsenden Wirtschaft herrscht ein großer Bedarf an Arbeitskräften. Bei hohem Beschäftigungsstand gelingt es den Gewerkschaften, überdurchschnittliche Nominallohnerhöhungen durchzusetzen. Die dadurch entstehenden höheren Kosten und die möglichen Nachfragesteigerungen wirken preissteigernd.

Beispiel für eine Philipskurve:

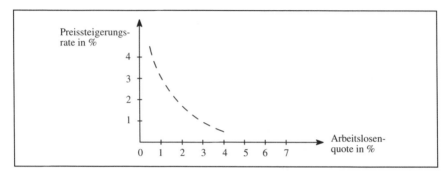

Das Philipstheorem wurde Ende der 70er Jahre, als hohe Preissteigerungs- und hohe Arbeitslosenraten gleichzeitig auftraten, in Frage gestellt. Versucht eine Regierung eine geringe Arbeitslosenzahl mit relativ hohen Preissteigerungsraten zu erkaufen, kann dies negative Folgen haben. Bei steigenden Lohnkosten tätigen die Unternehmen verstärkt Rationalisierungsinvestitionen, was auf Kosten der Beschäftigung geht. Gelingt es nicht, die Preissteigerungen zu stoppen, ergeben sich in einer offenen Volkswirtschaft zudem Exporteinbrüche, und weitere Arbeitsplätze gehen verloren.

Beziehung zwischen Wirtschaftswachstum und außenwirtschaftlichem Gleichgewicht

Wirtschaftswachstum und Vollbeschäftigung bringen einer breiten Bevölkerungsschicht höhere Einkommen. In einer offenen Volkswirtschaft nehmen folglich auch die Importe zu. Erhöht sich bei überproportionalen Preissteigerungen im Inland das Preisgefälle zu den Handelspartnern, kann das außenwirtschaftliche Gleichgewicht durch ein Anschwellen der Importe ins Wanken kommen. In einem stark exportorientierten Land wie der Bundesrepublik können Veränderungen der Exporte das inländische Wirtschaftswachstum stimulieren oder bremsen.

6. Das Vollbeschäftigungsziel

a) Ermittlung der Arbeitslosenquote und Meßprobleme

Die aktuellen Arbeitsmarktdaten werden monatlich vom Präsidenten der Bundesanstalt für Arbeit (BAfA), derzeit B. JAGODA, in Nürnberg verkündet. Im Zentrum des Interesses steht die Arbeitslosenquote.

Nach Definition der Bundesanstalt für Arbeit gilt als arbeitslos, wer vorübergehend nicht in einem Beschäftigungsverhältnis steht oder nur eine geringfügige Beschäftigung ausübt und sich persönlich beim Arbeitsamt als Arbeitssuchender gemeldet hat. In der amtlichen Statistik können dementsprechend nur die als arbeitslos registrierten Personen erfaßt werden.

Bei der Berechnung der Arbeitslosenquote gibt es zwei Varianten:

(1) Arbeitslosenquote = $\dfrac{\text{Registrierte Arbeitslose} \cdot 100}{\text{Zahl der abhängigen zivilen Erwerbspersonen}}$

(2) Arbeitslosenquote = $\dfrac{\text{Registrierte Arbeitslose} \cdot 100}{\text{Zahl aller zivilen Erwerbspersonen}}$

Der Begriff Erwerbspersonen stammt aus der amtlichen Bevölkerungsstatistik und umfaßt all diejenigen, die eine Arbeit haben (Erwerbstätige) oder suchen (registrierte Arbeitslose). Zivile abhängige Erwerbspersonen sind Arbeiter und Angestellte. Selbständige und Freiberufler (Rechtsanwälte, Ärzte) sind hier ausgeklammert, zählen aber zu den zivilen Erwerbspersonen insgesamt. Die zweite Berechnungsart wurde 1986 eingeführt, um eine Arbeitslosenquote auszuweisen, die auch international vergleichbar ist. Die erste Zählweise ist im Ausland weitgehend unbekannt. Die zweite Zählart hat auch einen politisch nicht unerwünschten Nebeneffekt. Die Quote fällt geringer aus als bei der ersten Variante.

Neben der Arbeitslosenquote werden auch die **Zahl der Kurzarbeiter** und die **Zahl der offenen Stellen** zur Beschreibung der Arbeitsmarktsituation herangezogen. Die Zahl der Kurzarbeiter nimmt meist zu, bevor sich die schlechte Arbeitsmarktlage auf die Arbeitslosenquote auswirkt. Auch in Zeiten hoher Arbeitslosigkeit gibt es offene Stellen, da immer Arbeitsplätze existieren, die vorübergehend nicht besetzt werden können.

Die Arbeitsmarktstatistiken werden häufig als nicht präzise genug kritisiert. Es müsse nach Ansicht der Kritiker zur Kenntnis genommen werden, daß viele der bei der Nürnberger Bundesanstalt registrierten Arbeitslosen aus subjektiven und objektiven Gründen nicht vermittelbar seien und der Mißbrauch der Leistungen zugenommen habe. Es sei nötig, die Arbeitsmarktgegebenheiten auf andere Weise als bislang zu erfassen und darauf zu verzichten, nicht wirklich Arbeitswillige weiterhin in der offiziellen Statistik zu führen. Durch schärfere Zumutbarkeitsbestimmungen bei der Vermittlung sollte künftig der Leistungsmißbrauch eingeschränkt werden.

Statistiken können auch beschönigen, da verdeckte Arbeitslosigkeit nicht erfaßt wird:

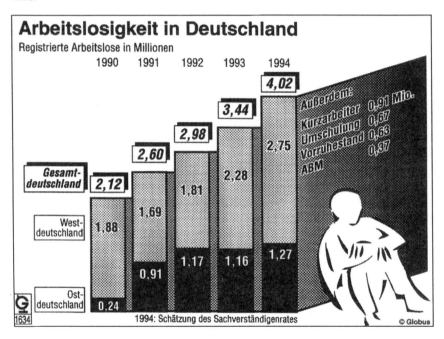

Wurden Ende 1992 in der offiziellen Statistik für Gesamtdeutschland ca. 3 Millionen Arbeitslose registriert, wird die "wahre Arbeitslosigkeit" auf über 5 Millionen beziffert, was einer Arbeitslosenquote von rund 15% entspräche. Zur verdeckten Arbeitslosigkeit rechnet man beispielsweise durch Kurzarbeit künstlich erhaltene Arbeitsplätze, die über kurz oder lang dem Rotstift zum Opfer fallen werden. Ältere Arbeitslose, die nur schwer vermittelbar sind, werden in den vorzeitigen Ruhestand geschickt oder erhalten Altersübergangsgeld. Faktisch sind sie arbeitslos, fallen aber aus der offiziellen Arbeitslosenquote heraus.

Arbeitnehmer, die durch staatliche Arbeitsplatzbeschaffungsmaßnahmen vorübergehend in den Arbeitsprozeß eingegliedert sind und nach Ablauf der Fördermaßnahmen wieder arbeitslos zu werden drohen, erweitern ebenfalls das Arbeitslosenpotential. Besonders hoch ist die verdeckte Arbeitslosigkeit in den neuen Bundesländern wie die folgende Abbildung zeigt. Während für Januar 1992 eine offizielle Arbeitslosenquote von ca. 11 % veranschlagt wurde, lag die "wahre Arbeitslosigkeit" (ohne Westpendler) etwa doppelt so hoch.

b) **Arten und Ursachen der Arbeitslosigkeit**

Will man die Arbeitslosigkeit wirksam bekämpfen, muß man ihre Ursachen ergründen.

Wie schon bei der Definition der Vollbeschäftigung festgestellt werden konnte, gibt es immer einen bestimmten Bodensatz an Arbeitslosigkeit. **Saisonale Arbeitslosigkeit** tritt auf, wenn jahreszeitlich oder witterungsbedingte Produktionsschwankungen in Teilbereichen der Wirtschaft zur Entlassung von Arbeitskräften führen. Eine vorübergehende Arbeitslosigkeit, die man als **friktionelle Arbeitslosigkeit** bezeichnet, entsteht oft bei Orts- und Berufswechsel der Erwerbstätigen oder Arbeitsplatzsuche nach der Ausbildung. Vermindert sich die gesamtwirtschaftliche Aktivität in einer Rezession, steigt die Arbeitslosigkeit in allen Wirtschaftsbereichen. Die Arbeitslosigkeit ist **konjunkturell** bedingt. Freiwillige Arbeitslosigkeit liegt dann vor, wenn Arbeitskräfte aus subjektiven Gründen nicht bereit sind, eine Arbeit aufzunehmen. **Strukturelle Arbeitslosigkeit** liegt dann vor, wenn sich die Arbeitslosigkeit aus einem Wandel in der Produktions- oder Nachfragestruktur ergibt.

c) Strukturelle Probleme am Arbeitsmarkt

Friktionelle, saisonale und konjunkturelle Arbeitslosigkeit sind kurzfristige bzw. mittelfristige Formen der Erwerbslosigkeit. Laut offizieller Statistik der Bundesanstalt für Arbeit gibt es in Deutschland ca. 1,2 Millionen Langzeitarbeitslose (Stand: Herbst 1994). In diese Kategorie fällt, wer länger als ein Jahr beim Arbeitsamt als arbeitslos gemeldet ist. Die große Zahl der Langzeitarbeitslosen und der hohe Sockel an Arbeitslosigkeit, auch bei anhaltender konjunktureller Erholung, weisen auf strukturelle Probleme am Arbeitsmarkt hin. Die **strukturelle Arbeitslosigkeit** ist eine Begleiterscheinung des Strukturwandels, in dem sich unsere Volkswirtschaft befindet (vgl. Kapitel VII).

Der Wandel von der Industriegesellschaft zur postindustriellen Dienstleistungsgesellschaft zeigte sich am Arbeitsmarkt im Abbau der "Fabrikjobs". Die zunehmende Nutzung des technischen Fortschrittes führte dazu, daß immer mehr Arbeitskräfte durch Maschinen ersetzt wurden (**technologische Arbeitslosigkeit**). Im Zuge der "mikroelektronischen Revolution" fielen später auch immer mehr Stellen in den Verwaltungen der Rationalisierung zum Opfer. Die steigende Quote der Langzeitarbeitslosen liegt insbesondere in Qualifikationsdefiziten begründet. Arbeitskräfte ohne Berufsabschluß trifft der Strukturwandel besonders hart. Früher in Krisenbranchen wie Bergbau oder Schiffbau Beschäftigte kommen kaum in Wachstumsbranchen wie Informationstechnik oder Finanzgewerbe unter. Arbeitslosigkeit, die durch den Bedeutungswandel einzelner Branchen oder Bereiche verursacht wird, bezeichnet man als **sektorale Arbeitslosigkeit**. Der Strukturwandel führt auch zu regionalen Ungleichgewichten auf dem Arbeitsmarkt. Da die Arbeitskräfte räumlich nur begrenzt mobil sind, entsteht **regionale Arbeitslosigkeit**. Die in den neuen Bundesländern erfolgte Umstellung von einem System der zentralen Verwaltungswirtschaft auf ein marktwirtschaftliches System bewirkte die weitgehende Aufgabe alter Produktionsstätten. Bis neue, wettbewerbsfähige Unternehmen entstehen, wird eine strukturbedingte Erwerbslosigkeit auftreten. Strukturelle Arbeitslosigkeit zeichnet sich auch bei einer stärkeren Internationalisierung der Produktion ab, wenn Unternehmen aus Kostengründen die Produktion ins Ausland verlagern. Die Entwicklung der Bevölkerungsstruktur führte in den 80er und zu Beginn der 90er Jahre zu einer Zunahme der Erwerbspersonen durch Zuwanderungen und geburtenstarke Jahrgänge. Die dadurch ausgelöste Arbeitslosigkeit bezeichnet man als **demographisch bedingte Arbeitslosigkeit.**

Die Förderung der Beschäftigung und der Abbau der strukturellen Arbeitslosigkeit werden in der Zukunft herausragende Ziele sein. Bei der Wahl der Mittel gehen die Meinungen weit auseinander. Die einen setzen auf die Förderung der Privatinitiative, während die anderen auf eine starke Hand des Staates vertrauen. In der letzten Zeit wurden zahlreiche Modelle zum Abbau der strukturellen Arbeitslosigkeit entwickelt. Einige sollen im folgenden kurz skizziert werden.

Im Modell **Arbeitszeitverlängerung** wird für ein neues Arbeitszeitrecht plädiert, das eine Ausdehnung der Wochenarbeitszeit bis auf 70 Stunden vorsieht. Dahinter steckt das Argument, daß Arbeit in Deutschland im internationalen Vergleich zu teuer sei. Durch längere Maschinenlaufzeiten ließen sich die Kosten senken. Die Möglichkeit, die tägliche Arbeitszeit unter bestimmten Voraussetzungen auf zehn Stunden auszudehnen und auch samstags zu produzieren, erleichtere den Betrieben die Anpassung an die jeweilige Auftragslage und erhöhe die Wettbewerbsfähigkeit, was letzten Endes für neue Arbeitsplätze sorge. Ähnliche Argumente führen die Befürworter einer **Flexibilisierung der Arbeitszeit** an. Mit den Angestellten müsse eine individuelle wöchentliche bzw. jährliche Arbeitszeit vereinbart werden, damit das Unternehmen auf die jeweilige Marktlage flexibel reagieren könne. Bei großer Nachfrage müßten Überstunden gemacht werden, die in einer Wirtschaftsflaute "abgefeiert" werden könnten. Im Zuge der Flexibilisierung hat beispielsweise ein großer Automobilhersteller die Vier-Tage-Woche eingeführt. Statt der üblichen acht Stunden arbeiten die Beschäftigten neun Stunden pro Tag in zwei Schichten, im Schnitt 33 Stunden pro Woche. Damit die Maschinen besser ausgelastet sind, wird auch samstags produziert. Für den einzelnen heißt das jeden dritten Samstag arbeiten. Als Ausgleich haben die Mitarbeiter zwei Tage mitten in der Woche frei, alle drei Wochen sogar fünf Tage hintereinander. Die Arbeiter erhalten den vollen Lohn.

Ziele der Wirtschaftspolitik in der sozialen Marktwirtschaft

Eine gerechtere Verteilung der Arbeit fordert das Modell **Arbeitszeitverkürzung**. Ein anderer großer Automobilhersteller praktiziert dieses Modell im Kampf gegen die Arbeitslosigkeit. Ab 1.1.94 wurde die wöchentliche Arbeitszeit um 20 % auf 28,8 Stunden reduziert. Gearbeitet wird nur noch an vier Tagen in der Woche, dafür verdienen die Arbeitskräfte im Jahr 10 % weniger.

Ein weiterer Vorschlag zur Bekämpfung der strukturellen Arbeitslosigkeit wird in einem **gleitenden Ein-** und **Ausstieg** gesehen. Ab einem bestimmten Alter, zum Beispiel ab 50 Jahre, sieht dieses Modell eine Reduzierung der wöchentlichen Arbeitszeit und des Einkommens vor, bis schließlich das Rentenalter erreicht wird. Das Prinzip läßt sich analog auch auf Berufseinsteiger anwenden. Sie beginnen mit weniger Stunden und geringerem Verdienst und steigern beides mit jedem Berufsjahr kontinuierlich, bis Vollzeitbeschäftigung und das normale Gehalt erreicht sind. Neue Beschäftigungsmöglichkeiten könnten auch durch mehr **Teilzeitbeschäftigung** und "**Job-sharing**" (Arbeitskräfte teilen sich einen Arbeitsplatz) erschlossen werden.

Kontrovers diskutiert wird auch die Einführung eines "zweiten Arbeitsmarktes". Der **zweite Arbeitsmarkt** beinhaltet einen Niedriglohnbereich für weniger qualifizierte Arbeitskräfte. Nur wenn Arbeitsuchende, für die der Tariflohn – gemessen an ihrer Qualifikation und Einsatzmöglichkeit – zu hoch sei, auch untertariflich bezahlt werden könnten, hätten sie eine Chance auf Einstellung, behaupten Verfechter dieses Modells. Eine andere Variante des "zweiten Arbeitsmarktes" wird unter dem Motto "Arbeit statt Arbeitslosigkeit finanzieren" debattiert. Arbeitslose werden zum Nutzen der Allgemeinheit – auf Staatskosten – für Aufgaben im Umweltschutz und Sozialwesen beschäftigt. Um den Übergangscharakter solcher Maßnahmen zu verdeutlichen, müßte zwischen staatlich subventionierter Arbeit und regulären Arbeitsverhältnissen in der Wirtschaft ein deutlicher Verdienstabstand gewahrt werden.

Einen Beitrag zum Abbau der Arbeitslosigkeit erhofft sich die Bundesregierung von der Zulassung **privater Arbeitsvermittler**. Nach mehr als 65 Jahren Vermittlungsmonopol bekommen die staatlichen Arbeitsämter nun Konkurrenz durch private Arbeitsvermittler. Nach dem Beschäftigungsförderungsgesetz von 1994 muß die Bundesanstalt für Arbeit Privaten eine auf drei Jahre befristete Erlaubnis zur Arbeitsvermittlung erteilen. Befürworter einer Aufhebung des staatlichen Vermittlungsmonopols sind der Meinung, private Jobbörsen seien effektiver und weniger bürokratisch als die Arbeitsämter, könnten besser auf die Wünsche der einzelnen Betriebe oder Arbeitsuchenden eingehen und nutzten so die vorhandenen offenen Stellen besser. Da das Einkommen der privaten

Arbeitsvermittler davon abhänge, wieviele Klienten sie am Arbeitsmarkt unterbringen können, seien sie höher motiviert als Beamte. Von der privaten Arbeitsvermittlung dürften vor allem gut ausgebildete Fach- und Führungskräfte profitieren, die auch bisher relativ wenig mit den Arbeitsämtern zu tun hatten. Wie dringend gerade dieses Klientel ein gut funktionierendes Vermittlungsnetz braucht, zeigt u. a. die steigende Arbeitslosigkeit unter Akademikern.

7. Das Ziel der Preisniveaustabilität

Die Erhaltung eines stabilen Geldwertes ist ein wichtiges konjunkturpolitisches Ziel. Die Deutschen gelten als besonders "inflationsempfindlich", weil sie bereits zweimal – nach den Weltkriegen – Hyperinflationen erleben mußten.

> Inflation auf dem Höhepunkt
> Am 7. November 1923 erreichte die Inflation in Deutschland ihren Höhepunkt. Zwar hatte die Reichsregierung schon bekanntgegeben, daß als neues Zahlungsmittel die Rentenmark ausgegeben und damit der Inflation ein Ende gesetzt werde, doch setzte sich die Geldentwertung rapide fort. An diesem Tag kostete ein Dollar 630 Milliarden Mark, eine Semmel 3,5 und ein Pfund Brot 32 Milliarden Mark. Ein Liter Milch mußte mit 25 Milliarden, eine Maß Bier mit 32 Milliarden Mark bezahlt werden. Die Regierung gab die neuesten Zahlen des Lebenshaltungsindexes bekannt. Er hatte sich gegenüber der Vorwoche um 620,5 Prozent erhöht. Die Lebenshaltungskosten im Oktober 1923 hatten sich gegenüber dem Vormonat auf das 3 265millionenfache, die Ernährungskosten allein auf das 4 301millionenfache der Vorkriegszeit erhöht.
> Aus: Süddeutsche Zeitung vom 7. November 1988, Rubrik "Rückblick": Vor 65 Jahren

"Wenn die Regierung das Geld verschlechtert, um alle Gläubiger zu betrügen, so gibt man diesem Verfahren den höflichen Namen Inflation" (Shaw).

Die Geldwertverschlechterung drückt sich in einem Steigen des Preisniveaus aus. Der Inflationsprozeß führt zu einer ungerechten Einkommens- und Vermögensumverteilung. Die "Betrogenen" sind vor allem die Geldvermögensbesitzer und Gläubiger. Zur Vermögensbildung legen Sparer einen Teil ihres Einkommens als Spareinlagen bei Banken an. Die Geldanlage erfolgt nach dem **Nominalwertprinzip**, das bedeutet, daß der Sparer nur den einbezahlten Betrag nach dem vereinbarten Anlagezeitraum (einschließlich Zinsen) wieder zurückbekommt, auch wenn die Güterpreise steigen. Der Wert seines Sparguthabens sinkt mit höheren Preisen, da in Zeiten starker Inflation die Preissteigerungsraten den Nominalzinssatz übersteigen. Der Konsumverzicht, der das Sparen ermöglichte, wurde schlecht entlohnt. Für die Bank als Schuldner der Spareinlage ergeben sich Vorteile, da die Schulden bei Rückzahlung real weniger wert sind. Diese Gläubiger-Schuldner-Beziehung liegt auch beim Kauf von festverzinslichen Wertpapieren (Gläubigerpapieren) zugrunde. Erwirbt der Sparer zur Geldanlage festverzinsliche Wertpapiere, erhält er am Ende der Laufzeit den Nominalwert der Papiere zurück. Bei steigenden Güterpreisen ist der Anlagebetrag bei Rückzahlung weniger wert, der Gläubiger verliert. Die Schuldner stehen auf der Gewinnerseite, da sie ihre Kredite mit wertlosem Inflationsgeld zurückzahlen können. Zu den Inflationsverlierern zählen auch die Lohnempfänger und die Bezieher fester Einkommen (z. B. Rentner, Sozialhilfeempfänger). Die Lohnerhöhungen, die zwischen den Tarifvertragsparteien nach Ablauf eines Tarifvertrages ausgehandelt werden, hinken den Preiserhöhungen hinterher **(Wage-lag)**. Bei ständig steigenden Inflationsraten kommt es zu Realeinkommensverlusten. Die Bezieher fester Einkommen bestimmen die Höhe ihres Einkommens nicht durch Verhandlungen. Sie sind in Inflationszeiten auf Anpassung angewiesen, die die Behörden mit mehr oder weniger starker zeitlicher Verzögerung vorzunehmen pflegen.

a) Ermittlung des Preisindex der Lebenshaltungskosten und Meßprobleme

Preisniveaustabilität heißt nicht, daß die Preise aller Güter stabil bleiben, sondern daß eine weitgehende Stabilität des Preisniveaus als Ganzes herrscht. Der Durchschnitt aller Preise soll konstant bleiben, denn in einer funktionsfähigen Marktwirtschaft müssen die einzelnen Güterpreise nach unten und oben flexibel sein, damit sie ihre Allokationsfunktion erfüllen können.

Das Preisniveau wird durch Indexziffern, die einen zeitlichen Vergleich des Preisniveaus ermöglichen, gemessen. Der derzeit wichtigste Maßstab für die Kaufkraft des Geldes ist der **Preisindex der Lebenshaltungskosten**. Er wird vom statistischen Bundesamt in Wiesbaden aufgrund umfangreicher Berechnungen ermittelt.

Dem Preisindex der Lebenshaltungskosten liegt ein repräsentativer Warenkorb zugrunde, der den typischen Verbrauch einer bestimmten Personengruppe (vierköpfige Arbeitnehmerfamilie mit durchschnittlichem Einkommen) widerspiegeln soll:

Ziele der Wirtschaftspolitik in der sozialen Marktwirtschaft

Waren	in %
Ernährung, Getränke, Tabakwaren	23
Bekleidung, Schuhe	6,9
Miete	17,8
Heizung, Strom, Gas	7,3
Möbel, Hausrat	7,2
Körperpflege, Gesundheit	4,1
Verkehr, Auto, Post	14,4
Bildung, Unterhaltung, Freizeit	8,4
Persönliche Ausstattung, Versicherung u. a.	10,9

(Wägungsschema auf Basis 1985)

Der statistische Warenkorb ist mit 751 Waren und Dienstleistungen bepackt. Von zentraler Bedeutung für die Beobachtung der Preisbewegung ist das jeweilige Gewicht der verschiedenen Ausgaben im durchschnittlichen Haushaltsbudget. Die einzelnen Ausgabengruppen werden deshalb im Warenkorb gewichtet (Wägungsschema). Die "großen Brocken" sind dabei die Aufwendungen für Nahrungsmittel sowie die Wohnungsmiete. Die Preise der Waren im Warenkorb werden in einem bestimmten Zeitraum, dem Basisjahr, gleich 100 gesetzt. Als Basisjahr fungiert derzeit das Jahr 1985. Der Preis des Warenkorbes in den folgenden Jahren (Berichtsjahren) wird auf diesen Basiswert bezogen. Ein Preisindex von 110 bedeutet, daß der Warenkorb im Berichtsjahr um 10 % teurer war als im Basisjahr (1985).

$$\text{Preisindex der Lebenshaltungskosten} = \frac{\text{Preis des Warenkorbes im Berichtsjahr} \cdot 100}{\text{Preis des Warenkorbes im Basisjahr}}$$

Ein besonderes Problem bei der Berechnung des Preisindexes der Lebenshaltungskosten liegt in der sich im Zeitablauf ändernden Verbrauchsstruktur. Außerdem tauchen neue Produkte auf, die im Warenkorb des Basisjahres noch nicht enthalten sind. Die veränderten Verbrauchergewohnheiten und das Vordringen neuer Produkte zwingen die Statistiker immer wieder, den Preisindex der Lebenshaltung auf eine zeitgemäßere Basis zu stellen. So haben die Statistiker gegenüber dem Warenkorb von 1980 beispielsweise folgende Veränderungen vorgenommen: Die Wohnungsmiete schlägt im "neuen" Warenkorb (1985) mit

17,8 % statt bisher 14,8 % zu Buche. Diese Höhergewichtung trägt den überdurchschnittlich gestiegenen Mieten Rechnung. Auch der "Boris-Becker-Effekt" und die "Ökowelle" haben ihre Spuren im neuen Warenkorb hinterlassen. Neu aufgenommen wurden nämlich Tennisschläger, bleifreies Benzin, Diätmargarine und Karottensaft. "Out" sind dagegen Herrenschlafanzüge, Schwarzweiß-Fernsehgeräte und Filmprojektoren. Außerdem fand Berücksichtigung, daß der alte Kassettenrekorder inzwischen vom Walkman abgelöst wurde.

Probleme bereitet den Statistikern die Berücksichtigung qualitativer Verbesserungen alter Produkte. Sind Preissteigerungen auf Qualitätsverbesserungen oder höhere Sicherheitsstandards (z. B. Airbag im Auto) zurückzuführen, dürfen sie nicht als Inflation erfaßt werden. Die sich wandelnde Verbrauchsstruktur und Qualitätsverbesserungen sind der Grund dafür, daß eine absolute Preisniveaustabilität nicht als Ziel angestrebt werden kann. Es ist vielmehr zu fragen, bis zu wieviel Prozent Preissteigerungen noch als Preisniveaustabilität akzeptiert werden. Ein Preisniveauanstieg bis 2 % wird nach herrschender Auffassung heute als Preisniveaustabilität betrachtet.

Der durchschnittliche Haushalt in der Statistik umfaßt 2,3 Mitglieder und verbraucht 3 105 DM im Monat (Basis 1985). Die Haushalte von Arbeitern und Angestellten mit mittlerem Einkommen setzen sich aus zwei Erwachsenen und zwei Kindern mit einem Konsumbudget von 3 044 DM zusammen. Rentner und Sozialhilfeempfänger mit zwei Haushaltsmitgliedern müssen sich dagegen laut Statistik mit 1 526 DM bescheiden. Der Lebenshaltungskostenindex stellt immer einen Mittelwert dar und kann deshalb nicht unbesehen auf private Situationen übertragen werden. Die fiktive Durchschnittsfamilie müßte so monatlich nur 552 DM für Wohnen aufbringen. In München zahlt sie aber leicht das Doppelte bis Dreifache.

Die Inflationsrate spielt nicht nur für die Wirtschafts- und Währungspolitik eine große Rolle, sondern macht sich auch in vielfältigen Bereichen des Alltagslebens der Verbraucher bemerkbar. Neben der unmittelbaren Wirkung des Preisauftriebs auf die Haushaltskasse dient die Teuerungsrate bei Tarifverhandlungen als wichtige Orientierungsgröße für Lohn- und Gehaltsforderungen. Auch bei bestimmten Rechtsgeschäften mit laufenden Zahlungen, wie z. B. Grundstücksverkäufen auf Rentenbasis, wird die Entwicklung des Preisindexes miterangezogen.

b) Inflationsursachen

Die Wirtschaftstheorie hat eine Reihe von Ursachen herausgearbeitet, die für das Entstehen eines allgemeinen Preisanstiegs verantwortlich sind. In der Realität treten zumeist verschiedene Inflationsursachen gleichzeitig auf. Bei der Analyse des Tempos der Preissteigerungen unterscheidet man zumeist schleichende, trabende oder galoppierende Inflation. Eine genaue Zuordnung von bestimmten Preissteigerungsraten in eine dieser Kategorien ist kaum möglich, da sich die Inflationsmentalität gesamter Volkswirtschaften im Zeitablauf relativ schnell ändert. Eine weitere Unterscheidung wird in offene und zurückgestaute Inflation getroffen. Die offene Inflation kommt in einem ungehinderten Preisanstieg zum Ausdruck, während bei der zurückgestauten Inflation der Staat in den Preisbildungsprozeß über Lohn- und Preisstopps eingreift.

Die Inflationsursachenforschung unterscheidet zwischen **Nachfragesoginflation** und **Angebotsdruckinflation**.

Bei der Nachfragesoginflation gehen die Preissteigerungen von der Nachfrageseite aus. Nach den Gesetzen des Marktes steigt der Preis eines Gutes, wenn die Nachfrage das Angebot überschreitet. Das Preisniveau in einer Volkswirtschaft erhöht sich, wenn das gesamte Angebot an Gütern und Dienstleistungen mit der Gesamtnachfrage nicht Schritt halten kann. Zunächst kommt es in Teilbereichen der Produktion zu Engpässen. Bei Vollbeschäftigung kann infolge ausgelasteter Produktionskapazitäten und Vollbeschäftigung der Arbeitskräfte das reale Sozialprodukt nicht mehr erhöht werden. Ab dem Vollbeschäftigungseinkommen führen Nachfragesteigerungen zu Preissteigerungen, da die Angebotslücke nur über Preissteigerungen geschlossen werden kann. Die Impulse für die Erhöhung der gesamtwirtschaftlichen Nachfrage können von den einzelnen Komponenten der gesamtwirtschaftlichen Nachfrage ausgehen: Konsumgüternachfrage der Haushalte (C_H), Investitionsgüternachfrage der Unternehmen (I^b), Konsum des Staates (C_{St}) und Exporte (X). Gehen die Inflationstendenzen vom Staat aus, spricht man von einer **Fiskalinflation**. Löst die Auslandsnachfrage die Preiswelle aus, handelt es sich um eine **importierte Inflation**.

Bei der **monetär induzierten Nachfrageinflation** wird unterstellt, daß eine zu starke Geldmengenvermehrung der Zentralbank (z. B. durch Notenbankinterventionen im System der festen Wechselkurse; vgl. Kapital VI, Abschnitt 2) die Ursache für den inflationären Prozeß bildet. Vertreter dieser Theorie sind vor allem die **Monetaristen**, die sich auf empirische Untersuchungen stützen, nach denen in der Vergangenheit eine hohe Korrelation zwischen der Entwicklung der

Geldmenge und des Preisniveaus festzustellen war. Nach monetaristischer Auffassung, die nur stark vereinfacht wiedergegeben wird, streben die Wirtschaftssubjekte eine bestimmte Kassenhaltung an, die als relativ konstant angesehen wird. Bei einer Erhöhung der Geldmenge passen sich die Wirtschaftssubjekte – bei zunächst unverändertem Preisniveau – an, indem sie die überschüssige Kassenhaltung abbauen und mehr Güter und Dienstleistungen oder Wertpapiere nachfragen. Bei konstantem Güterangebot führt die Mehrnachfrage zu Preissteigerungen. Da der Impuls für den Preisauftrieb von der Geldseite ausgeht, spricht die Inflationstheorie von einer **geldmengen-induzierten Nachfrageinflation**.

Die Erklärung der Nachfrageinflation basiert auf der Annahme, daß Inflation nur in Zeiten der Vollbeschäftigung bzw. bei einem hohen Beschäftigungsgrad entstehen kann. Die wirtschaftliche Realität zeigte aber besonders seit Mitte der 70er Jahre, daß ein stärkerer Inflationsschub auch in Rezessionszeiten auftreten kann (**Stagflation**: Inflation und Stagnation). Die Inflationsursache ist in diesen Fällen nicht auf der Nachfrage-, sondern auf der Angebotsseite zu suchen.

Die Inflationstheorie geht davon aus, daß die Ursachen des Preisniveauanstieges in Kostensteigerungen begründet liegen. Die **Angebotsdruckinflation** wird deshalb häufig als **Kosteninflation** bezeichnet. Die Kostenerhöhungen können ausgelöst werden durch Lohnkosten (Löhne, Gehälter, Sozialabgaben), Kapitalkosten (Zinsen, Mieten), Kostensteuern (z. B. Mineralölsteuer, Mehrwertsteuer) oder höhere Preise für Rohstoffe und Energieträger. Gehen die Kostensteigerungen von importierten Gütern aus, entsteht eine **importierte Inflation**. Das besondere Interesse bei der Kostendruckinflation gilt der Lohnkosteninflation, da Löhne einen dualen Charakter haben. Sie stellen einerseits für die Unternehmen Kosten dar, andererseits bedeuten sie für die Arbeitnehmerhaushalte Einkommen, das für Konsumgüternachfrage verwendet werden kann. Um die Auswirkungen auf das Preisniveau zu beurteilen, müssen beide Effekte einbezogen werden. Vereinfacht betrachtet, können die Unternehmergewinne volkswirtschaftlich wie Kosten behandelt werden. Die Theorie der **Gewinndruckinflation** besagt, daß Unternehmen mit Marktmacht, also auf monopolistisch oder oligopolistisch strukturierten Märkten, sich bei der Preisfestsetzung relativ unabhängig von der Nachfrage verhalten können. Möglicherweise versuchen Unternehmen auf diesen Märkten, durch Preissteigerungen ihre Gewinne zu erhöhen. Dieses Verhalten ist auch ohne oder durch nur geringe Preisanhebungen möglich, wenn Kostensenkungen, die z. B. durch Produktivitätsfortschritte oder sinkende Rohstoffpreise möglich wären, nicht an den Verbraucher weitergegeben werden.

Ziele der Wirtschaftspolitik in der sozialen Marktwirtschaft

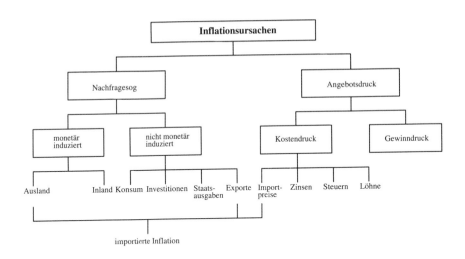

8. Das Wachstumsziel

Das Ziel des stetigen und angemessenen Wirtschaftswachstums nimmt in der wirtschaftspolitischen Praxis einen hohen Stellenwert ein, weil sich mit seiner Erreichung gleichzeitig andere wirtschaftspolitische Zielsetzungen verwirklichen lassen.

Das reale Wirtschaftswachstum wird als Wohlstandsindikator verwendet, weil mehr Wohlstand häufig mit der Verfügbarkeit über eine größere Zahl an materiellen Gütern gleichgesetzt wird. Ein hoher Produktionsstand sichert zugleich die Arbeitsplätze und das Einkommen. In einer wachsenden Volkswirtschaft können erforderliche strukturelle Anpassungen besser vorgenommen werden. Notwendige Infrastrukturinvestitionen lassen sich ohne drastische Steuererhöhungen durchführen, wenn der Staat in einer wachsenden Wirtschaft mit zunehmenden Steuereinnahmen rechnen kann. Eine Verschiebung der Altersstruktur in der Bevölkerung erfordert künftig steigende Aufwendungen für Rentenleistungen. Sollen die Einkommen der im Erwerbsleben stehenden Bevölkerung nicht zu sehr beschnitten werden, so lassen sich gleichbleibende oder steigende Renten nur bei entsprechendem Wirtschaftswachstum finanzieren. Steigende Gewinne in einer wachsenden Wirtschaft ermöglichen Neuinvestitionen. Der technische Fortschritt und die Modernisierung der Wirtschaft werden gefördert. Die Erhaltung der internationalen Konkurrenzfähigkeit ist nur bei Anwendung des größtmöglichen technischen und organisatorischen Fortschritts gewährleistet. Garant dafür soll das Wirtschaftswachstum sein. Eine wachsende Wirtschaft beschert außerdem höhere Steuereinnahmen, die zum Ausbau des sozialen Netzes und einer Anhebung der staatlichen Leistungen zur Verfügung stünden.

a) Ermittlung des Wirtschaftswachstums

Als Wirtschaftswachstum gilt eine Vermehrung der Produktion von Gütern und Dienstleistungen. Es läßt sich in der Zunahme des Bruttosozialproduktes (Bruttoinlandsproduktes) in aufeinanderfolgenden Jahren ausdrücken. Das Wachstum kann nominal, aber auch real betrachtet werden. Das nominale Sozialprodukt umfaßt den Wert der volkswirtschaftlichen Gesamtleistung zu den jeweils geltenden Preisen. Dabei sind Preissteigerungen enthalten, so daß bei einem Vergleich von aufeinanderfolgenden Jahren Zuwachsraten auftreten können, die in dieser Höhe nicht bestehen. Eine genauere Aussage über die tatsächlichen Zuwachsraten liefert das reale Bruttosozialprodukt (Bruttoinlandsprodukt), das in den Preisen eines Basisjahres berechnet wird. Sollen auch Änderungen berücksichtigt werden, die sich aus der Zunahme bzw. Abnahme der Bevölkerung ergeben, so dividiert man das reale BSP (BIP) durch die Bevölkerungszahl und erhält die Pro-Kopf-Quote des BSP (BIP).

b) Kritik am Wachstum

Auf die Kritikpunkte aus rein formaler Sicht wurde bereits in Kapitel II, 4 c näher eingegangen. Die Nachkriegsjahre waren gekennzeichnet von dem Bestreben, die Güterproduktion möglichst schnell zu erhöhen und die Kriegsschäden zu überwinden. Wachstum wurde zum Fetisch erhoben. Durch ein hohes Wirtschaftswachstum sollte auch die Überlegenheit der sozialen Marktwirtschaft gegenüber der zentralen Verwaltungswirtschaft der DDR dokumentiert werden. In der DDR galt seit Mitte der 60er Jahre die Parole "Überholen ohne einzuholen". Eine nur auf Vermehrung des materiellen Wohlstands ausgerichtete Wachstumspolitik berücksichtigte nicht die gesellschaftlichen Nachteile. Die Belastung der Umwelt durch Luftverschmutzung, Verunreinigung der Gewässer und Müllablagerungen waren die Kehrseite einer unkontrollierten Wachstumspolitik, die die Gesundheit der Bevölkerung und die materiellen Lebensgrundlagen mehr und mehr gefährdete.

Global gesehen handelt es sich bei der Wachstumspolitik um die Gestaltung der Produktion nach den Bedürfnissen des "Nordens". Die Länder der Dritten Welt werden gezwungen, sich unterordnend in die vom "Norden" diktierte Weltwirtschaftsordnung zu integrieren. Sie müssen ihre Grenzen für die Produkte der höher entwickelten Länder offenhalten, ohne entsprechende Absatzmärkte für ihre Produkte zu finden und dabei hohe Zinsen für Außenhandelsschulden zahlen. So haben die lateinamerikanischen Länder in den 80er Jahren ca. 200 Milliarden Dollar an das Ausland als Zinsen für Schulden überwiesen. Der südamerikanische Theologe LEONARDO BOFF fordert dazu auf, den ursprünglichen Sinn der Wirtschaft wieder aufzusuchen, der eher in der Verwaltung und Orientierung der Bedürfnisse liege und nicht im konstanten Wachstum von Reichtum. In Zukunft müsse die Aufgabe der Wirtschaft in der Produktion des unbedingt Notwendigen für alle, inklusive für die Natur, bestehen, auch wenn dies einen Verzicht auf Wachstum beinhalte.

9. Außenwirtschaftliches Gleichgewicht

Außenwirtschaftliches Gleichgewicht herrscht dann, wenn über einen längeren Zeitraum die Gold- und Devisenabflüsse den Gold- und Devisenzuflüssen entsprechen. Ein außenwirtschaftliches Gleichgewicht ist erstrebenswert, weil sich sowohl für die Überschuß- als auch für die Defizitländer Probleme ergeben. Für das Überschußland bringen die Exportüberschüsse Devisenzuflüsse. Die Devisen werden am Devisenmarkt in inländische Währung umgetauscht. Steigt durch die Exportüberschüsse das Angebot an Devisen, fällt der Wechselkurs der ausländischen Währung. In einem System der festen Wechselkurse sind die Notenbanken zu Stützungskäufen verpflichtet, falls der Wechselkurs eine bestimmte vereinbarte Marke unterschreitet. Da die Notenbank die ausländische Währung gegen die Herausgabe inländischer ankauft, vermehrt sich dadurch die umlaufende inländische Geldmenge. Es kommt zu einer **geldmengen-induzierten Inflation** (importierte Inflation). Auch ohne Notenbankinterventionen kann ein importierter Preisauftrieb entstehen, wenn die Auslandsnachfrage (X > M) bei ausgelasteten Kapazitäten und Vollbeschäftigung der Arbeitskräfte expandiert.

Chronische Defizitländer haben oft noch schwerwiegendere Probleme. Bei Außenhandelsdefiziten steigt die Nachfrage nach Devisen. Im System der festen Wechselkurse werden die Notenbanken Devisen aus ihren Beständen anbieten müssen, damit der Wechselkurs nicht die vereinbarte obere Grenze überschreitet. Durch ständige Notenbankinterventionen schrumpfen die Devisenbestände. Die Notenbanken müssen sich schließlich beim Internationalen Währungsfonds oder ausländischen Banken gegen Herausgabe inländischer Währung Devisen beschaffen. Die umlaufende inländische Geldmenge nimmt ab. Es folgt eine **geld-**

mengen-induzierte **Deflation**. Das reale Sozialprodukt sinkt. Importiert ein Land auf die Dauer mehr Güter als es in das Ausland exportiert, gehen Arbeitsplätze verloren. Es entsteht eine **importierte Arbeitslosigkeit**. Außerdem müssen bei steigender Auslandsverschuldung immer höhere Beträge für Zinsen und Tilgungszahlungen aufgebracht werden.

10. Vom magischen Viereck zum magischen Achteck

Die im magischen Viereck formulierten wirtschaftspolitischen Zielsetzungen sind rein materieller Natur. Ob ihre Realisierung letzten Endes zu mehr Wohlstand und Sicherheit führt, ist fraglich. Für den Wohlstand, der sich nicht nur in materiellen Kategorien fassen läßt, ist auch die Lebensqualität entscheidend. So gehört die Erhaltung einer lebenswerten Umwelt zu einem der wichtigsten Ziele der Menschen. Die Politiker haben auf die zunehmenden Umweltbelastungen und das gewachsene Umweltbewußtsein nicht nur mit einer Verschärfung der Gesetze reagiert, sondern den Umweltschutz zur eigenständigen Aufgabe erhoben (vgl. Kap. VII, Umweltschutzpolitik).

Neben dem Umweltschutz bilden die Sicherung der Ressourcen, eine gerechte Einkommensverteilung sowie humane Arbeitsbedingungen wesentliche Zielsetzungen des magischen Achteckes. Eine gerechte Einkommensverteilung soll gewähren, daß die breite Masse vom wirtschaftlichen Wachstum profitiert und nicht nur eine kleine Gruppe. Wo der Markt zu sozialen Ungerechtigkeiten führt, muß die staatliche Umverteilungspolitik ansetzen.

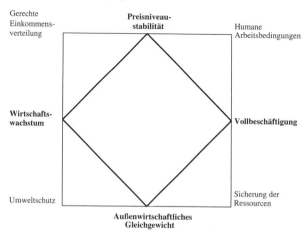

Ziele der Wirtschaftspolitik in der sozialen Marktwirtschaft

Lernziel-Kontrollfragen

29. Auf welchen philosophischen Grundlagen beruht die Idee der sozialen Marktwirtschaft?

30. Vergleichen Sie die soziale Marktwirtschaft und die zentrale Verwaltungswirtschaft anhand der Merkmale Koordination und Planung, Funktion der Preise, Eigentum an Produktionsmitteln, Ziele der Betriebswirtschaften, Konsumentenfreiheit und Lohnbildung!

31. Stellen sie das Problem der Arbeitslosigkeit aus der Sicht der freien Marktwirtschaft, der sozialen Marktwirtschaft und der zentralen Verwaltungswirtschaft dar!

32. Erläutern Sie kurz die Grundprinzipien der sozialen Marktwirtschaft, und gehen Sie dabei auf die Aufgaben des Staates in der sozialen Marktwirtschaft ein!

33. Welche Probleme können sich in einer sozialen Marktwirtschaft ergeben? Lesen Sie dazu nochmals den Artikel "Armut im Überfluß" auf Seite 56 ff.!

34. Nennen Sie die Ziele des Stabilitätsgesetzes, und geben Sie an, unter welchen Bedingungen die Ziele theoretisch als erreicht gelten!

35. Diskutieren Sie die Zielbeziehung, die in der Philipskurve beschrieben wird!

36. Setzen Sie sich mit der Aussagekraft der Arbeitslosenquote kritisch auseinander!

37. Nennen Sie die verschiedenen Arten der Arbeitslosigkeit, und gehen Sie jeweils kurz auf die mögliche Dauer der Arbeitslosigkeit ein!

38. Erläutern Sie ausgehend von den Arten der Arbeitslosigkeit jeweils zwei geeignete Maßnahmen zu ihrer Bekämpfung!

39. Nennen Sie die möglichen Ursachen struktureller Arbeitslosigkeit!

Ziele der Wirtschaftspolitik in der sozialen Marktwirtschaft

40. Legen Sie die möglichen Auswirkungen einer hohen Arbeitslosigkeit auf die fünf Wirtschaftssektoren dar!

41. "Durch die Inflation werden die Reichen reicher, die Armen ärmer". Prüfen Sie diese Aussage!

42. Erläutern Sie, inwieweit der Preisindex der Lebenshaltungskosten ein geeigneter Indikator für den Preisniveauanstieg ist!

43. Zeigen Sie mit Hilfe einer graphischen Darstellung von gesamtwirtschaftlichem Angebot und gesamtwirtschaftlicher Nachfrage (Marktmodell) die Situation bei Angebotsdruck- und Nachfragesoginflation auf!

44. Erklären Sie die Entstehung importierter Inflation!

45. Stellen Sie mit Hilfe des Marktmodells die Auswirkungen eines staatlich verordneten Preisstopps bei zurückgestauter Inflation dar! Gehen Sie kurz auf mögliche Reaktionen der Marktteilnehmer ein!

46. Diskutieren Sie die Notwendigkeit des Wirtschaftswachstums!

47. Erläutern Sie die möglichen Zielbeziehungen zwischen gerechter Einkommensverteilung und Wirtschaftswachstum.

48. Diskutieren Sie die Zielbeziehung zwischen Wirtschaftswachstum und Umweltschutz!

49. Erläutern Sie, warum das außenwirtschaftliche Gleichgewicht in einer offenen Volkswirtschaft ein erstrebenswertes wirtschaftspolitisches Ziel ist!

IV. Möglichkeiten und Grenzen der Geldpolitik

1. Die Deutsche Bundesbank als Trägerin der Geldpolitik

Die Aufgaben der Deutschen Bundesbank sind im Gesetz über die Deutsche Bundesbank (BBankGes.) von 1957 festgelegt:

> § 3 Gesetz über die Deutsche Bundesbank (BBankGes.)
> Die Deutsche Bundesbank regelt mit Hilfe der währungspolitischen Befugnisse, die ihr nach diesem Gesetz zustehen, den Geldumlauf und die Kreditversorgung der Wirtschaft mit dem Ziel, die Währung zu sichern, und sorgt für die bankmäßige Abwicklung des Zahlungsverkehrs im Inland und mit dem Ausland.

Die Deutsche Bundesbank hat laut Bundesbankgesetz die Aufgabe, den **Geldumlauf** zu regeln. Sie besitzt das Notenausgabemonopol, das heißt das alleinige Recht Banknoten zu drucken. Mit der Aufgabe **"Kreditversorgung der Wirtschaft"** ist nicht gemeint, daß die Bundesbank jedermann Kredite gewährt. Die Bundesbank fungiert vielmehr als **"Bank der Banken"** und **"Hausbank des Staates"**. Die Bundesbank kann beispielsweise dem Bankensektor günstige Kreditmöglichkeiten einräumen, so daß dieser sein Geschäftsvolumen ausdehnen und die Privatwirtschaft mit billigen Krediten versorgen kann, um die Konjunktur anzukurbeln. Die Bundesbank kann auch die Kreditmöglichkeiten der Banken beschneiden, so daß die Geschäftsbanken den privaten Investoren ungünstigere Kreditkonditionen einräumen müssen. Neben den Geschäften mit den Geld- und Kreditinstituten spielen die Geschäfte mit dem Bund und den Ländern eine wichtige Rolle. Als "Hausbank des Staates" verwaltet die Bundesbank die Konten des Bundes und der Länder und gewährt ihnen Kredit. Die größten Geldentwertungen der Vergangenheit waren darauf zurückzuführen, daß der Staat zur Deckung seines Geldbedarfes die Notenpressen der Zentralbank in Bewegung setzte und damit die Hyperinflationen nach den beiden Weltkriegen in Deutschland auslöste. Das Bundesbankgesetz legt deshalb fest, daß die Deutsche Bundesbank an die öffentlichen Haushalte nur sogenannte **Kassenkredite** gewähren darf. Dies sind Kredite zur Überbrückung kurzfristiger Fehlbeträge im Verlauf des Vollzugs eines öffentlichen Haushaltes. Haushaltsdefizite darf die Deutsche Bundesbank nicht finanzieren. Die dazu erforderlichen Finanzmittel muß sich der Finanzminister bei den Kreditinstituten oder am Kapitalmarkt durch Ausgabe von öffentlichen Anleihen beschaffen. Hinzu kommt, daß die Kreditgewährung durch Höchstbeträge, die Kreditplafonds, eng begrenzt ist. Die Kreditplafonds begründen jedoch keinen Anspruch der Gebietskörperschaften auf Notenbankkredite. Sie markieren lediglich die äußerste Grenze, bis zu der die Bundesbank den öffentlichen Haushalten Kredite gewähren darf. Der Bund und die Länder sowie einige der Sondervermögen sind verpflichtet, ihre flüssigen Mittel zinslos bei der Bundesbank einzulegen. Nur mit der Zustimmung der Bundesbank dürfen diese bei Geschäftsbanken angelegt werden. Banknotenausgabe, Abwicklung des bargeldlosen Zahlungsverkehrs und Kreditversorgung der Wirtschaft sind aber nur drei Aufgaben. Die Bundesbank hat vor allem dafür zu sorgen, daß das Geld seine Funktion im Wirtschaftsleben erfüllen kann. Als "Hüterin der Währung" ist die Bundesbank für die **Sicherung der Währung**, d.h. für die Sicherung des Binnenwertes (Preisniveaustabilität) und des Außenwertes, verantwortlich.

Das Verhältnis der Deutschen Bundesbank zur Bundesregierung ist ebenfalls im Bundesbankgesetz (BBankges.) geregelt:

§ 12 Bundesbankgesetz
Die Deutsche Bundesbank ist verpflichtet, unter Wahrung ihrer Aufgabe als Hüterin der Währung, die allgemeine Wirtschaftspolitik der Bundesregierung zu unterstützen. Sie ist bei der Ausübung ihrer Befugnisse, die ihr nach dem Gesetz zustehen, von Weisungen der Bundesregierung unabhängig.

Während die Bundesregierung laut Stabilitätsgesetz dazu verpflichtet ist, die vier wirtschaftspolitischen Zielsetzungen (Preisniveaustabilität, Vollbeschäftigung, stetiges und angemessenes Wirtschaftswachstum und außenwirtschaftliches Gleichgewicht) gleichzeitig zu verfolgen, wurden die an sich recht vagen Formulierungen der §§ 3 und 12 des Bundesbankgesetzes allgemein dahingehend interpretiert, daß für die Bundesbank eine Zielpriorität in der Sicherung der Währung besteht. Um ihrer vorrangigen Aufgabe der Währungssicherung nachkommen zu können, hat das Bundesbankgesetz die Deutsche Bundesbank mit der nötigen Macht ausgestattet. Die Deutsche Bundesbank ist bei der Ausübung ihrer währungspolitischen Befugnisse von den Weisungen der Bundesregierung unabhängig. Der **Autonomiegrundsatz** läßt sich aus der Geschichte der großen Inflationen nach den beiden Weltkriegen erklären. Die Reichsbank folgte der staatlichen Inflationspolitik, weil sie nicht unabhängig von den Weisungen der Reichsregierung war. Der Gesetzgeber hat aus diesen Erfahrungen heraus die Funktionen der **"inneren Währungspolitik"** einer autonomen Bundesbank übertragen. Im Bereich der **"äußeren Währungspolitik"** fallen der Bundesregierung wichtige

Möglichkeiten und Grenzen der Geldpolitik

Kompetenzen zu. So ist die Bundesregierung zuständig dafür, ob die Bundesrepublik mit anderen Währungen feste oder flexible Wechselkurse festlegt oder mit anderen Staaten eine Währungsunion bildet. Obwohl eine unabhängige Bundesbank ihre geldpolitischen Entscheidungen nicht vor dem Parlament rechtfertigen muß und eine Kontrolle damit weitgehend fehlt, ist die Bundesrepublik mit ihrer autonomen Zentralbank bisher gut gefahren. Eine Harvard-Studie, die auf volkswirtschaftlichen Daten aus 17 Industrieländern für den Zeitraum von 1951 bis 1988 beruht, belegt, daß eine von politischer Rücksichtnahme unabhängige Notenbank die Voraussetzung für ein Höchstmaß an Preisniveaustabilität ist. Die Deutsche Bundesbank und die Schweizer Nationalbank gehören zu dem kleinen Kreis von Notenbanken, die sich einer sehr weitgehenden Unabhängigkeit erfreuen und nach der Harvard-Studie in der jüngsten Vergangenheit die stabilsten Währungen der Welt aufweisen konnten.

Die Gegner einer weitgehend autonomen Notenbank argumentieren, daß sich die Währungshüter leicht vom allgemeinen politischen Geschehen abkoppeln könnten und einseitig auf Inflationsvermeidung fixiert wären. Sie nähmen im Zweifel auch eine Rezession in Kauf und sträubten sich, ihr geldpolitisches Instrumentarium zur Ankurbelung der Wirtschaft einzusetzen. Für eine weitgehende Zusammenarbeit von Bundesregierung und Bundesbank sorgt das Bundesbankgesetz. Ist das oberste Ziel der Sicherung der Währung erreicht, besteht für die Bundesbank die **Unterstützungspflicht**. Sie muß die allgemeine Wirtschaftspolitik der Bundesregierung unterstützen. Um eine Koordination der wirtschaftspolitischen Maßnahmen zu erreichen, sind im Bundesbankgesetz **Kooperationsmechanismen** eingebaut. So hat die Bundesbank die Bundesregierung in Angelegenheiten von währungspolitischer Bedeutung zu beraten und ihr auf Verlangen Auskunft zu geben. Außerdem haben die Mitglieder der Bundesregierung das Recht, an den Beratungen des Zentralbankrates teilzunehmen. Die Bundesregierung soll den Präsidenten der Deutschen Bundesbank zu ihren Beratungen über Angelegenheiten von währungspolitischer Bedeutung hinzuziehen.

Die Deutsche Bundesbank hat ihren Sitz in Frankfurt am Main. Hier tagt der Zentralbankrat, das oberste Organ der Deutschen Bundesbank. Der Zentralbankrat besteht aus dem Direktorium, dem Präsidenten und Vizepräsidenten angehören, sowie den **Präsidenten der Landeszentralbanken**. Die Mitglieder des Direktoriums werden vom Bundespräsidenten auf Vorschlag der Bundesregierung bestellt. Das Direktorium hat die Beschlüsse des Zentralbankrates auszuführen. Die Direktoriumsmitglieder werden auf acht Jahre bestellt, so daß ihre Amtszeit über die vierjährige Legislaturperiode einer Bundesregierung hinaus-

Möglichkeiten und Grenzen der Geldpolitik

geht. Die geschäftlichen Kontaktstellen der Deutschen Bundesbank in den Bundesländern sind die Landeszentralbanken. Die Präsidenten der Landeszentralbanken werden durch den Bundespräsidenten auf Vorschlag des Bundesrates ernannt.

2. Die Wirkungsweise der Diskont- und Lombardpolitik

Ein wichtiger Faktor in der gesamtwirtschaftlichen Entwicklung ist die Kreditversorgung des privaten Sektors. Private Investoren holen sich Kredite von den Geschäftsbanken. Diese haben die Möglichkeit, sich ihrerseits von der Bundesbank gegen entsprechende Sicherheiten Kredite zu besorgen. Indem die Zentralbank die Kreditmöglichkeiten der Geschäftsbanken einschränkt oder ausweitet, regelt sie indirekt die Kreditversorgung des Privatsektors.

Die **Refinanzierung** der Geschäftsbanken bei der Bundesbank kann auf verschiedenen Wegen erfolgen. Die Geschäftsbanken erhalten von ihren Kunden als Sicherheit für kurzfristige Kredite Wechsel und verkaufen diese gegen Zentralbankgeld an die Bundesbank **(Diskontkredit)**. Die Geschäftsbanken können sich bei der Bundesbank zusätzlich refinanzieren, indem sie Wertpapiere an die Bundesbank verpfänden **(Lombardkredit)**.

Beispiel für einen Handelswechsel:

Der **Wechselkredit** ist eine spezielle Kreditsicherungsform und bei der Vergabe von kurzfristigen Krediten im Geschäftsleben von großer Bedeutung. Ist ein Schuldner nicht in der Lage, die Geldsumme aus einem Warengeschäft termingerecht zu begleichen, kann ihm der Gläubiger einen Kredit einräumen. Zur Sicherung des Kredits fordert der Gläubiger die Unterzeichnung eines Wechsels. In unserem Beispiel stellt der Gläubiger Auer einen Wechsel über die geschuldete Summe von 5 000 DM am 01. 03. aus. Er räumt dem Schuldner Weidinger einen dreimonatigen Kredit ein, das heißt der Wechsel wird am 01. 06. fällig. Der Wechselschuldner (Bezogene) Weidinger muß den Wechsel unterzeichnen (an nehmen). Der Gläubiger Auer kann am Tag der Fälligkeit, d. h. am 01. 06. die Wechselsumme beim Schuldner einkassieren und ihm Zinsen für den dreimonatigen Kredit in Rechnung stellen. Er ist aber auch berechtigt, den Wechsel als Zahlungsmittel zu verwenden und, nachdem er den Wechsel unterschrieben hat, an einen seiner Schuldner weiterzugeben. Benötigt der Gläubiger Bargeld, besteht die Möglichkeit, den Wechsel vor dem Verfalltag bei einer Bank einzulösen. Läßt Auer beispielsweise den Wechsel am 01. 05. bei einer Bank **diskontieren**, so bedeutet dies, daß sie ihm die Kreditsumme ausbezahlt und für den Zeitraum bis zur Fälligkeit des Wechsels (30 Tage, vom 01. 05. bis zum 01. 06.) einen bestimmten Betrag (**Diskont**), der vom **Diskontsatz** abhängt, als Zins abzieht. Am Verfalltag (01. 06.) kassiert die Bank 5 000 DM vom Schuldner Weidinger ein (Wechselinkasso). Die Bank kann den Wechsel vor dem Verfalltag an die Bundesbank verkaufen. Sie erhält unter Abzug des Rediskontes (Zinsen für den Zeitraum vom Tag des Verkaufes an die Notenbank bis zum Tag der Fälligkeit) Zentralbankgeld, das zur Ausweitung des Kreditvolumens zur Verfügung steht. Die Höhe des Rediskontsatzes bestimmt die Bundesbank. Ist der Schuldner nicht in der Lage, den Wechsel am Tag der Fälligkeit einzulösen, "platzt" der Wechsel. Die Bedeutung des Wechsels als Kreditsicherungsmittel besteht nun darin, daß der Wechselprozeß sehr rasch abläuft und der Schuldner ohne langwieriges Gerichtsverfahren schnell zu seinem Recht kommt. Außerdem haftet auch jeder Wechselnehmer, dessen Unterschrift sich auf dem Wechsel befindet. Hat der Gläubiger Auer beispielsweise den Wechsel weitergegeben, kann er bei Fälligkeit zur Zahlung herangezogen werden, falls der Wechsel platzt (**Wechselregreß**).

Die Zentralbank bestimmt den **Diskontsatz**, strenggenommen den **Rediskontsatz**. Er ist ein wichtiges Instrument der Geldpolitik. Senkt die Bundesbank den Rediskontsatz, können sich die Geschäftsbanken billiger refinanzieren. Damit haben sie die Möglichkeit, den Diskontsatz zu senken und somit den privaten Kreditnehmern günstigere kurzfristige Kredite einzuräumen. Kommt der Privatsektor in den Genuß billigen Geldes, werden kreditfinanzierte Investitionen und Konsumgüternachfrage steigen. Nimmt die gesamtwirtschaftliche Nachfrage zu, so erhöhen sich Volkseinkommen und Beschäftigung. Will die Bundesbank die gesamtwirtschaftliche Nachfrage drosseln, um Preissteigerungen zu bekämpfen, wird sie den Rediskontsatz erhöhen. Damit verteuert sich die Geldbeschaffung der Geschäftsbanken. Sie müssen nun mehr Geld bezahlen, um sich Notenbankgeld zu beschaffen. Diese Verteuerung geben die Banken an ihre Kunden weiter, indem sie den Diskontsatz erhöhen. Die kurzfristigen Kredite verteuern sich. Investitionen, die sich bisher noch lohnten, werden uninteressant, weil die höheren Geldbeschaffungskosten den zu erwartenden Gewinn schmälern. Der Privatsektor schränkt die Investitions- und Konsumgüternachfrage ein. Der Preisanstieg läßt nach.

Die Geschäftsbanken können sich zusätzlich gegen Verpfändung von bestimmten (lombardfähigen) Wertpapieren bei der Bundesbank Zentralbankgeld beschaffen. Die Bundesbank legt den **Lombardsatz** fest. Er ist der Zinssatz für die Beleihung von Wertpapieren und liegt in der Regel ein bis drei Prozent über dem Diskontsatz. Der Lombardkredit wurde in erster Linie konzipiert, um den Geschäftsbanken bei der Überwindung kurzfristiger Liquiditätsprobleme auszuhelfen. Durch den höheren Lombardsatz soll verhindert werden, daß der Lombardkredit den Diskontkredit ersetzt und von den Geschäftsbanken zur Ausweitung des Kreditvolumens benutzt wird.

Neben dieser direkten, relativ schnell eintretenden Wirkung einer Diskont- und Lombardsatzsenkung bzw. -erhöhung folgt mit einer zeitlichen Verzögerung eine Bewegung der anderen Zinssätze in Richtung des Diskont- und Lombardsatzes. Beide Sätze sind wichtige Orientierungspunkte für die Zinsbildung an den Kreditmärkten. Diskont- und Lombardsatz üben Leitzinsfunktionen (siehe nachfolgende Abbildung) aus. Steigen beide Sätze, erhöhen sich in der Regel mit zeitlicher Verzögerung auch die langfristigen Kreditzinsen. Langfristig finanzierte Investitionsvorhaben werden zurückgestellt, Bauherren verschieben den Hausbau bei hohen Zinsen. Außerdem klettern die Sparzinsen mit dem Diskontsatz. Sparen wird attraktiver, die Konsumgüternachfrage wird zugunsten einer ertragreichen Geldanlage eingeschränkt. Die gesamtwirtschaftliche Nachfrage geht zurück, der Preisauftrieb schwächt sich ab. Neben diesen Zinswirkungen gehen von Änderungen des Diskont- und Lombardsatzes auch "Signalwirkungen" auf die Wirtschaft aus. Erhöht die Deutsche Bundesbank die Sätze beispielsweise, wird dies als Einleitung eines geldpolitischen Kurswechsels oder als Verschärfung des bereits eingeschlagenen geldpolitischen Kurses interpretiert. Die Bundesbank kündigt damit an, daß sie bereit ist, "schärfere Geschütze" aufzufahren, wenn sich die Geldmenge nicht in die von ihr gewünschte Richtung bewegt.

Möglichkeiten und Grenzen der Geldpolitik

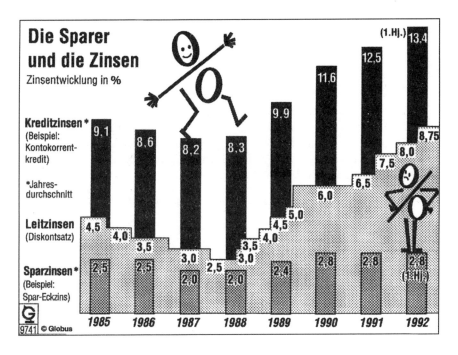

Neben der Variation des Diskont- bzw. Lombardsatzes kann die Bundesbank die **Rediskontkontingente** verändern, denn sie kauft von den Geschäftsbanken Wechsel nur bis zu bestimmten Höchstbeträgen. Auf diese festgelegten Kontingente werden alle bei der Bundesbank rediskontierten Wechsel angerechnet. Über das Kontingent hinaus, kauft die Bundesbank keine Wechsel an. Die Rediskontkontingente können von der Bundesbank eingeschränkt oder erweitert werden. Kürzt die Bundesbank die Rediskontkontingente, so können sich die Kreditinstitute über den Verkauf von Wechseln weniger Zentralbankgeld besorgen und müssen sich deshalb bei der Kreditgewährung an ihre Kunden stärker zurückhalten. Erweitert die Bundesbank die Rediskontkontingente, erhöhen sich die Refinanzierungsmöglichkeiten der Banken. Sie können ihr Kreditvolumen ausdehnen.

Möglichkeiten und Grenzen der Geldpolitik

3. Die Wirkungsweise der Mindestreservenpolitik

§ 16 des Bundesbankgesetzes erklärt, was unter der Mindesreserve zu verstehen ist:

§ 16 Bundesbankgesetz
Zur Beeinflussung des Geldumlaufes und der Kreditgewährung kann die Deutsche Bundesbank verlangen, daß die Kreditinstitute in Höhe eines Vomhundertsatzes ihrer Verbindlichkeiten aus Sichteinlagen, befristeten Einlagen und Spareinlagen ... Guthaben bei ihr zinslos unterhalten (Mindestreserve).

Die Bundesbank war bei der Festsetzung der Mindestreserven an folgende Höchstsätze gebunden:
10 % für Spareinlagen
20 % für Termineinlagen (Laufzeit mindestens 30 Tage und weniger als 4 Jahre)
30 % für Sichteinlagen
100 % für Einlagen Gebietsfremder (§ 4 I Nr. 4 Außenwirtschaftsgesetz)

Zur Unterhaltung von Mindestreserven sind grundsätzlich alle Geld- und Kreditinstitute (einschließlich der Bausparkassen) verpflichtet.

Bevor die Wirkungsweise der Mindestreservenpolitik erläutert wird, soll der Prozeß der Giralgeldschöpfung erklärt werden, weil dadurch die Wirkungen der Mindestreservenpolitik und die Bedeutung der Mindestreserve besser verständlich werden.

a) Der Prozeß der Giralgeldschöpfung

Unter Geldschöpfung ist die Schaffung neuen zusätzlichen Geldes zu verstehen. Die Bundesbank schafft Geld durch die Ausgabe von Banknoten (**Bargeldschöpfung**). Die Kreditinstitute schaffen Geld durch Kreditschöpfung (**Giralgeldschöpfung**).

Beispiel:

Zahlt der Kunde A bei der Bank A 1 250 DM Bargeld auf sein Konto ein, so verändert sich die Bilanz des Kreditinstituts wie folgt: Auf der Aktiva erhöht sich der Kassenbestand um 1 250 DM, auf der Passiva steigen die Kundeneinlagen (Verbindlichkeiten der Bank) um 1 250 DM (vgl. nachfolgende Abbildung). Aufgrund einer Bareinzahlung von 1 250 DM wurde **Giralgeld** in Höhe von

Möglichkeiten und Grenzen der Geldpolitik

1 250 DM geschaffen. Während der Kunde jetzt über 1 250 DM Giralgeld (Buchgeld) verfügt, kann die Bank über 1 250 DM Bargeld bestimmen. Die gesamte Geldmenge hat sich durch die Einzahlung des Kunden um 1 250 DM (Giralgeldmenge) erhöht.

Aktiva		BANK A	Passiva
Kassenbestand	1 250,– DM	Einlage Kunde A	1 250,– DM
Bargeld		Buchgeld	

Aus der Sicht des Kreditinstitutes wäre es nun töricht, die einbezahlten 1 250 DM als Kassenbestand zu halten. Die Bank versucht, das Bargeld gewinnbringend anzulegen, indem sie beispielsweise Kredite an andere Kunden gewährt. Es wäre aber gefährlich, die gesamte einbezahlte Summe zur Kreditvergabe zu verwenden. Möchte der Kunde A einen Teil seiner Einlage wieder bar abheben, drohte der Bank die Zahlungsunfähigkeit. Die Banken halten deshalb einen Teil der Kundeneinlagen als Barreserve. Zum Schutze der Gläubiger legte das Bundesbankgesetz fest, daß die Banken über die Barreserve hinaus einen bestimmten Prozentsatz der Kundeneinlagen (Verbindlichkeiten der Bank gegenüber ihren Kunden) als **Mindestreserve** bei der Bundesbank zinslos hinterlegen müssen. Aus dem Gläubigerschutzgedanken erklärt sich die Staffelung der Mindestreservesätze. Den höchsten Mindestreservesatz kann die Bundesbank für Sichteinlagen fordern, das heißt für Einlagen, über die der Bankkunde jederzeit verfügen kann. Unter Berücksichtigung der Mindestreserve (Annahme: 20 %) und Barreserve (Annahme: 10 %) ergibt sich für die Bank ein potentielles Kreditvolumen in Höhe von 875 DM (vgl. untenstehende Abbildung).

Aktiva		BANK A	Passiva
Kassenbestand	125,– DM	Einlage A	1 250,– DM
Mindestreserve	250,– DM		
Kredite	875,– DM		
	1 250,– DM		1 250,– DM

Möglichkeiten und Grenzen der Geldpolitik

Das Banksystem insgesamt kann ein Vielfaches an Giralgeld schaffen (Prozeß der multiplen Giralgeldschöpfung). Dies soll durch folgendes Beispiel verdeutlicht werden:

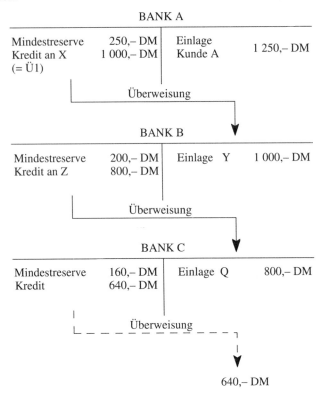

In unserem Beispiel wird der Einfachheit halber auf die Berücksichtigung der Barreserven verzichtet. Besteht ein Mindestreservesatz von 20 %, so muß die Bank A bei einer Bareinzahlung von 1 250 DM ein Mindestreserveguthaben von 250 DM bei der Zentralbank zinslos unterhalten. Von der Einzahlung bleibt der Bank A eine Überschußreserve (Ü1) von 1 000 DM. Über diesen Betrag kann die Bank frei verfügen. Hier verwendet sie ihn zur Vergabe eines Kredites an den Kunden X. Dieser verfügt über den Kredit, indem er seine Schulden bei seinem Geschäftspartner Y durch Überweisung begleicht. Das Guthaben von Y, der ein Konto bei der Bank B unterhält, erhöht sich um 1 000 DM. Damit steigen die Kundeneinlagen bei Bank B um 1 000 DM, und ihre Mindestreserven wachsen bei einem als konstant angenommenen Mindestreservesatz von 20 % um 200 DM. Nehmen wir an, daß auch die Bank B ihre Überschußreserve vollständig zur Kreditgewährung in Höhe von 800 DM an den Kunden Z benutzt. Bezahlt Z mit dem eingeräumten Kredit eine Schuld bei seinem Lieferanten Q, erhält die Bank C eine zusätzliche Einlage von 800 DM. Sie wird in Höhe von 160 DM mindestreservepflichtig und kommt in den Genuß einer Überschußreserve von 640 DM. Dieser Prozeß läßt sich entsprechend fortsetzen. Die Höhe der maximal möglichen Giralgeldschöpfungen (ΔK max) des Bankensystems ergibt sich – unter den im Beispiel eingeführten Annahmen – aus der Summe aller gewährten Kredite: 1 000 + 800 + 640 ... usw. Es handelt sich um eine unendliche fallende geometrische Reihe, deren Wert sich mit der folgenden Formel berechnen läßt:

$$\Delta K_{max} = \frac{1}{m} \cdot \ddot{U}_1$$

m = Mindestreservesatz
$\ddot{U}_1$ = ursprüngliche Überschußreserve
(erste Kreditsumme)

Der **Geldschöpfungsmultiplikator** 1/m (1 : 1/5) beträgt in unserem Beispiel fünf. Daraus ergibt sich als Summe aller gewährten Kredite 5 000 DM. Eine Bareinzahlung und die daraus resultierende Überschußreserve von 1 000 DM können unter den getroffenen Annahmen (keine Barreservehaltung der Banken, konstanter Mindestreservesatz, Verwendung der Überschußreserven ausschließlich zur Kreditgewährung, bargeldlose Verfügung über eingeräumte Kredite) eine Geldschöpfung des Bankensystems, die den fünffachen Betrag der ursprünglichen Überschußreserve ausmacht, bewirken. Die Schaffung zusätzlichen Geldes in Form von Krediten bezeichnet man als Giralgeldschöpfung. Die Mindestreserve ist also eine Art "Geldschöpfungsbremse". Sie stellt zusammen mit dem Bargeldumlauf sicher, daß die Geldinstitute auf die Notenbank angewiesen sind.

In der Realität läuft der Geldschöpfungsprozeß nicht in dieser einfachen Form ab; aber am Prinzip ändert sich nichts. So halten die Kreditinstitute unter Berücksichtigung der Zahlungsgewohnheiten ihrer Kunden einen bestimmten Erfahrungssatz an Barreserven. In der Praxis verwenden die Banken auch nicht die gesamte Überschußreserve zur Kreditgewährung, wenn sich andere lukrative Anlagemöglichkeiten, wie z. B. der Kauf von hochverzinslichen Wertpapieren, ergeben. Im Laufe des Geldschöpfungsprozesses wird den Banken zusätzlich Bargeld, die Grundlage der Geldschöpfung, durch Barabhebungen von Kunden entzogen. Je stärker jedoch der bargeldlose Zahlungsverkehr von den Bankkunden in Anspruch genommen wird, desto größer sind die Geldschöpfungsmöglichkeiten der Kreditinstitute. Diese Tatsache erklärt das starke Interesse der Banken und Sparkassen am bargeldlosen Zahlungsverkehr.

b) Die Wirkungsweise der Mindestreservenpolitik

Heute ist der Gläubigerschutz in den Hintergrund getreten. Die Mindestreserven dienen überwiegend als geldpolitisches Instrument. Die idealtypischen Wirkungsweisen lassen sich wie folgt beschreiben:

Erhöht die Zentralbank die Mindestreservesätze, müssen die Banken einen größeren Teil der Kundeneinlagen als Zentralbankguthaben zinslos hinterlegen. Damit schrumpfen die Überschußreserven, die Liquidität der Banken sinkt. Die Möglichkeiten zur Kreditvergabe verringern sich. Bei gleichbleibender Kreditnachfrage steigen die Zinsen. Kreditfinanzierte Investitionen gehen zurück, die gesamtwirtschaftliche Nachfrage sinkt, der Preisanstieg verlangsamt sich.

Senkt die Bundesbank die Mindestreservesätze, verfügen die Banken über größere Überschußreserven. Sie können das Kreditangebot ausweiten. Die Kreditzinsen geben nach. Kreditfinanzierte Investitionen werden rentabler, die gesamtwirtschaftliche Nachfrage steigt. Produktion, Volkseinkommen und Beschäftigung erhöhen sich. Die Wirtschaft erholt sich aus einer Talsohle.

Neben dem Liquiditätseffekt zeigt die Mindestreserve auch Zinswirkungen. Die Mindestreserveguthaben müssen nämlich bei der Bundesbank zinslos hinterlegt werden. Die Erhöhung der Mindestreservesätze schmälert somit die Rentabilität der Geld- und Kreditinstitute, die ihrerseits wieder versuchen werden, diese Belastungen in Form höherer Zinsen auf die Kreditnehmer abzuwälzen.

4. Die Wirkungsweise der Offenmarktpolitik unter besonderer Berücksichtigung der Wertpapierpensionsgeschäfte

Als **Offenmarktpolitik** wird der Ankauf und Verkauf von Wertpapieren durch die Bundesbank auf eigene Rechnung bezeichnet. Die Offenmarktpolitik kann mit kurz- und langlaufenden Wertpapieren betrieben werden. Wertpapiererwerb ist sowohl bei den Geschäftsbanken als auch bei Nichtbanken möglich. Die Notenbank kann Wertpapiere "endgültig" ankaufen oder nur für eine bestimmte Zeit.

Möglichkeiten und Grenzen der Geldpolitik

Der Begriff "offener Markt" ist historisch zu erklären und stammt aus England. Auf diesem Markt, der sämtlichen Interessenten "offen" stand, wurden langfristige Staatspapiere angekauft und verkauft.

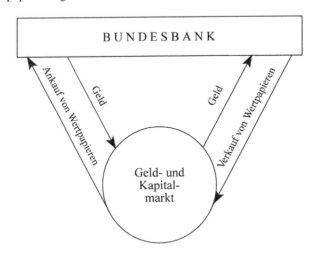

Wenn die Bundesbank Wertpapiere ankauft, pumpt sie Geld in die Wirtschaft. Der Geldmarkt wird flüssiger. Der Zins sinkt. Die Banken können mehr und billigere Kredite vergeben. Verkauft die Bundesbank Wertpapiere, so zieht sie Zentralbankgeld aus dem Verkehr. Das Geld wird knapper und teurer.

Die Offenmarktpolitik fungiert meist als Geldmarktinstrument. Auf dem **Geldmarkt** werden festverzinsliche Wertpapiere mit Laufzeiten unter zwei Jahren gehandelt. Das entscheidende Kriterium in der Bundesrepublik dafür, ob ein Papier zu den **Geldmarktpapieren** zählt oder nicht, ist jedoch die sogenannte Geldmarktfähigkeitserklärung durch die Deutsche Bundesbank. Geldmarktfähig ist ein Papier dann, wenn die Bundesbank bereit ist, die Papiere anzukaufen, und zwar ohne Anrechnung auf die **Rediskontkontingente**. Schatzwechsel und unverzinsliche Schatzanweisungen des Bundes und der Länder sind beispielsweise geldmarktfähig. Sie werden von Bund und Ländern zur Überbrückung kurzfristiger Liquiditätsengpässe beim Vollzug des laufenden Haushaltes ausgegeben. Benötigt die Zentralbank zur Beeinflussung der Bankenliquidität weitere Geldmarktpapiere, muß die Bundesregierung **Mobilisierungs-** und **Liquiditätspapiere** zur Verfügung stellen. Dies sind Schatzwechsel und unverzinsliche Schatzanweisungen des Bundes. Gibt die Deutsche Bundesbank diese Papiere ab,

Möglichkeiten und Grenzen der Geldpolitik

entzieht sie den Käufern (Banken) Zentralbankgeld. Das Geld fließt aber nicht in die Staatskasse, sondern wird bei der Bundesbank "eingefroren". Die Mobilisierungs- und Liquiditätspapiere stellen für die Bundesbank eine zusätzliche Manövriermasse dar, mit der sie bei Bedarf Liquidität abschöpfen kann.

Meist kauft die Bundesbank Geldmarktpapiere nur für eine bestimmte Zeit auf. Die verkaufende Bank muß sich dann verpflichten, die Papiere nach Ablauf der vereinbarten Zeit (z. B. nach 30 Tagen) wieder zurückzukaufen. Ein Offenmarktgeschäft mit Rückkaufsvereinbarung nennt man **Wertpapierpensionsgeschäft.** Wertpapierpensionsgeschäfte bietet die Bundesbank den Geschäftsbanken über Ausschreibungen an. Dabei existieren zwei Verfahren. Beim **Mengentender** legt die Bundesbank den Zins fest, und die Kreditinstitute nennen in ihren Geboten die Beträge, über die sie Wertpapiere an die Bundesbank zu verkaufen wünschen. Die Bundesbank teilt den Banken dann den Betrag zu, der ihrer liquiditätsmäßigen Vorstellung und dem geldpolitischen Kurs entspricht. Handelt es sich um einen **Zinstender**, müssen die Kreditinstitute Angebote über die gewünschte Menge abgeben und zusätzlich den Zinssatz nennen, zu dem sie bereit sind, Pensionsgeschäfte abzuschließen. Bietet eine Bank beispielsweise einen zu niedrigen Zins an, geht sie bei der Zuteilung leer aus und bekommt kein Zentralbankgeld.

Relativ selten tätigte die Bundesbank bisher Offenmarktgeschäfte am **Kapitalmarkt.** Der Kapitalmarkt ist der Markt für langfristige Kredite und für Beteiligungskapital. Über ihn fließt den Unternehmen ein großer Teil der Mittel zur langfristigen Finanzierung ihrer Investitionen zu; er dient zugleich der langfristigen Finanzierung öffentlicher Aufgaben. Kauft oder verkauft die Notenbank langfristige festverzinsliche Wertpapiere am Kapitalmarkt, so handelt es sich um "endgültige" An- und Verkäufe. Nach dem Bundesbankgesetz dürfen diese Offenmarktgeschäfte nicht den Zweck haben, Wertpapierkurse zu stabilisieren. Käme es beispielsweise zu einem Fallen der Kurse, könnte die Bundesbank zur "Kurspflege" Stützungskäufe vornehmen. Das Bundesbankgesetz verbietet ebenso die Erleichterung der Finanzierung von Haushaltsdefiziten, indem die Bundesbank öffentliche Anleihen am Kapitalmarkt erwirbt.

Gegenüber dem "endgültigen" Ankauf von längerfristigen Wertpapieren haben die Pensionsgeschäfte den Vorteil, daß damit den Geschäftsbanken nur für eine bestimmte (relativ kurze) Zeit Zentralbankgeld zur Verfügung gestellt wird. Verglichen mit der Diskont- und Mindestreservenpolitik läßt sich die Offenmarktpolitik "geräuschloser" handhaben. Während Zentralbankbeschlüsse über die Herauf- oder Herabsetzung der Diskont- und Lombardsätze bzw. der Mindestreservepflicht dicke Schlagzeilen in der Tagespresse auslösen, werden Ankündigungen über neue Wertpapierpensionsgeschäfte kaum registriert. In der Form der Wertpapierpensionsgeschäfte ist die Offenmarktpolitik sehr viel flexibler, was Zins- und Liquiditätssteuerung betrifft. Während Diskont- und Mindestreservenpolitik die Liquiditätslage der Banken erst auf längere Sicht beeinflussen und nur längerfristige Orientierungsdaten für die Zinsbildung darstellen, kann über Wertpapierpensionsgeschäfte eine Feinsteuerung erfolgen. Sie eignen sich insbesondere zur kurzfristigen Beeinflussung des Geldmarktes hervorragend. Üblicherweise schließt die Deutsche Bundesbank viermal im Monat Wertpapierpensionsgeschäfte ab. Dies gestattet ihr, flexibel auf kurzfristige Schwankungen in der Bankenliquidität zu reagieren und die Geldmarktzinsen in die gewünschte Richtung zu lenken.

Der Einsatz der geldpolitischen Instrumente hat sich in den letzten Jahren geändert. Früher stellte die Deutsche Bundesbank den Kreditinstituten den "Grundbedarf" an Zentralbankgeld überwiegend über Rediskontkredite zur Verfügung. Den darüber hinausgehenden "Spitzenbedarf" mußten sich die Banken durch die Aufnahme von teuren Lombardkrediten beschaffen. Da die Banken aber praktisch immer auf Lombardkredite angewiesen waren, sahen sie diesen als eine dauerhaft zugängliche Quelle der Zentralbankgeldversorgung an. Heute werden den Geld- und Kreditinstituten anstelle von Lombardkrediten verstärkt Wertpapierpensionsgeschäfte zu niedrigen Zinssätzen angeboten. Damit sind die Banken weniger auf Lombardkredite angewiesen, und der Lombardkredit kann seine ursprüngliche Funktion, kurzfristige Liquiditätsengpässe zu überbrücken, wieder erfüllen.

5. Die Grenzen der Geldpolitik – mögliche Wirkungshemmnisse

Die Bundesbank verfügt über einen weiten Fächer an zins- und liquiditätspolitischen Instrumenten zur Steuerung der Geldmenge. Mit den zinspolitischen Instrumenten wirkt sie unmittelbar auf die Zinsbildung ein. Dazu zählen die Festsetzung der Diskont- und Lombardsätze und die Zinssätze, die sich im Offenmarktgeschäft ergeben. Die liquiditätspolitischen Instrumente beeinflussen in erster Linie die Geldbeschaffungsmöglichkeiten der Geld- und Kreditinstitute bei der Notenbank, d.h. ihre Zentralbankguthaben und ihre freien Refinanzierungsspielräume. Zu den liquiditätspolitischen Instrumenten zählen die Mindestreser-

Möglichkeiten und Grenzen der Geldpolitik

venpolitik, Veränderungen der Rediskontkontingente bzw. Lombardobergrenzen und Offenmarktgeschäfte. Allerdings erzielen die Instrumente der Bundesbank häufig nicht die gewünschte Wirkung.

a) Wirkungshemmnisse bei kontraktiver Geldpolitik

Die Bundesbank kann die gesamtwirtschaftliche Nachfrage nicht direkt steuern. Will sie bei einer kontraktiven Geldpolitik die gesamtwirtschaftliche Nachfrage bremsen, muß sie die Liquidität der Bank beschneiden und das Zinsniveau hochschrauben, also eine **"Politik des knappen Geldes"** betreiben.

Da die Bundesbank keine Kredite an die Privatwirtschaft vergibt, müssen zunächst die Geschäftsbanken auf den von der Bundesbank gewünschten geldpolitischen Kurs gelenkt werden. Verfügen sie über genügend **Liquiditätsreserven**, verpufft die restriktive Bundesbankpolitik schon im Bankensektor. Die Geld- und Kreditinstitute können allen Maßnahmen der Bundesbank zum Trotz oft noch monatelang die Kreditwünsche ihrer Kunden erfüllen, ehe Einschränkungen notwendig werden. Ist im Ausland das Zinsniveau niedriger, so lockt das hohe Zinsniveau anlagesuchendes Kapital aus dem Ausland herein, was bei einer frei konvertierbaren (frei austauschbaren) Währung wie der Deutschen Mark und bei international freiem Kapitalverkehr jederzeit möglich ist. Die Liquidität, die durch die kontraktive Geldpolitik beschnitten werden sollte, wird im System fester Wechselkurse von außen her wieder ergänzt. Der **Kapitalzustrom** aus dem Ausland unterläuft bei entsprechendem Zinsgefälle die Notenbankpolitik. Um diesen Störfaktor auszuschalten, könnte die Bundesbank den Mindestreservesatz auf Einlagen Gebietsfremder auf 100 % schrauben. Liegen in einer Hochzinsphase die Kreditzinsen im Ausland niedriger, beschaffen sich inländische Unternehmen billige Kredite im Ausland. Damit umgehen sie die kontraktive Geldpolitik der Zentralbank. Zur Eindämmung der Kreditaufnahme im Ausland kann die Bundesbank aber im Einvernehmen mit der Bundesregierung die sogenannte **Bardepotpflicht** einführen. Ein bestimmter Betrag der bei einer ausländischen Bank aufgenommenen Kreditsumme ist bei der Bundesbank als Bardepot zinslos zu hinterlegen. Damit erhöht sich die effektive Verzinsung erheblich, da dem Unternehmen nicht die volle Kreditsumme zur Verfügung steht, es jedoch die Zinslasten für den gesamten Kreditbetrag zu tragen hat. Die Kreditaufnahme im Ausland lohnt sich nicht mehr. Dem Einfluß der Bundesbank unterliegen nur solche Investitionsentscheidungen, die mit Fremdkapital finanziert werden, nicht dagegen die Anschaffungen, die aus dem Gewinn getätigt werden. Verfügen die Unternehmen über ausreichend eigene Mittel, sind sie von der Notenbankpolitik weitgehend unabhängig. Insbesondere die sogenannten Multis (multinationale

Großunternehmen) besitzen eine erhebliche **Selbstfinanzierungskraft**. Außerdem wird einem Teil der Investitionsgüternachfrage eine **geringe Zinsreagibilität** zugeschrieben. Das bedeutet, daß nur ein geringer Zusammenhang zwischen Zinshöhe und der Höhe der Investitionsgüternachfrage besteht. Diese Investitionen entziehen sich der geldpolitischen Steuerung durch die Bundesbank. Geldpolitische Maßnahmen stoßen auch im prozyklischem Verhalten der privaten Wirtschaftssubjekte auf ihre Grenzen. Blicken die Unternehmen optimistisch in die Zukunft und winken satte Gewinne, werden höhere Zinsen die Investitionslust kaum stoppen können. Ob eine Erhöhung der Zinsen die Investoren letztlich dazu zwingt, auf weitere Kredite zu verzichten, ist von der Marktlage abhängig. Bleibt die Nachfrage nach Gütern unverändert hoch, werden die Unternehmen versuchen, die gestiegenen Kreditkosten auf die Preise abzuwälzen. Inwieweit das tatsächlich gelingt, hängt in erster Linie von der Wettbewerbssituation in den betreffenden Branchen ab. Je weiter der Konzentrationsprozeß in einigen Branchen voranschreitet, desto besser sind die Überwälzungsmöglichkeiten. Ein weiteres Wirkungshemmnis bilden die **Time-lags**, die von den folgenden Abbildungen beschrieben werden. Wirtschaftspolitische Maßnahmen entfalten erst nach einer erheblichen zeitlichen Verzögerung ihre gewünschte Wirkung. Betreibt die Bundesbank eine Hochzinspolitik über die Erhöhung der Diskont- und Lombardsätze, dauert es eine bestimmte Zeit bis das allgemeine Zinsniveau mitzieht. Bis dahin kann sich die gesamtwirtschaftliche Situation entscheidend verändert haben, so daß die Maßnahmen letzten Endes prozyklisch wirken. Der Bremsweg in der Hochkonjunktur ist im allgemeinen recht lang. Bei der Diskont- und Lombardpolitik ergibt sich auch das **Dosierungsproblem**. Werden die Leitzinsen zu stark angehoben, kann die Bundesbank zum Rezessionsfaktor werden. Eine kurzfristige und flexiblere Feinsteuerung ermöglichen allerdings die Wertpapierpensionsgeschäfte.

Wirkungsgrad geldpolitischer Maßnahmen im Zeitablauf (Outside-lag)

Geldpolitik / Zeitablauf	3 Monate	6 Monate	9 Monate
Restriktive Geldpolitik	30 %	60 %	80 %
Expansive Geldpolitik	10 %	44 %	70 %

Müller und Röck geben als Quelle an: Th. Mayer: The Inflexibility of Monetary Policy In: The Review of Economics and Statistics. Vol. 40 (1958), S. 370

Möglichkeiten und Grenzen der Geldpolitik

Gliederung der Time-lags

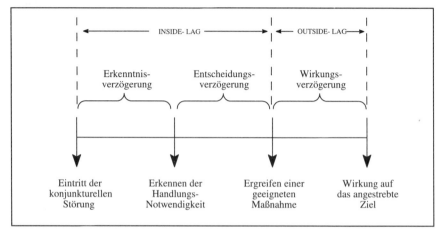

Eigener Entwurf in Anlehnung an Text von Müller und Röck: Konjunktur- u. Stabilisierungspolitik; Stuttgart 1976, S. 92-93

b) Wirkungshemmnisse bei expansiver Geldpolitik

Versucht die Bundesbank die gesamtwirtschaftliche Nachfrage anzukurbeln, so muß sie dem Bankensektor Liquidität zuführen und das allgemeine Zinsniveau senken, das heißt eine **"Politik des billigen Geldes"** verfolgen.

Übertragen die Geld- und Kreditinstitute die freien **Liquiditätsreserven** nicht in Form von billigen Krediten auf den Privatsektor, stören sie den geldpolitischen Kurs der Bundesbank. Finden sich im Ausland lukrative Anlagen für die freien Liquiditätsreserven bzw. legen die Geschäftsbanken Zentralbankgeld in hochverzinslichen Staatspapieren an, unterbleibt ein expansiver Effekt weitgehend. Bei einem niedrigen Zinsniveau im Inland und entsprechendem Zinsgefälle zum Ausland kommt es bei frei konvertierbaren Währungen und international freiem Kapitalverkehr zu einem **Kapitalabstrom** ins Ausland. Transferiert der Privatsektor Geld auf höher verzinsliche ausländische Sparkonten, verlieren die inländischen Banken Liquidität. Ein Kapitalabstrom kann zusätzlich durch die Kreditaufnahme ausländischer Investoren im Inland stattfinden. Ein erhebliches Wirkungshemmnis stellt auch bei der expansiven Geldpolitik das **prozyklische Verhalten** des Privatsektors dar. Der Konjunkturaufschwung kann durch eine Politik des billigen Geldes nicht einfach verordnet werden. Die Bereitschaft der Investoren zur Kreditaufnahme hängt in erster Linie von ihren Gewinnaussichten ab. Diese werden gerade in einer wirtschaftlichen Flaute sehr vorsichtig beurteilt. Es muß auch berücksichtigt werden, daß in einer Rezession die Kapazitäten nicht voll ausgelastet und die Lagerbestände hoch sind. Außerdem ergeben sich wiederum Wirkungshemmnisse durch **Time-lags** und **Überdosierung**.

6. Das Geldmengenkonzept der Bundesbank

Eine Geldpolitik, die jeweils dann einsetzt, wenn sich eine konjunkturelle Fehlentwicklung bemerkbar macht, kann wegen der langen Wirkungsverzögerungen (Time-lags) und der Gefahr einer Überdosierung prozyklisch wirken. Dadurch können Konjunkturschwankungen verstärkt oder sogar erst verursacht werden. Aus dieser Erkenntnis erwuchs die Forderung, auf die klassischen geldpolitischen Instrumente zur Konjunktursteuerung zu verzichten. Stattdessen solle die Geldmenge so kontrolliert werden, daß sie sich konjunkturneutral verhält, das bedeutet, daß sie keine negativen Impulse auf den Wirtschaftsprozeß ausübt. Die Anhänger dieses Konzepts werden **Monetaristen** genannt. Als Gründer der "monetaristischen Schule" gilt der amerikanische Nobelpreisträger MILTON FRIEDMAN. Die Monetaristen lehnen im Gegensatz zu den **Fiskalisten** die staatliche Fiskalpolitik als Hauptträger der Wirtschaftspolitik ab. Die wichtigste Rolle bei der Konjunkturpolitik komme der Zentralbank in Form der Geldmengensteuerung zu. Nach der Auffassung der Monetaristen wird die Preisentwicklung letzten Endes von der Geldmengenentwicklung bestimmt. Ohne eine übermäßige Geldvermehrung könne ein inflationärer Prozeß, der aus vielerlei Gründen in Bewegung gesetzt werden kann, auf Dauer nicht stattfinden. Werde die Geldmenge jährlich um einen Prozentsatz erhöht, der vom mittelfristigen Wachstum des Produktionspotentials zuzüglich einer "unvermeidbaren" Inflationsrate bestimmt wird, könnten die Konjunkturschwankungen wesentlich geglättet werden. Die Geldmengenregulierung ist somit das Kernstück der monetaristischen Wirtschaftspolitik.

Seit 1975 ist bei der Deutschen Bundesbank der Einfluß der Monetaristen unverkennbar. Die Geldpolitik bis 1975 war antizyklisch am Konjunkturverlauf orientiert. In einer Boomphase wurden die zins- und liquiditätspolitischen Instrumente kontraktiv und in einer Rezession expansiv eingesetzt. Die Geldpolitik war somit kurzfristig ausgerichtet. Seit 1975 versucht die Bundesbank, die Geldmenge zu steuern. Das neue **Geldmengenkonzept** der Bundesbank ist nicht mehr kurzfristig, sondern mittelfristig orientiert und soll zu einer **Versthetigung der Geldmengenentwicklung** führen. Sichtbaren Ausdruck findet die "neue" Geldpolitik in der Bundesrepublik durch die Festsetzung eines **Geldmengenziels**. Seit Mitte der 70er Jahre ist die Bundesbank dazu übergegangen, das in ihren Augen vertretbare und angemessene Wachstum des Geldumlaufs (Geldmengenziel) Jahr für Jahr im voraus anzukündigen. Dies soll den Wirtschaftssubjekten als wichtige Orientierungsgröße dienen.

Auf welchen Geldmengenbegriff bezieht sich nun das Geldmengenziel der Bundesbank? In der Anfangsphase der geldmengenorientierten Politik entschied sich die Bundesbank für die **Zentralbankgeldmenge** (Geldmenge M 1). Es handelt sich dabei um Geld, das von der Zentralbank zur Verfügung gestellt wird. Die Zentralbankgeldmenge M 1 besteht aus dem Bargeldumlauf und den Mindestreserveguthaben der Banken, die diese für ihre Inlandsverbindlichkeiten bei der Deutschen Bundesbank unterhalten müssen. Beim Geldmengenziel 1988 ging die Bundesbank auf den **Geldmengenbegriff M 3**, der auf einer weiteren Abgrenzung der Geldmenge basiert, über. Die Geldmenge M 3 umfaßt nun den Bargeldumlauf, die Sichteinlagen, die Termingelder unter vier Jahren und die Spareinlagen mit gesetzlicher Kündigungsfrist sowie die Mindestreserveguthaben.

Bei der Ableitung des Geldmengenziels ist die Bundesbank an ihren Gesetzesauftrag, den Geldumlauf und die Kreditversorgung mit dem Ziel der Währungssicherung zu steuern, gebunden. Anknüpfungspunkt für die Geldmengenausweitung ist deshalb das Produktionspotential. Es gibt an, wie hoch die Produktion von Gütern und Dienstleistungen in der Volkswirtschaft bei optimaler Auslastung der Produktionsfaktoren sein kann. Wächst das Produktionspotential, so muß die Zuwachsrate der Geldmenge der Zuwachsrate des Produktionspotentials entsprechen. Nur dann verläuft das Wachstum inflationsfrei, es herrscht Preisniveaustabilität. Neben der Zuwachsrate des Produktionspotentials kalkuliert die Bundesbank bei der Festsetzung ihres Geldmengenzieles einen als **"unvermeidbar" angesehenen Preisniveauanstieg** ein. Als "unvermeidbar" wird beispielsweise eine Erhöhung der Warenpreise angesehen, die auf einer Steigerung der Preise importierter Rohstoffe beruht (importierte Inflation).

Diskont- und Lombardpolitik werden nun nicht mehr als eigenständige Instrumente zur Erreichung eines bestimmten Zinsniveaus eingesetzt, sie dienen lediglich der Verwirklichung des angekündigten Geldmengenziels. Die Steuerung der Geldmenge erfolgt fast ausschließlich über die Offenmarktpolitik.

Möglichkeiten und Grenzen der Geldpolitik

Nach Meinung der Kritiker weist das monetaristische Konzept zwei grundsätzliche Schwächen auf. Die erste Schwäche liegt darin, daß es eine exakte Prognose der realen Wachstumsrate des Produktionspotentials erfordert, was bis heute noch nicht hinreichend möglich ist. Fehlprognosen bewirken, daß die Geldmenge zu wenig oder zuviel ausgedehnt wird. Hierdurch können Konjunkturschwankungen verstärkt werden. Die zweite Schwäche des monetaristischen Konzepts besteht in der genauen Kontrolle der Geldmenge. Eine Verstetigung der Geldmengenentwicklung ist nur dann zu erreichen, wenn die Zentralbank die Geldmenge im Griff hat. Nicht kontrollierbare Geldmengenänderungen liegen aber in der Kreditschöpfungsfähigkeit der Banken und in Kapitalbewegungen zwischen Inland und Ausland.

Wie schwierig die Kontrolle der Geldmenge ist, zeigte sich für die Bundesbank in jüngerer Zeit, als die Erweiterung des Währungsgebietes der DM auf die ehemalige DDR beschlossen wurde. Hier bestanden erhebliche Unsicherheiten über die Einschätzung der Geldhaltung und der Wirtschaftskraft in Ostdeutschland. Bei der Währungsumstellung Mitte 1990 waren in Ostdeutschland nach Angaben der Deutschen Bundesbank DM-Geldbestände in Höhe von knapp 15 % der westdeutschen Geldmenge M 3 geschaffen worden. Es konnte zwar erwartet werden, daß sich die überhöhten Geldbestände aufgrund von Umschichtungen in längerfristige höher verzinsliche Anlageformen zurückbilden würden. Tempo und Ausmaß dieses Anpassungsprozesses ließen sich jedoch nicht vorhersehen.

Lernziel-Kontrollfragen

50. Erläutern Sie die Stellung der Bundesbank als Trägerin der Konjunkturpolitik gegenüber der Bundesregierung!

51. Beschreiben Sie eine Situation, in der es zwischen der Bundesbank und der Bundesregierung zu einem Zielkonflikt kommen kann!

52. Diskutieren Sie die Notwendigkeit einer weitgehend unabhängigen Notenbank!

53. Nennen Sie die geldpolitischen Instrumente, die die Bundesbank zu einer Ankurbelung der Wirtschaft einsetzen könnte!

54. Erläutern Sie die idealtypische Wirkungsweise einer Erhöhung des Rediskontsatzes!

55. Wie kann eine Hochzinspolitik durch außenwirtschaftliche Einflüsse durchkreuzt werden? Welche Gegenmaßnahmen könnte die Bundesbank ergreifen?

56. Vergleichen Sie Diskont- und Lombardsatz!

57. Erklären Sie, wie sich die Mindestreservepflicht auf die Rentabilität der Banken auswirkt!

58. Zeigen Sie die Instrumente auf, die der Bundesbank im Rahmen ihrer Offenmarktoperationen theoretisch zur Verfügung stehen!

59. Welches Offenmarktinstrument favorisiert die Bundesbank derzeit? Geben Sie mögliche Gründe dafür an!

60. Erläutern Sie, wie Haushalte, Unternehmen, Staat und Banken eine kontraktive Geldpolitik unterlaufen können!

61. Erläutern Sie, warum eine expansive Geldpolitik die gewünschte Wirkung verfehlen kann!

Möglichkeiten und Grenzen der Geldpolitik

62. Stellen Sie das Geldmengenkonzept der Bundesbank dar!

63. Nehmen Sie kritisch Stellung zur Politik der Geldmengensteuerung!

64.

Aktiva		Bank X	Passiva
Kassenbestand	400 000	Sichteinlagen	1 000 000
Sichtguthaben bei der Bundesbank	100 000	Termineinlagen	1 000 000
		Spareinlagen	3 500 000
Wertpapiere	1 000 000		
Kredite	4 000 000		
	5 500 000		5 500 000

Die Bank X bekommt im Rahmen eines Wertpapierpensionsgeschäftes von der Bundesbank 200 000 DM zugeteilt.
a) Welche Positionen der Bilanz der Bank X verändern sich durch das Wertpapierpensionsgeschäft?
b) Was könnte die Position "Sichtguthaben bei der Bundesbank" beinhalten?
c) Welche Auswirkungen könnte das Wertpapierpensionsgeschäft auf die Geschäfte der Bank X haben?
d) Welche Möglichkeiten hat die Bundesbank, um dem Bankensektor bzw. der Bank X Liquidität zu entziehen?

65. Geldmarktfonds sind derzeit die Bestseller im Anlagegeschäft. Bei dieser neuartigen Vermögenslage handelt es sich um Investmentpapiere mit kurzer Laufzeit und hoher Verzinsung im Vergleich zu den herkömmlichen Termin- oder Festgeldern und Spareinlagen mit gesetzlicher Kündigungsfrist. Zudem kann der Kunde täglich ohne Einhaltung der Kündigungsfrist über den Anlagebetrag verfügen. Der neuen Anlageform wird eine große Zukunft prophezeit, da in deutschen Depots und auf deutschen Sparkonten zur Zeit unattraktive Termin-, Spar- und Rentenfondsgelder im Wert von schätzungsweise 2 000 Milliarden DM lagern.
a) Welche Geldmengendefinition umfaßt die Geldmarktfondsgelder?
b) Begründen Sie, warum die neue Anlageform bei der Deutschen Bundesbank Unbehagen auslösen könnte!

V. Möglichkeiten und Grenzen der Fiskalpolitik

1. Der Staatshaushalt

Der Staat ist über Einnahmen- und Ausgabenströme mit den privaten Wirtschaftssubjekten verflochten. Er bedient sich der Steuern nicht nur, um die zur Erfüllung seiner vielfältigen Aufgaben notwendigen Einnahmen zu erzielen, sondern auch, um lenkend in den Wirtschaftskreislauf einzugreifen. Die Besteuerung beeinflußt Produktions- und Standortentscheidungen und die gesamtwirtschaftliche Entwicklung. Auch durch Ausgabenentscheidungen (z. B. zusätzliche Bauprogramme) kann die öffentliche Hand die Wirtschaftstätigkeit fördern oder bremsen. Das Eingreifen des Staates in die Wirtschaft über die Staatseinnahmen und -ausgaben bezeichnet man als **Fiskalpolitik**.

Ausgehend vom Kreislaufmodell kann der Aufbau des Staatshaushaltes wie folgt – stark vereinfacht – dargestellt werden:

Staatseinnahmen	Staatsausgaben
Direkte Steuern	Konsumausgaben des Staates
Indirekte Steuern	Investitionsausgaben
Gebühren/Beiträge aus dem Verkauf öffentlicher Dienstleistungen	Transferzahlungen an Haushalte
Öffentliche Erwerbseinkünfte	Subventionen an Unternehmen
Nettokreditaufnahme	Schuldendienst (Zins- und Tilgungszahlungen)

Bei den **Staatseinnahmen** stellen die Steuern den größten Posten dar. Als größte Steuereinnahmequelle erweist sich die Lohn- und Einkommensteuer, gefolgt von der Umsatz- bzw. Mehrwertsteuer und der Mineralölsteuer (vgl. Abb. S. 109). Die Lohn- und Einkommensteuer zählt zu den **direkten Steuern**. Direkte Steuern werden unmittelbar bei dem Steuerpflichtigen erhoben, den die Steuerlast treffen soll. **Indirekte Steuern** werden zwar vom Endverbraucher getragen; aber aus steuertechnischen Gründen bei den Unternehmen "indirekt" erhoben. Die Unternehmen rechnen die indirekten Steuern in die Konsumgüterpreise ein und wälzen sie damit auf die Verbraucher ab. Zu den speziellen Abgaben zählen die Beiträge und Gebühren. Für sie erbringt der Staat immer eine konkret zurechenbare Gegenleistung. So muß für die Inanspruchnahme der Müllabfuhr eine Gebühr bezahlt werden, ebenso für den Anschluß eines Grundstückes an die

Möglichkeiten und Grenzen der Fiskalpolitik

öffentliche Kanalisation. Unter Staatseinnahmen fallen auch die Erwerbseinkünfte der Gebietskörperschaften. Sie umfassen Einnahmen aus staatlichen Beteiligungen an Unternehmen (z. B. Salzgitter AG, Lufthansa), Grundbesitz und Kapitalvermögen sowie Gewinne staatlicher Unternehmen (Bundespost, Bundesbahn). Nach § 27 Bundesbankgesetz stehen die Gewinne der Bundesbank dem Bund als Einnahme zu. Für die Erstellung des "Schicksalsbuches der Nation", wie der Bundeshaushalt auch genannt wird, sind eine Reihe von Grundsätzen zu beachten. Der wichtigste ist das Gebot des **Haushaltsausgleiches**. Es besagt, daß der Haushaltsplan für den gesamten Betrag der geplanten Ausgaben eine Dekkung auf der Einnahmenseite aufweisen muß. Da die Staatsausgaben in der Regel die Staatseinnahmen übersteigen, muß der Staat zur Finanzierung seiner Ausgaben eine weitere Einnahmequelle, die **Nettokreditaufnahme**, ausweisen. Unter Nettokreditaufnahme ist die zusätzliche Neuverschuldung zu verstehen, die in einem Haushaltsjahr zur Deckung der Staatsausgaben notwendig ist. Um die Nettokreditaufnahme wächst der gesamte Schuldenberg jährlich. Nimmt der Staat innerhalb der eng begrenzten **Kreditplafonds** Kredite bei der Bundesbank in Anspruch, handelt es sich um **Schöpfungskredite**. Deckt der Staat seinen Finanzierungsbedarf über den Geld- oder Kapitalmarkt, z. B. durch die Ausgabe öffentlicher Anleihen, spricht man von **Übertragungskrediten**.

Die **Staatsausgaben** werden meist nach Aufgabenbereichen gegliedert (vgl. Abbildung Seite 109). Die einzelnen Ministerien verwalten je nach Größe ihres Aufgabenbereichs unterschiedlich große Einzelhaushalte. Traditionsgemäß hat das Arbeits- und Sozialministerium den größten Ausgabenblock zu verantworten. 1995 soll sein Haushalt 131,6 Milliarden (1992: 91 Milliarden) betragen, was einem Anteil von über 27 % an den Gesamtausgaben des Bundes entspricht. Den zweitgrößten Etatposten repräsentiert die **Bundesschuld** mit 92,6 Milliarden DM. Hierin kommt die stark gestiegene Nettokreditaufname der vergangenen Jahre zum Ausdruck. Etwa ein Fünftel der laufenden Staatseinnahmen müssen gegenwärtig bereits dazu verwendet werden, um die Zins- und Tilgungszahlungen für die Kredite vergangener Jahre leisten zu können.

Auch die Bundesländer und die Gemeinden müssen Haushaltspläne erstellen. Daneben gibt es noch weitere Haushalte, die **"Schattenhaushalte"** genannt werden. Hierbei handelt es sich zum Teil um **Fonds** und **Sondervermögen**, die nicht in den Etats (Haushaltsplänen) der Gebietskörperschaften auftauchen. Typische Beispiele sind der seit der Wiedervereinigung entstandene "Fonds Deutsche Einheit", der zur Finanzierung der öffentlichen Haushalte in den neuen Bundesländern beiträgt, und der "Kreditabwicklungsfonds", in den die DDR-Altschulden

Möglichkeiten und Grenzen der Fiskalpolitik

sowie die Verbindlichkeiten aus der Währungsumstellung eingegangen sind. Ein Sondervermögen stellt die **Treuhandanstalt** dar. Da sich in den "Schattenhaushalten" einiges verbergen läßt – ohne sie läge die tatsächliche jährliche Neuverschuldung des Bundes wesentlich höher – fordern Kritiker immer stärker, daß die Fonds und Sondervermögen in die "regulären" Haushalte eingestellt werden. Ab 1995 will der Bund die auf rund 270 Milliarden DM geschätzten Schulden der Treuhandanstalt übernehmen.

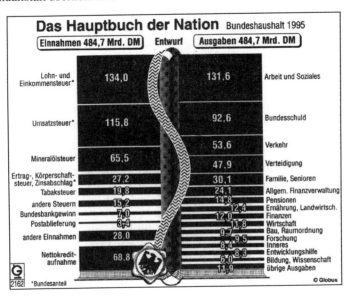

2. Die klassische Budgetpolitik und das Konzept der antizyklischen Fiskalpolitik

Im 19. und zu Beginn des 20. Jahrhunderts wurde die **klassische Budgetpolitik** betrieben. Sie basierte auf dem Grundgedanken, daß die Staatsausgaben auf ein Minimum zu begrenzen seien (**Minimalbudget**) und der Staat mit seiner Steuerpolitik sich neutral verhalten sollte, um den Wirtschaftsablauf und die Marktkräfte so wenig wie möglich zu stören (**Neutralitätspostulat**). Steuern sollten nur in der Höhe erhoben werden, in der sie zur Finanzierung der staatlichen Aufgaben – Sicherung nach innen und außen – notwendig seien. Eine Umverteilungsaufgabe des Staates wurde abgelehnt, was den Sozialisten FERDINAND LAS-

Möglichkeiten und Grenzen der Fiskalpolitik

SALLE (1825–1864) dazu veranlaßte, vom **"Nachtwächterstaat"** zu sprechen. Hinter diesem staatlichen Verhalten steckt die klassische Wirtschaftstheorie von ADAM SMITH (1723–1790), wonach die freie Entfaltung des Individuums über die "unsichtbare Hand des Marktes" automatisch einen gesamtwirtschaftlichen Idealzustand herbeiführe. Der Marktmechanismus sorge bei funktionierendem Wettbewerb für ein gesamtwirtschaftliches Gleichgewicht bei Vollbeschäftigung. Nach einem Lehrsatz von JEAN BAPTIST SAY (1767–1832), dem **"Sayschen Theorem"**, einer anderen Säule der klassischen Lehre, schafft sich jedes Angebot eine Nachfrage in gleicher Höhe. Ein wirtschaftliches Gleichgewicht stellt sich demnach ein, weil der Preis jeder Ware sich aus Löhnen für die Arbeiter und Gewinnen für die Unternehmer zusammensetzt. Das bedeutet: Mit der Produktion einer bestimmten Gütermenge (Angebot) entsteht zugleich das Einkommen, das es ermöglicht, eine Gütermenge im gleichen Wert zu kaufen. Die klassische Theorie verlangt deshalb vom Staat, sich neutral zu verhalten, um die "Harmonie des Marktes" nicht zu stören. Außerdem gingen die Vertreter der klassischen Budgetpolitik davon aus, daß ein "guter Staatshaushalt" ein "ausgeglichener Staatshaushalt" ohne Neuverschuldung sei. Der Staat sollte sich wie ein Familienvater verhalten, der nach der Höhe seiner zu erwartenden Einkünfte seine Ausgaben planen müsse **(Hausvaterpolitik)**.

Die Politik des neutralen Minimalbudgets hatte in der Zeit der Weltwirtschaftskrise fatale Folgen, wie folgende Tabelle deutlich macht.

Entwicklung des **Volkseinkommens** in Deutschland von 1927 bis 1933 (Angaben in Milliarden RM):

Jahr	Volks-einkommen	Arbeit-nehmer-einkommen	Unter-nehmer-einkommen	Brutto-investitionen im Inland	Laufende Staats-ausgaben	Repara-tionszah-lungen
1927	66,2	42,1	21,0	16,8	8,7	1,6
1928	71,2	46,4	21,8	15,8	9,6	2,0
1929	70,9	46,9	21,6	12,2	10,0	2,3
1930	64,6	43,7	19,4	9,5	8,7	1,7
1931	52,1	37,0	16,2	4,4	7,8	1,0
1932	41,1	28,8	13,0	5,3	6,9	0,2
1933	42,6	29,1	13,6	6,5	7,0	0,1

Der Posten Unternehmereinkommen erfaßt Einkommen privater Haushalte aus Unternehmertätigkeit und Vermögen. Die "Bruttoinvestitionen" enthalten die Anlageinvestitionen und die Mengen-/Wertänderungen der Vorräte.

Aus: Dietmar Keese: Die volkswirtschaftlichen Gesamtgrößen für das Deutsche Reich in den Jahren 1925–1936. In: Werner Conze, Hans Raupack (Hrsg.): Die Staats- und Wirtschaftskrise des Deutschen Reichs 1929/33. Stuttgart 1967, S. 47, 49, 53

Entwicklung der **öffentlichen Ausgaben** in Deutschland von 1927 bis 1932 (Angaben in Millionen RM):

Rechnungsjahr	Neubau von Straßen, Wegen und Wasserstraßen	Sonstige Neubauten (ohne Wohnungswesen)	Wohnungswesen	Wertschaffende Arbeitslosenfürsorge
1927	805,7	785,1	1551,4	225,0
1928	707,1	813,2	1433,3	196,5
1929	682,4	849,1	1468,7	128,2
1930	492,3	526,2	1049,8	18,8
1931	307,0	317,5	528,3	14,8
1932	241,5	181,9	259,2	98,9

Aus: Statistik des Deutschen Reichs, Band 475: Die Finanzwirtschaft der öffentlichen Verwaltung im Deutschen Reich (Ausgaben, Einnahmen, Personalstand und Schulden) für das Rechnungsjahr 1932/33 mit Hauptergebnissen für das Rechnungsjahr 1933/34, Berlin 1936, S. 34.

Beide Quellen zitiert nach: Blaich, F.: Der Schwarze Freitag. Inflation und Wirtschaftskrise. München, 1985, S. 167

Von 1929 bis 1932 sank das Volkseinkommen um ca. 30 Milliarden Reichsmark, was einem Rückgang von etwa 40 % entspricht. Die Zahl der Arbeitslosen kletterte im Februar 1932 auf über sechs Millionen bei ca. 15,8 Millionen Erwerbstätigen. Hinzu kam eine nicht unerhebliche Zahl von "unsichtbaren Arbeitslosen", weil immer mehr Frauen und Jugendliche darauf verzichteten, sich beim Arbeitsamt erfassen zu lassen, da sie keinen Anspruch auf staatliche Unterstützung hatten. Der drastische Rückgang des Volkseinkommens ließ die Staatseinnahmen schrumpfen. Um den Haushalt im Gleichgewicht zu halten, mußten die Staatsausgaben gekürzt werden. Die öffentlichen Ausgaben fielen von 1928 bis 1932 um ca. 30 %. Die Reichsregierung kürzte die Beamtenbezüge um 25 bis 28 % und baute die Sozialleistungen ab. Die Leistungen der Arbeitslosenversicherung wurden reduziert und auf eine Dauer von 20 Wochen beschränkt. Bestimmte Bevölkerungsgruppen verloren ihren Anspruch auf Unterstützung, wie Arbeitnehmer über 60 Jahre, Jugendliche, die nach der Schulentlassung bzw. Lehrzeit arbeitslos wurden, und Ehefrauen. Die Leistungen der kommunalen Wohlfahrt reichten nur zum Kauf von Grundnahrungsmitteln. In Industriestädten lagen sie teilweise unter dem Existenzminimum. Die **Parallelpolitik** des Staates verschärfte die Krise.

Eine Abkehr von der klassischen Budgetpolitik setzte mit dem britischen Nationalökonomen JOHN MAYNARD KEYNES (1883–1946) ein. In seinem berühmten Buch "The General Theory of Employment, Interest and Money", das 1936 erschien, untersuchte er unter dem Eindruck der Massenarbeitslosigkeit zur Zeit der Weltwirtschaftskrise deren Ursachen. KEYNES verwarf das höchste Dogma der klassischen Nationalökonomie, wonach der Markt die Kraft besitzt, sich selbst zu heilen. Reichen die Marktkräfte nicht aus, um Vollbeschäftigung herzustellen, so muß nach KEYNES der Staat, also eine außerhalb des Systems stehende Kraft, genügend Arbeit beschaffen. Den zentralen Ansatzpunkt einer aktiven staatlichen Beschäftigungspolitik bildet bei KEYNES die gesamtwirtschaftliche Nachfrage, weil nach seiner Theorie, die das Saysche Theorem widerlegt, eine fehlende gesamtwirtschaftliche Nachfrage ("Nachfragelücke") schuld an der Arbeitslosigkeit ist. Die Nachfragelücke muß durch eine zusätzliche Nachfrage nach Investitionsgütern aufgefüllt werden. Die wachsenden Einkommen in der Investitionsgüterindustrie kurbeln dann den Konsum und weitere Investitionen an (**Multiplikatoreffekt**). Wenn die Unternehmer nicht für Investitionen zu gewinnen sind, muß der Staat selbst dafür sorgen, daß sich die Nachfragelücke schließt. Das ist möglich, wenn er Kredite aufnimmt, als Investor auftritt und z. B. Aufträge für den Bau von Schulen, Krankenhäusern, Straßen usw. vergibt. Die bei der Wiederbelebung entstehenden Schulden (**"deficit spending"**) kann der Staat zurückzahlen, wenn im folgenden Aufschwung die Staatseinnahmen durch höhere Steuereinnahmen wieder wachsen. Heute klingt ein solches Konjunkturprogramm nicht sonderlich originell, doch damals war es ein Angriff auf die klassische ökonomische Lehre. KEYNES gilt als der Vater der **antizyklischen Fiskalpolitik**. Da seine Wirtschaftspolitik an der Nachfrage ansetzt, wird sie als **nachfrageorientiert** bezeichnet.

Kritiker behaupten, die Verfechter einer antizyklischen Fiskalpolitik (Fiskalisten) unterschätzten das Problem der Staatsverschuldung. Indem sie die antizyklische Fiskalpolitik primär zur Ankurbelung der Wirtschaft einsetzten und in Hochkonjunkturzeiten einen Schuldenabbau vernachlässigten, führten sie eine immer stärker wachsende Staatsverschuldung herbei. Angekratzt wurde die Lehre vom "deficit spending" auch von den **Neoklassikern** wie MILTON FRIEDMAN, die vertreten, daß staatliche Mehrausgaben keinen wesentlichen Einfluß auf die Konjunktur nähmen und der Multiplikatoreffekt in den Legendenbereich falle. Der Wohlstand der Nachkriegszeit sei vielmehr auf die Liberalisierung der Weltwirtschaft zurückzuführen. Predigte KEYNES eine aktive staatliche Wirtschaftspolitik, schwören sie einer aktiven staatlichen Beschäftigungspolitik ab und setzen wieder auf die Selbstheilkräfte des Marktes, die nach ihrer Auffassung – auf lange Sicht – stark genug sind, um Vollbeschäftigung herzustellen.

3. Das fiskalpolitische Instrumentarium der Bundesregierung und seine Wirkungsweise

Das Stabilitätsgesetz stellt der Bundesregierung ein umfangreiches Instrumentarium zur Steuerung der gesamtwirtschaftlichen Nachfrage zur Verfügung. Es wurde maßgeblich in den 60er Jahren entwickelt, als die Keynessche Ökonomie Einzug in die Wirtschaftsministerien hielt. Das Stabilitätsgesetz orientierte sich am Konzept der antizyklischen Fiskalpolitik.

Haushaltsüberschüsse (Staatseinnahmen > Staatsausgaben), die sich in Boomphasen bilden, sind laut Stabilitätsgesetz in die **Konjunkturausgleichsrücklage**, die bei der Bundesbank stillzulegen ist, einzustellen. Die Gelder sollen auf diese Weise dem Markt entzogen werden, damit die Konjunktur nicht weiter angeheizt wird. Haushaltsdefizite (Staatsausgaben > Staatseinnahmen) in einer Rezession sollen zunächst über die Auflösung der Konjunkturausgleichsrücklage finanziert werden. Reichen diese Mittel nicht aus, erfolgt ein "deficit spending", um die gesamtwirtschaftliche Nachfrage anzukurbeln und das gesamtwirtschaftliche Gleichgewicht wiederherzustellen.

Zur Erhöhung der gesamtwirtschaftlichen Nachfrage in einer Rezession stehen im einzelnen folgende fiskalpolitischen Instrumente bereit:

C_{St}: Die **mittelfristige Finanzplanung** sieht Mittel vor, die bei Bedarf zur Erhöhung der staatlichen Nachfrage eingesetzt werden können. Es existieren sogenannte **"Schubladenprogramme"**, die über drei bis vier Jahre entworfen werden. Sie sollen einen sinnvollen Einsatz der konjunkturwirksamen staatlichen Mittel, z. B. für den Neubau von Schulen und Krankenhäusern, im Straßenbau oder Umweltschutz gewährleisten. In der Rezession werden die geplanten Projekte vorgezogen oder beschleunigt.

C_H: Laut Stabilitätsgesetz kann die **Lohn- und Einkommensteuer** um maximal 10 % für den Zeitraum eines Jahres gesenkt werden. Damit steigt das verfügbare Einkommen der Haushalte und die Konsumgüternachfrage wird angekurbelt. Expansive Wirkungen können auch von einer Erhöhung der staatlichen **Transferzahlungen** in Form von Renten, Kindergeld, Vorruhestandsgeld und BAföG ausgehen.

I: Die private Investitionsgüternachfrage kann durch eine Senkung der **Einkommen- und Körperschaftsteuer** um maximal 10 % für ein Jahr angeregt werden. Die steuerlichen Belastungen der Unternehmergewinne verringern sich, die freiwerdenden Mittel stehen für Investitionszwecke zur Verfügung. Ein weiteres Instrument zur Steigerung der Investitionsgüternachfrage der Unternehmen sind die Abschreibungen. **Sonderabschreibungen** oder **erhöhte Abschreibungsmöglichkeiten** mindern den zu versteuernden Gewinn, die Einkommensteuerlast sinkt. Die Selbstfinanzierungskraft der Unternehmen wächst, die Bereitschaft, Ersatz- und Neuinvestitionen zu tätigen, steigt. Zur Stärkung der privaten Investitionen sieht das Stabilitätsgesetz zusätzlich die Gewährung eines Investitionsbonus vor. Für die Anschaffung oder Herstellung von abnutzbaren Gütern des Anlagevermögens gewährt der Fiskus auf Antrag eine **Investitionsprämie** von maximal 7,5 % vom Anschaffungs- oder Herstellungswert. Diese Investitionsprämie ist mit der Einkommensteuerschuld zu verrechnen. Dadurch kommen nur Unternehmen mit Gewinn in den Genuß der Investitionsprämie. Bei Verlustunternehmen, die keine Einkommensteuer bezahlen müssen, greift sie nicht. **Subventionen** ergänzen das Instrumentarium zur Förderung der privaten Investitionsgüternachfrage. Im Vergleich zu Sonderabschreibungen und Investitionsprämien können sie regional und branchenspezifisch stärker selektiv eingesetzt werden, um beispielsweise in strukturschwachen Branchen und Regionen Arbeitsplätze zu erhalten.

X: Relativ bescheiden gestalten sich die fiskalischen Möglichkeiten zur Steuerung der Exporte. Eine Exportförderung kann über die Gewährung von Exportkrediten oder Ausfuhrzulagen erfolgen. Eine Abwertung der Währung bringt den Exporteuren ebenfalls Vorteile.

Das Hauptproblem der expansiven Fiskalpolitik besteht in der Finanzierung von Konjunkturprogrammen. Folgende Finanzierungsmöglichkeiten sind denkbar:
– Auflösung der Konjunkturausgleichsrücklage (diese Möglichkeit besteht in der Bundesrepublik allerdings nur theoretisch, da keine Konjunkturausgleichslage existiert);
– Kreditaufnahme bei der Bundesbank (Kreditlimit!);
– Kreditaufnahme bei den Geschäftsbanken;
– Ausgabe von Schuldverschreibungen, Anleihen;
– Einnahmen aus der Privatisierung staatlicher Unternehmen;
– Gebühren- und Abgabenerhöhung;
– Erhöhung der indirekten Steuern (z. B. Branntwein-, Tabak-, Mineralölsteuer, Umsatzsteuer);
– Kürzungen bei anderen Staatsausgaben (Abbau von Sozialleistungen).

Zur Drosselung der gesamtwirtschaftlichen Nachfrage in einer Boomphase hat die Bundesregierung die gleichen Instrumente zur Verfügung. Sie kann die Lohn-, Einkommen- und Körperschaftssteuer für den Zeitraum eines Jahres um maximal 10 % erhöhen, Transferzahlungen verringern und Subventionen streichen, Sonderabschreibungen zurücknehmen und die Abschreibungsmöglichkeiten erschweren, Exportkredite einschränken bzw. eine Exportsteuer einführen. Staatliche Investitionsvorhaben können zurückgestellt werden. Die frei werdenden Haushaltsmittel sind in die Konjunkturausgleichsrücklage einzustellen oder zur Tilgung von Notenbankkrediten zu verwenden.

4. Die Grenzen der staatlichen Fiskalpolitik

In der Theorie stellt die Fiskalpolitik im Zusammenwirken mit der Geldpolitik der Bundesbank ein ausgezeichnetes Mittel zur Konjunktursteuerung dar. Allerdings ergeben sich beim Umsetzen in die Praxis erhebliche Schwierigkeiten.

a) Wirkungshemmnisse bei kontraktiver Fiskalpolitik

Die angestrebte Wirkungsweise tritt nicht ein, wenn sich die privaten Wirtschaftssubjekte **prozyklisch** verhalten. Sind die Kapazitäten voll ausgelastet, steigt die Nachfrage, und winken hohe Gewinne, werden die Unternehmen trotz höherer steuerlicher Belastungen Investitionen tätigen. Blicken die Haushalte optimistisch in die Zukunft, sind Einkommenssteigerungen zu erwarten und ist der Arbeitsplatz sicher, werden Haushalte bei höherer steuerlicher Belastung die Konsumausgaben nicht einschränken, sondern weniger sparen. Rechnen die Wirtschaftssubjekte in Zeiten der Hochkonjunktur mit Preissteigerungen, ziehen sie geplante Konsumausgaben vor; die gesamtwirtschaftliche Nachfrage wird weiter angeheizt.

Im Gegensatz zu den geldpolitischen Maßnahmen müssen bei fiskalpolitischen Entscheidungen stärker die politischen Nebenfolgen bedacht werden, die sich in Wahlergebnissen und Konflikten mit Interessenverbänden widerspiegeln. Bei der Wahl des geeigneten fiskalpolitischen Instruments sind **politische Rücksichtnahmen** auf bestimmte Interessengruppen, die zum Wählerpotential der regierenden Parteien gehören, von erheblicher Bedeutung. Eine kontraktive Fiskalpolitik stößt allgemein auf breiten Widerstand, weil ein Griff des Staates in die Taschen der Bürger unpopulär ist.

Möglichkeiten und Grenzen der Fiskalpolitik

Bei der Fiskalpolitik treten **Koordinationsprobleme** auf. Eine staatliche Konjunkturpolitik kann nur dann Erfolg haben, wenn die verschiedenen politischen Entscheidungsträger sich gleichgerichtet verhalten. Ein großer Teil der staatlichen Investitionen wird von den Ländern und Gemeinden getätigt. Die Selbständigkeit von Bund, Ländern und Gemeinden in Fragen der Haushaltsführung hängt eng mit dem föderalistischen Aufbau der Bundesrepublik zusammen. Wegen der Unabhängigkeit in der Haushaltsführung kann ein antizyklisches Verhalten des Bundes durch ein prozyklisches Verhalten von Ländern und Gemeinden teilweise kompensiert werden. Haben sich die Kassen der Kommunen in einer Hochkonjunkturphase gefüllt, wird das Geld ausgegeben. Die Kommunalpolitiker stehen ihren Bürgern (Wählern) näher und müssen "Leistungen" im Hinblick auf die nächste Wahl vorweisen können. Außerdem wird den Kommunalpolitikern eine hohe Inflationsrate nicht angelastet, die Verantwortung für die Wirtschaftspolitik obliegt in den Augen der Wähler der Bundesregierung. Zudem handelt es sich bei den Investitionen der Kommunen häufig um Infrastrukturinvestitionen, die sich schwer an die jeweiligen konjunkturellen Erfordernisse anpassen lassen. Der Bau eines Schulgebäudes kann nicht in Zeiten der Hochkonjunktur gestoppt werden, um dann in Rezessionszeiten fortgesetzt zu werden.

Beim Einsatz öffentlicher Investitionen zur Konjunktursteuerung tritt noch ein **Zielkonflikt mit dem Wachstum** auf, wenn in Hochkonjunkturzeiten Investitionen eingeschränkt werden, die als Voraussetzung für zukünftiges wirtschaftliches Wachstum dienen. Dies sind vor allem Investitionen im Bildungssektor, die sich erfahrungsgemäß am leichtesten kürzen lassen. Sie stellen eine wichtige Vorbedingung für den späteren technologischen Fortschritt dar. Die Gefahr von Wachstumsverlusten droht auch bei einer Einschränkung von Infrastrukturinvestitionen, da Verkehrswege, Energie, Nachrichtenübermittlung etc. wichtige Standortbedingungen für künftige private Investitionstätigkeit sind.

Auch bei fiskalpolitischen Maßnahmen ergeben sich Dosierungs- und Timingprobleme. Bei der Fiskalpolitik sind die **"Inside-lags"** erfahrungsgemäß länger als bei der Geldpolitik. Entscheidungen über geldpolitische Maßnahmen trifft der Zentralbankrat. Der Bundeshaushalt dagegen hat Gesetzescharakter und fiskalpolitische Maßnahmen bedürfen der Zustimmung des Parlaments. Wegen der Schwerfälligkeit des Gesetzgebungsprozesses werden fiskalpolitische Beschlüsse oft erst dann wirksam, wenn sich das Rad der Konjunktur schon weiter gedreht hat. Eine wirksame antizyklische Fiskalpolitik bedarf eines weitreichenden Ermächtigungsspielraumes für die Exekutive. Durch das Stabilitätsgesetz ist dies teilweise geschehen. Die **"Outside-lags"** dürften bei der Fiskalpolitik kürzer sein, weil die Bundesregierung über die direkten Steuern unmittelbar auf die gesamtwirtschaftliche Nachfrage einwirken kann bzw. einen Teil der Nachfrage selbst tätigt (C_{St}), während die Zentralbank auf die gesamtwirtschaftliche Nachfrage nur über eine Veränderung der Liquidität und des Zinsniveaus Zugang hat. Besondere Probleme wirft die **Dosierung** der jeweiligen Maßnahme auf, da es Multiplikator- und Akzeleratoreffekte zu berücksichtigen gilt. Aus politischen Gründen sind Dämpfungsmaßnahmen in der Regel zu vorsichtig dosiert. Ausgabenbeschränkungen und Steuererhöhungen zur Bekämpfung eines Preisauftriebes haben sich im nachhinein oft als unzureichend erwiesen.

b) Wirkungshemmnisse bei expansiver Fiskalpolitik

Ein konjunktureller Aufschwung kann nicht staatlich verordnet werden. Die Wirksamkeit von investitionsfördernden Maßnahmen hängt entscheidend von den Zukunftsaussichten der Unternehmen ab. Beurteilen sie diese skeptisch, werden sie trotz vorübergehend höherer Gewinne nicht verstärkt investieren, insbesondere deshalb, weil die Kapazitäten unausgelastet sind. Steuersenkungen verfehlen ihre expansive Wirkung, wenn das Realeinkommen sinkt und die Angst vor einem Verlust des Arbeitsplatzes umgeht. Die Haushalte reagieren mit "Angstsparen" und schränken die Konsumgüternachfrage trotz eines höheren verfügbaren Einkommens ein.

Politisch ist eine expansive Fiskalpolitik leichter durchsetzbar. Der Kampf der Interessenverbände erstreckt sich dann lediglich auf die Verteilung der Mittel.

Erhebliche **zeitliche Verzögerungen** treten auch bei der expansiven Fiskalpolitik ein. Bis die getroffene fiskalpolitische Maßnahme Wirkung zeigt, kann sich die konjunkturelle Situation grundlegend geändert haben, so daß ein unerwünschter prozyklischer Effekt eintritt. In Rezessionen zeigt sich eine Tendenz zur **Überdosierung** öffentlicher Ausgaben. Konjunkturspritzen sind zu umfangreich und können den verordneten Aufschwung in einen unkontrollierbaren Boom münden lassen.

Bei der antizyklischen Haushaltspolitik stellt sich die zentrale Frage, welche Staatsausgaben in welcher Höhe zu konjunkturpolitischen Zwecken variiert werden können, d.h. welche **fiskalpolitische Manövriermasse** überhaupt besteht. Ein Großteil der Staatsausgaben (Sozialhilfe, Renten, Löhne und Gehälter der öffentlichen Angestellten, Sachaufwand für Papier, Benzin, Energie etc.) weist eine nur geringe Flexibilität auf und steht als Manövriermasse nicht zur Disposi-

Möglichkeiten und Grenzen der Fiskalpolitik

tion. Hinzu kommt, daß ein immer größerer Teil der Staatseinnahmen durch vertraglich schon festgelegte Zins- und Tilgungszahlungen geschluckt wird. Die fiskalpolitische Manövriermasse, die für konjunkturell wirksame Ausgaben einsetzbar ist, ist somit relativ gering.

Die zunehmende Verschuldung läßt auch den Gemeinden immer weniger Spielraum für antizyklische Haushaltspolitik. In der Rezession sind die Gemeinden nur beschränkt in der Lage, ihre Ausgaben antizyklisch auszudehnen, da ihnen die Finanzmittel fehlen. Da aber die Ausgaben kaum gesenkt werden können, müssen sich die Gemeinden in der Regel in Rezessionsphasen stärker verschulden als Bund und Länder, um ihre Aufgaben erfüllen zu können. Eine zusätzliche Kreditaufnahme für eine antizyklische Ausgabenpolitik ist kaum möglich, weil die meisten Gemeinden an ihrer Verschuldungsgrenze angelangt sind und keinen Zugang zur Bundesbank haben.

Das größte Problem bei der expansiven Fiskalpolitik ist die Finanzierung immer neuer Konjunkturprogramme. Die Möglichkeiten der Kreditaufnahme bei der Bundesbank sind eng begrenzt, weil **Schöpfungskredite** die Geldmenge und damit die Inflationsrate erhöhen. Nimmt der Staat den Kapitalmarkt in Anspruch, konkurriert er mit den privaten Kreditnehmern um die knappen finanziellen Mittel und treibt die Zinsen hoch. Er verdrängt private Investoren. Es kommt zum **Crowding-out**. Auf die besonderen Probleme der Staatsverschuldung wird im kommenden Kapitel noch näher eingegangen. Eine Finanzierung über eine Erhöhung der Gebühren und Abgaben läßt die "administrativen Preise" steigen und sorgt für einen Inflationsschub, wodurch das Ziel der Preisniveaustabilität tangiert wird. Eine Anhebung der **indirekten Steuern** zur Finanzierung des Konjunkturprogrammes wirft ebenfalls Probleme auf. So werden die Unternehmen zunächst einmal versuchen, die höheren indirekten Steuern auf die Konsumgüterpreise überzuwälzen. Gelingt dies, steigen die Preise. Die höheren indirekten Steuern bewirken auch eine sozialpolitisch unerwünschte Umverteilung zu Lasten der geringeren Einkommen. Bezieher niedriger Einkommen weisen eine höhere Konsumquote auf und sind somit überproportional von einer Erhöhung von Verbrauchersteuern betroffen. Ob die Unternehmen die Steuererhöhungen letzten Endes abwälzen können, hängt von der Wettbewerbssituation ab. Erlauben die Wettbewerbsbedingungen keine volle Überwälzung auf die Konsumgüterpreise, schrumpfen die Gewinne. Die Investitionsbereitschaft läßt nach. Eine weitere Finanzierungsmöglichkeit besteht in einer Umschichtung der Staatsausgaben, indem andere staatliche Ausgaben gekürzt werden, vor allem solche mit konsumtiven Charakter (z. B. staatliche Personalausgaben, Sozialleistungen). Auch diese Finanzierungsvariante geht hauptsächlich zu Lasten der Lohn- und Sozialhilfeempfänger.

5. Das Problem der Staatsverschuldung und seine Folgen

Die Entwicklung der Staatsfinanzen wird von den meisten Ökonomen mit zunehmender Besorgnis betrachtet.

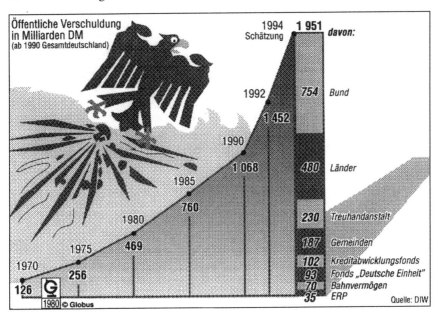

Insbesondere nach der Wiedervereinigung 1990 wuchs der Schuldenberg gewaltig. 1993 lag die staatliche Schuldenlast bei insgesamt 1 840,8 Milliarden DM, Ende 1994 wird sie die "Schmerzgrenze" von 2 000 Milliarden DM (zwei Billionen) fast erreicht haben.

Trotz des rasanten Anstiegs des Schuldenbergs ist die Verschuldungssituation der Bundesrepublik international gesehen noch vergleichsweise günstig, wenn man die staatlichen Defizite in Prozent der wirtschaftlichen Gesamtleistung betrachtet.

Möglichkeiten und Grenzen der Fiskalpolitik

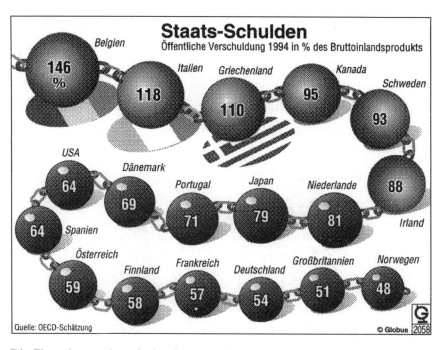

Die Finanzierung der mit der deutschen Vereinigung verbundenen zusätzlichen staatlichen Ausgaben erfolgte bisher überwiegend über eine erhöhte Nettokreditaufnahme der öffentlichen Haushalte, d. h. eine Aufnahme neuer Schulden öffentlicher Stellen am Kapitalmarkt. WIEGARD weist in einem Aufsatz (1994) über die Folgen einer zunehmenden Staatsverschuldung darauf hin, daß die gesamte staatliche Nettokreditaufnahme im Jahre 1993 etwa 70 % der inländischen Ersparnisse in Anspruch nahm.[9]

Konkurriert der Staat zunehmend mit den privaten Kreditnehmern um die knappen finanziellen Mittel, so hält er das Zinsniveau höher als es sein dürfte und verdrängt damit private Investoren (**Crowding-out-Effekt**), von denen die künftige Beschäftigungslage abhängt. Die öffentliche Nachfrage ist erfahrungsgemäß zinsrobuster als die private. Private Investoren müssen die gestiegenen Kapitalkosten im Unterschied zur öffentlichen Hand über den Markt verdienen. Kreditfinanzierte Staatsausgaben für Güter und Dienstleistungen beanspruchen Ressourcen und erhöhen die Staatsquote, den Anteil der Staatsausgaben am Bruttoinlandsprodukt. 1992 lag die Staatsquote in der Bundesrepublik bei 50,5 %, höher als je zuvor (Vergleich 1960: 32,9 %).

Eine Finanzierung öffentlicher Ausgaben über Steuern trifft in erster Linie die gegenwärtig lebenden Generationen. Bei einer Kreditfinanzierung müssen die zur Zeit lebenden Generationen keine nennenswerten Einkommenseinbußen hinnehmen. Eine Kreditaufnahme erlaubt es, die Steuerlasten in die Zukunft zu verschieben. Die künftigen Generationen werden über höhere Steuern die Zins- und Tilgungslasten finanzieren müssen. Im Vergleich zur Steuerfinanzierung bewirkt die Staatsverschuldung also eine **Einkommensumverteilung zu Lasten künftiger Generationen**. Im Ausmaß der Staatsverschuldung lebt die gegenwärtige Generation somit auf Kosten der nachfolgenden, die davon noch gar nichts weiß.

Die zunehmenden Defizite der öffentlichen Haushalte stellen eine mögliche Bedrohung des Geldwertes dar, wenn eine Finanzierung über die Notenpresse erfolgen sollte. In der Bundesrepublik ist dies jedoch kaum zu befürchten, da der Verschuldung des Staates bei der Notenbank wirksame Grenzen gesetzt sind. Die direkte Gewährung von Notenbankkrediten ist auf die kurzfristigen, quantitativ unbedeutenden Kassakredite beschränkt. Nach den Bestimmungen des Maastricht-Vertrages über die Europäische Union sind Zentralbankkredite an die öffentlichen Haushalte der Mitgliedsstaaten zukünftig sogar ganz untersagt. WIEGARD räumt in seinem Aufsatz über die Folgen einer Staatsverschuldung jedoch ein, daß auch in der Bundesrepublik die Staatsverschuldung im Endeffekt zu einer höheren Inflationsrate führen könne, denn die Bundesbank sei verpflichtet, die allgemeine Wirtschaftspolitik der Bundesregierung zu unterstützen. Die Regierung könne durchaus Interesse daran haben, durch eine Politik des billigen Geldes den durch die Staatsverschuldung bewirkten Zinsauftrieb zu dämpfen und dafür eine gewisse Geldentwertung in Kauf zu nehmen. Sofern dies zu einem unerwarteten Inflationsschub – einer **Überraschungsinflation** – führe, hätte dies für den Fiskus noch dazu den Vorteil, daß dadurch der reale Wert der ausstehenden Staatsschuld vermindert würde. Bei Wiederholung ginge nach Meinung WIEGARDS auch dieser Vorteil einer Überraschungsinflation eher in einen Nachteil über. Der Staat verlöre seine Reputation, seine Bonität als Schuldner wäre in Frage gestellt und Staatsschuldtitel könnten nur noch mit entsprechend höherer Verzinsung abgesetzt werden.[10]

6. Der Strategiewechsel in der Wirtschaftspolitik: nachfrageorientierte und angebotsorientierte Wirtschaftspolitik

Nach den schweren wirtschaftlichen Krisen in den 70er und zu Beginn der 80er Jahre wurde die Kritik an der nachfrageorientierten Wirtschaftspolitik immer lauter. Viele Kritiker sahen in den Eingriffen des Staates ins Wirtschaftsgeschehen die Hauptursache für die Instabilitäten und Krisen. Die nachfrageorientierte Konjunkturpolitik vor allem in ihrer antizyklischen Variante ist ihrer Meinung nach eine "Stop-and-Go-Politik", die aufgrund von Time-lags und Überdosierungen die Konjunkturschwankungen verstärkte. Die dadurch bedingte Verunsicherung der Anbieter habe zu einem Rückgang der Investitionen geführt. Durch eine zu starke Ausdehnung der Transferausgaben sei das Anreizsystem der Marktwirtschaft stark beeinträchtigt worden, da es zunehmend attraktiver geworden sei, staatliche Leistungen in Anspruch zu nehmen anstatt selbst Leistungen zu erbringen. Außerdem habe die staatliche Umverteilungspolitik in der Vergangenheit die Gewinne der Anbieter zu sehr beschnitten, so daß der Finanzierungsspielraum für Investitionen zu eng geworden sei. Zusätzlich habe die nachfrageorientierte Wirtschaftspolitik mit ihrem hohen Kreditbedarf das Zinsniveau in die Höhe getrieben und dadurch produktive private Investitionen verdrängt. Im Grunde würden die Marktkräfte durch die "falschen" staatlichen Eingriffe daran gehindert, ein Gleichgewicht bei Vollbeschäftigung herzustellen.

Da die Kritik an der auf KEYNES aufbauenden nachfrageorientierten Wirtschaftspolitik deutlich an Positionen der klassischen Nationalökonomie anknüpft, bezeichnet man sie als neoklassisch. Aus dieser Kritik hat sich Mitte der 70er Jahre die **angebotsorientierte Wirtschaftspolitik** entwickelt, die neben dem **Monetarismus** eine Variante der **neoklassischen Wirtschaftspolitik** darstellt. Im folgenden sollen die beiden wirtschaftspolitischen Richtungen in knapper Form gegenübergestellt werden:

	Nachfrageorientierte Wirtschaftspolitik	Angebotsorientierte Wirtschaftspolitik
Begründer	JOHN MAYNARD KEYNES (1883–1946); engl. Nationalökonom	MILTON FRIEDMAN u. a geb. 1912, amerik. Nationalökonom, Nobelpreis 1976
Grundgedanken	Es kann sich ein gesamtwirtschaftliches Gleichgewicht bei Unterbeschäftigung einstellen. Die Selbstheilkräfte des Marktes reichen nicht aus, um die Vollbeschäftigung herzustellen.	Durch das Walten der Marktkräfte stellt sich mittel- bzw. langfristig automatisch ein Gleichgewicht bei Vollbeschäftigung ein.

Möglichkeiten und Grenzen der Fiskalpolitik

	Nachfrageorientierte Wirtschaftspolitik	Angebotsorientierte Wirtschaftspolitik
	Es ist Aufgabe des Staates, mit Hilfe einer antizyklischen Fiskalpolitik für Vollbeschäftigung zu sorgen.	Instabilitäten und Krisen sind auf staatliche Eingriffe ins Wirtschaftsgeschehen zurückzuführen. Eine staatliche Konjunkturpolitik ist überflüssig, wenn die Märkte funktionsfähig sind.
	Zentraler Ansatzpunkt für die staatliche Konjunkturpolitik ist die gesamtwirtschatliche Nachfrage.	Der private Sektor ist stabil und muß gestärkt werden. Ansatzpunkt einer mittelfristig orientierten staatlichen Wirtschaftspolitik ist das gesamtwirtschaftliche Angebot.
	Die gesamtwirtschaftliche Nachfrage bestimmt die Höhe des Volkseinkommens und der Beschäftigung.	Der langfristig entscheidende Faktor für Veränderungen des Volkseinkommens und der Beschäftigung ist die Veränderung der Geldmenge.
Historischer Hintergrund	Keynes entwickelte seine Theorie in der Zeit der Weltwirtschaftskrise zu Beginn der 30er Jahre. "Antirezessionspolitik"	Das wirtschaftspolitische Konzept der Neoklassiker wurde Mitte der 70er Jahre in der Zeit der Ölkrise populär. "Antiinflationspolitik"
Wirtschaftspolitisches Konzept	Der Staat muß die gesamtwirtschaftliche Nachfrage ankurbeln oder bremsen. Hauptinstrument der staatlichen Konjunkturpolitik ist die Fiskalpolitik. Die Initialzündung soll von der staatlichen Nachfrage ausgehen. Konjunkturprogramme können nötigenfalls über eine Staatsverschuldung finanziert werden.	Der Staat sollte sich aus dem Wirtschaftsgeschehen weitgehend zurückziehen, um die Stabilität des privaten Sektors nicht zu stören. Die kurzfristige "Stop-and-Go"-Fiskalpolitik wird als ungeeignetes Instrument betrachtet. Kernstück einer staatlichen Wirtschaftspolitik sind Maßnahmen, die das Angebot stärken, d. h. die Bedingungen für private Investitionen verbessern. Ein Abbau der Staats- und Steuerquote wird empfohlen.

Möglichkeiten und Grenzen der Fiskalpolitik

	Nachfrageorientierte Wirtschaftspolitik	Angebotsorientierte Wirtschaftspolitik
	Die Geldpolitik übernimmt flankierende Funktionen zur Unterstützung der staatlichen Fiskalpolitik. Favorisiert werden Diskont- und Lombard- sowie die Mindestreservenpolitik zur Lenkung der Liquidität und des Zinsniveaus.	Die Geldpolitik ist das wichtigste wirtschaftspolitische Instrument und zwar in Form der am Produktionspotential orientierten Geldmengensteuerung.
	Die Staatsverschuldung wird als relativ unproblematisch angesehen, da sie in Zeiten der Hochkonjunktur über die Mehreinnahmen abgebaut werden kann.	Die Staatsverschuldung muß schrittweise abgebaut werden, damit das damit verbundene hohe Zinsniveau die privaten Investoren nicht verdrängt.
Wirtschaftspolitische Maßnahmen in der Rezession	Erhöhung der staatlichen Nachfrage; Ankurbelung der privaten Investitionsgüternachfrage über zusätzliche Abschreibungsmöglichkeiten, Investitionsprämien, Subventionen bzw. Senkung der Einkommen- und Körperschaftssteuer; Steigerung der privaten Konsumgüternachfrage über eine Senkung der direkten Steuern und Erhöhung der Transferzahlungen;	Aktivierung der Selbstheilkräfte des Marktes durch eine langfristige Senkung der Lohn-, Einkommen- und Körperschaftsteuer, Abbau bürokratischer Hemmnisse, Senkung der Lohnnebenkosten durch Abbau von Sozialleistungen; Konsolidierung des Staatshaushaltes, Privatisierung staatlicher Betriebe; Steuererleichterung für Innovationen;
	Politik des billigen Geldes durch die Notenbank	Vorsichtige Ausweitung der Geldmenge

Seit Beginn der 80er Jahre ist die Wirtschaftspolitik in der Bundesrepublik angebotsorientiert. Eine wesentliche Aufgabe der staatlichen Wirtschaftspolitik wird seither in der Beseitigung von Störungen der marktwirtschaftlichen Antriebsmechanismen gesehen. In diesem Sinne werden Korrekturen am sozialen Regelwerk für notwendig gehalten, denn wenn sich "Leistung wieder lohnen soll", dürfen "marktbedingte Unterschiede in den Verdienstchancen" als Leistungsanreize nicht durch staatliche Transferzahlungen bzw. das Steuersystem außer Kraft gesetzt werden. Ebenso gilt es, Interventionen (Agrarmarkt, Wohnungsmarkt) und Subventionen zu beseitigen, die verhindern, daß knappe Preise Angebot und

Möglichkeiten und Grenzen der Fiskalpolitik

Nachfrage steuern. Ein weiterer wichtiger Beitrag des Staates im Rahmen der Angebotspolitik wird in der Verstetigung der Finanzpolitik gesehen. Um das Vertrauen der privaten Wirtschaftssubjekte wiederzugewinnen, soll möglichst auf kurzfristige Ausgabenprogramme und vorübergehende Steueränderungen verzichtet (Stop-and-Go-Politik) werden.

Die angebotsorientierte Wirtschaftspolitik strebt eine Senkung der Lohnkosten, insbesondere der Lohnnebenkosten, sowie eine Flexibilisierung der "verkrusteten" Arbeitszeiten an.

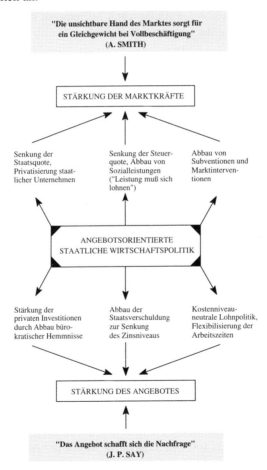

Lernziel-Kontrollfragen

66. Erklären Sie die Begriffe "Nettokreditaufnahme", "Schuldendienst", "Schöpfungskredit" und "Übertragungskredit"!

67. Welche Gedankengänge von Keynes finden sich im Stabilitätsgesetz wieder?

68. Zeigen Sie auf, welche fiskalpolitischen Instrumente die Bundesregierung zu einer Drosselung der gesamtwirtschaftlichen Nachfrage einsetzen könnte!

69. Erläutern Sie, welche Wirkungshemmnisse bei einer kontraktiven Fiskalpolitik auftreten können!

70. Setzen Sie sich kritisch mit den gesamtwirtschaftlichen Konsequenzen der verschiedenen Finanzierungsvarianten von staatlichen Konjunkturprogrammen zur Ankurbelung der Wirtschaft auseinander!

71. Stellen Sie die Wirkungen einer 7,5 %igen Investitionsprämie und einer einmaligen 7,5 %igen Sonderabschreibung vom Anschaffungswert ausgehend von der Gewinn- und Verlustrechnung eines Unternehmens gegenüber! Gehen Sie davon aus, daß dieses Unternehmen eine Maschine im Anschaffungswert von 50 000 DM erwirbt. Die Lebensdauer der Maschine soll fünf Jahre betragen. Das Unternehmen unterliegt einem Einkommensteuersatz von 40 %. Die Gewinn- und Verlustrechnung enthält bisher folgende Positionen: Gesamte Aufwendungen 100 000 DM, Umsatzerlöse 200 000. Die Abschreibungen auf die angeschaffte Maschine sind nicht in den Aufwendungen enthalten.

72. 1970 entschloß sich die Bundesregierung zur Einführung eines Konjunkturzuschlages: "Für den Zeitraum vom 1. 8. 1970 bis zum 31. 6. 1971 wird ein 10 %iger Konjunkturzuschlag auf die Lohn-, Einkommen- und Körperschaftssteuer erhoben. Die Rückzahlung bis spätestens zum 31. 3. 1973 wird garantiert. Der Konjunkturzuschlag wird nur von denjenigen Steuerzahlern erhoben, die mehr als 100 DM Steuern pro Monat bezahlen."

Möglichkeiten und Grenzen der Fiskalpolitik

a) Erläutern Sie mit Hilfe der Ströme des Kreislaufmodelles, welche Wirkungen sich die Bundesregierung von dieser Maßnahme erhoffte!

b) Wesentliche Wirkungshemmnisse zeigten sich schon in der Konstruktion des Konjunkturzuschlages. Ergründen Sie, warum der Konjunkturzuschlag in dieser Konstruktion zu einem "Flop" wurde!

73. Ab 1. 1. 1995 wird ein unbefristeter Solidaritätszuschlag von 7,5 % auf die Lohn- und Einkommensteuer erhoben. Beurteilen Sie die möglichen Auswirkungen des Solidaritätszuschlages auf die Ziele des Stabilitätsgesetzes!

74. Nennen Sie Gründe für die hohe Staatsverschuldung in Deutschland!

75. Erläutern Sie die Probleme, die sich bei hoher Staatsverschuldung ergeben!

76. Begründen Sie, warum die nachfrageorientierte Wirtschaftspolitik zunehmender Kritik ausgesetzt war!

77. Welche Gedankengänge der Klassiker finden sich in der angebotsorientierten Wirtschaftspolitik wieder?

78. Nennen Sie vier wirtschaftspolitische Maßnahmen, die als "Markenzeichen" einer angebotsorientierten Wirtschaftspolitik angesehen werden können!

79. Erläutern Sie, wie eine angebotsorientierte Wirtschaftspolitik das Problem der Wohnungsnot und Rentenfinanzierung angehen könnte!

VI. Außenwirtschaftspolitik

Die Außenwirtschaftspolitik wird von der Bundesregierung und der Bundesbank gemeinsam getragen.

Die Bundesrepublik Deutschland ist mit der Weltwirtschaft verbunden wie kaum ein anderes Land. Mit den USA und Japan konkurriert sie immer wieder um die ersten Plätze der Exportrangliste. Von 1986 bis 1988 war die Bundesrepublik Nummer eins der Exporteure.

Die absolute Höhe sagt jedoch wenig über die Bedeutung der Exporte für die Volkswirtschaft. Bezogen auf die Bevölkerungszahl zeigt sich, daß kleinere Industrieländer als Folge internationaler Spezialisierung und des kleinen Binnenmarktes im Verhältnis mehr als große Industrieländer exportieren. 1990 erreichten die Exporte der Bundesrepublik 36,5 % des Bruttosozialproduktes, und viele Arbeitsplätze sind damit vom Export abhängig. Gleichzeitig besteht in Deutschland mangels eigener Vorkommen eine ausgeprägte Abhängigkeit von Rohstoffimporten. Wichtigste Lieferanten und Kunden sind naturgemäß die EG-Staaten dank offener Grenzen und Marktnähe (vgl. nachstehende Abbildung).

Außenwirtschaftspolitik

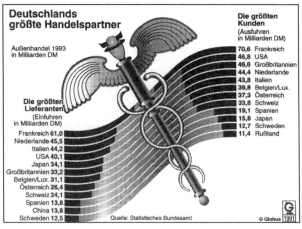

Das deutsche Exportsortiment führen Straßenfahrzeuge, Maschinen, chemische sowie elektrotechnische Erzeugnisse an (vgl. obenstehende Abbildung). Konsumgüter waren weit aus weniger gefragt als Investitionsgüter. Die Konkurrenten aus Niedriglohnländern können inzwischen Massenware billiger anbieten, während bei Spitzentechnik nicht allein der Preis ausschlaggebend ist. Was in diesem Bereich zählt, sind Qualität, pünktliche Lieferung, Service- und Reparaturleistungen.

Die außenwirtschaftlichen Beziehungen werden in der **Zahlungsbilanz** festgehalten.

Außenwirtschaftspolitik

1. Der Aufbau der Zahlungsbilanz

Unter Zahlungsbilanz ist die systematische Darstellung aller wirtschaftlichen Transaktionen zwischen Inländern und Ausländern zu verstehen. Bei der ökonomischen Definition der "Inländer" spielt die Nationalität keine Rolle. Inländer ist, wer seinen festen Wohnsitz innerhalb der Landesgrenzen hat. Die Zahlungsbilanz umfaßt nur die Geldströme.

S	ZAHLUNGSBILANZ	H
Transaktionen, die zu Zahlungseingängen führen		Transaktionen, die zu Zahlungsausgängen führen

Leistungsbilanz

Handelsbilanz	
Güterexport	Güterimport

Dienstleistungsbilanz	
Dienstleistungsexport (Reiseverkehr, Transport)	Dienstleistungsimport (Reiseverkehr, Transport)

Übertragungsbilanz	
Unentgeltliche Leistungen vom Ausland	Entwicklungshilfe Beiträge zu internationalen Organisationen Überweisungen ausländischer Arbeitnehmer

Kapitalbilanz

Kreditaufnahme im Ausland Geldanlage des Auslandes Direktinvestitionen des Ausl. Wertpapierkauf durch ausländische Anleger	Kreditgewährung an das Ausland Direktinvestitionen im Ausland Geldanlage im Ausland Kauf ausländischer Wertpapiere durch Inländer

Auslandsposition der Dt. Bundesbank **("Devisenbilanz")**	
Abnahme der Gold- und Devisenbestände	Zunahme der Gold- und Devisenbestände

131

Außenwirtschaftspolitik

Leistungsbilanz, Kapitalbilanz und Devisenbilanz der Deutschen Bundesbank bilden die Teilbilanzen der Zahlungsbilanz.

Die **Leistungsbilanz** setzt sich aus der **Handels-, Dienstleistungs-** und **Übertragungsbilanz** zusammen. In der **Handelsbilanz** werden Exporte (Sollseite) und Importe (Habenseite) registriert. Die bedeutendste Position der **Dienstleistungsbilanz** ist der Reiseverkehr. Geben Ausländer auf ihren Urlaubsreisen in die Bundesrepublik Geld aus, handelt es sich um einen Dienstleistungsexport, der zu einem Zahlungseingang führt und deshalb auf der Sollseite der Dienstleistungsbilanz verbucht wird. Urlaubsreisen deutscher Touristen ins Ausland stellen einen Dienstleistungsimport dar, der einen Zahlungsausgang verursacht und auf der Habenseite der Dienstleistungsbilanz erfaßt wird. In die **Übertragungsbilanz** gehen Geldtransfers ein, die ohne direkte ökonomische Gegenleistung erfolgen. Deshalb wird die Übertragungsbilanz häufig als "Schenkungsbilanz" bezeichnet. Auf der Habenseite der Übertragungsbilanz stehen als größter Posten die Überweisungen der ausländischen Arbeitnehmer, die in der Zahlungsbilanz zu den Inländern zählen, in ihre Heimatländer. Die Sollseite erfaßt Beiträge an internationale Organisationen, Entwicklungshilfeleistungen etc.

Der Saldo aus der Handels- und Dienstleistungsbilanz ist der **Außenbeitrag**. Der Außenbeitrag taucht als (X – M) im Kreislaufmodell auf. Der **Leistungsbilanzüberschuß** (Zahlungseingänge > Zahlungsausgänge) bzw. das **Leistungsbilanzdefizit** (Zahlungsausgänge > Zahlungseingänge) ergeben sich, wenn der Saldo der "Schenkungsbilanz" mit dem Außenbeitrag verrechnet wird.

Während die Leistungsbilanz die Verflechtungen zwischen In- und Ausland durch Güter- und Dienstleistungen wiedergibt, zeichnet die **Kapitalbilanz** Finanztransaktionen auf. Auf eine Unterscheidung zwischen kurzfristiger und langfristiger Kapitalbilanz wird hier verzichtet. Legen beispielsweise Ausländer Geld in der Bundesrepublik an, führt dies zu einem Zahlungseingang auf der Kapitalbilanzseite. Transferieren Deutsche Geld ins Ausland, bewirkt dies einen Zahlungsausgang. Viele Firmen tätigen auch Direktinvestitionen in anderen Ländern, um ihre Bezugs- und Absatzmärkte zu sichern. Ebenso gewähren der Staat sowie Geld- und Kreditinstitute Kredite an andere Länder oder verschulden sich im Ausland.

Die dritte Teilbilanz bildet die Ausgleichsposition der Deutschen Bundesbank, die auch **Devisenbilanz der Deutschen Bundesbank** genannt wird. Jede in den anderen Teilbilanzen erfaßte Transaktion führt zu einem Zugang bzw. Abgang von Devisen. Das wird in Form einer doppelten Buchhaltung in der Devisenbilanz festgehalten. Sind die Zahlungseingänge aus allen Teilbilanzen insgesamt höher als die Zahlungsausgänge, dann zeigt die Ausgleichsposition der Deutschen Bundesbank eine Zunahme der Geld- und Devisenbestände an. Diese Zunahme wird auf der Habenseite der Devisenbilanz als "Ausgleichsposten" gebucht. Damit ist die Zahlungsbilanz formal ausgeglichen. Eine Abnahme der Gold- und Devisenbestände wird auf der Sollseite der Devisenbilanz registriert. Eine **passive Zahlungsbilanz (Zahlungsbilanzdefizit)** bezeichnet eine außenwirtschaftliche Situation, in der die Zahlungsausgänge größer als die Zahlungseingänge sind und die Gold- und Devisenbestände der Deutschen Bundesbank abnehmen. Sind in einer Rechnungsperiode die Zahlungseingänge größer als die Zahlungsausgänge, handelt es sich um eine **aktive Zahlungsbilanz** oder einen **Zahlungsbilanzüberschuß** mit einer Mehrung der Gold- und Devisenbestände der Deutschen Bundesbank.

Zahlungsbilanz der Bundesrepublik Deutschland von 1980 bis 1992

Salden in Mio. DM								
Jahr	1980	1985	1986	1987	1988	1989	1990	1991
Handelsbilanz* cif/fob	+ 8 947	+ 73 353	+ 112 619	+ 117 735	+ 128 045	+ 134 576	+ 105 382	+ 21 899
Ergänzungen zum Warenverkehr[1] und Transithandel	– 489	– 1 337	– 1 468	– 1 122	+ 1 116	– 1 263	– 484	+ 1 791
Dienstleistungs-bilanz	– 10 118	+ 5 402	+ 1 698	– 5 045	– 8 437	+ 8 413	+ 7 863	+ 2 585
Bilanz der Übertragungen[2]	– 23 466	– 29 091	– 27 056	– 29 107	– 31 788	– 33 763	– 36 682	– 59 163
Saldo der Leistungsbilanz	– 25 125	+ 48 327	+ 85 793	+ 82 462	+ 88 936	+ 107 963	+ 76 079	– 32 888
Kapitalbilanz								
langfristige Kapitalbewegungen	+ 5 807	– 12 865	+ 33 416	– 21 973	– 86 751	– 22 534	– 66 178	– 27 887
kurzfristige Kapitalbewegungen und Restposten[3]	– 8 576	– 33 619	– 113 245	– 19 269	– 36 861	– 104 425	+ 1 075	+ 61 094
Ausgleichsposten zur Auslandsposition der Bundesbank[4]	+ 2 164	– 3 104	– 3 150	– 9 303	+ 2 158	– 2 564	– 5 105	+ 504
Veränderung der Netto-Auslandsaktiva der Bundesbank (Zunahme +)[5]	– 25 730	– 1 261	+ 2 814	+ 31 916	– 32 519	– 21 560	+ 5 871	+ 823

Aus: Wirtschaft in Zahlen '92, hrsg. v. Bundesministerium für Wirtschaft, Seite 81

Außenwirtschaftspolitik

Die Handelsbilanz eines der größten Exporteure ist naturgemäß positiv, da die Ausfuhren größer als die Einfuhren sind. In der Übertragungsbilanz überwogen in der Vergangenheit die Zahlungsausgänge. Aufgrund der Reiselust der Bundesbürger wies auch die Dienstleistungsbilanz häufig Defizite auf. Die Kapitalbilanz zeigt größere Bewegungen von Plus nach Minus. Die Gründe dafür sind schwer auszumachen, da Kapitalbewegungen von einem Bündel komplexer Faktoren gesteuert werden (vgl. Abschnitt 3 b).

2. Das System der festen Wechselkurse

Neben der Konjunkturpolitik des Staates, der Bundesbank und der Tarifparteien spielt der Außenhandel und die damit verbundene Währungspolitik eine wichtige Rolle. Zwischen dem Binnenwert und dem Außenwert einer Währung besteht ein Zusammenhang, außerdem beeinflußt das Wechselkurssystem die Notenbankpolitik. Der **Außenwert** einer Währung drückt sich im **Wechselkurs** zu Währungen anderer Länder aus. Der Wechselkurs ist der in Inlandswährung ausgedrückte Preis für eine (US-Dollar, britisches Pfund u. a), hundert (französische Francs, niederländische Gulden, dänische Kronen u. a) oder tausend Einheiten (italienische Lire) ausländischer Währung. Steht der Wechselkurs des US-Dollars z. B. bei 1,50, so bedeutet dies, daß ein Dollar auf dem Devisenmarkt 1,50 DM kostet.

Als 1944 in Bretton Woods (USA) ein Plan zur Neuordnung der internationalen Beziehungen ausgearbeitet wurde, entschieden sich die teilnehmenden Länder für feste Wechselkurse. Der Kurs war dabei nicht völlig starr, sondern konnte maximal ein Prozent um den vereinbarten Paritätswert der jeweiligen Währung schwanken.

a) Funktionsweise

Ein System fester Wechselkurse mit Bandbreiten weist folgende Merkmale auf:
- Die Mitgliedsländer vereinbaren feste Paritäten, Abweichungen davon werden allenfalls innerhalb enger Bandbreiten zugelassen.
- Um den Paritätskurs auf dem Devisenmarkt durchzusetzen, müssen die Notenbanken der Mitgliedsländer gegebenenfalls intervenieren, wenn der aktuelle Devisenkurs die vereinbarte Bandbreite verläßt.
- Bei fundamentalen Devisenmarktungleichgewichten können die Paritäten durch eine Auf- oder Abwertung der unter Druck stehenden Währungen neu festgesetzt werden.

Darstellung des Devisenmarktes im System der festen Wechselkurse mit Hilfe des Marktmodelles (aus der Sicht des Inlandes = Deutschland):

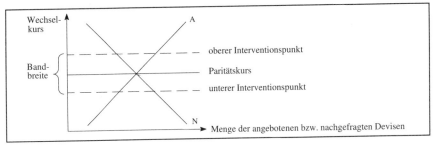

Auf der Ordinate wird der Wechselkurs eingetragen, die Abszisse markiert die Menge der angebotenen bzw. nachgefragten ausländischen Währung. Die Nachfragekurve (N) verläuft von links oben nach rechts unten. Je höher der Devisenkurs, desto geringer ist die Nachfrage nach Auslandswährung. Als Käufer (Nachfrager) auf dem Devisenmarkt können Importeure, die Güter bzw. Dienstleistungen in Auslandwährung begleichen müssen, auftreten. Auf der Nachfrageseite stehen auch die Kapitalexporteure, da Geldanlage bzw. Investitionen im Ausland in der jeweiligen Währung erfolgen. Die Angebotskurve (A) geht von links unten nach rechts oben, das heißt, je niedriger der Devisenkurs, desto geringer die angebotene Menge an Auslandswährung. Anbieter auf dem Devisenmarkt sind Exporteure, die für ihre Lieferungen Auslandswährung erhalten, und Kapitalimporteure. Geldanlagen und Direktinvestitionen im Inland müssen in der Regel in inländischer Währung getätigt werden. Der Kurs, der sich durch den Ausgleich von Angebot und Nachfrage einpendelt, ist der aktuelle Devisenkurs (im Idealfall identisch mit dem vereinbarten **Paritätskurs**). Die Bandbreiten werden durch den **oberen** bzw. **unteren Interventionspunkt** fixiert.

Überschreiten des oberen Interventionspunktes:

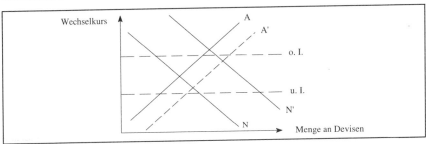

Außenwirtschaftspolitik

Nimmt die Nachfrage nach Devisen zu, kommt es zu einer Verschiebung der Nachfragekurve nach rechts oben (N'), der Wechselkurs steigt. Eine Erhöhung der Devisennachfrage kann beispielsweise eintreten, wenn die Importe die Exporte übersteigen oder bei Kapitalexport. Pendelt sich der Devisenkurs über dem oberen Interventionspunkt (o. I.) ein, ist die Notenbank zur Verteidigung des Paritätskurses verpflichtet. Sie muß so lange Devisen aus ihren Beständen verkaufen, bis sich der Wechselkurs wieder in der vorgesehenen Bandbreite befindet. Im Maktmodell zeigt sich die Notenbankintervention in einer Verschiebung der Angebotskurve nach rechts (A').

Unterschreiten des unteren Interventionspunktes:

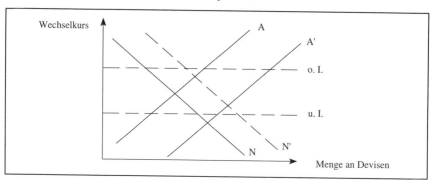

Wenn das Angebot an Devisen steigt, verschiebt sich die Angebotskurve nach rechts unten (A'), der Wechselkurs fällt. Die Ursache der Angebotserhöhung kann beispielsweise in einem Handelsbilanzüberschuß oder Kapitalimport liegen. Führt das Sinken des Wechselkurses zu einem Unterschreiten des unteren Interventionspunktes (u. I.), muß die Notenbank durch sogenannte Stützungskäufe eingreifen. Sie muß solange Devisen ankaufen, bis sich der Wechselkurs wieder innerhalb der Bandbreite befindet. Im Marktmodell drückt sich die Notenbankintervention in einer Verschiebung der Nachfragekurve nach rechts oben aus (N').

b) Auf- und Abwertung und ihre Folgen

Befindet sich eine ausländische Währung ständig am oberen Interventionspunkt, gerät die zur Intervention verpflichtete Notenbank zunehmend unter Druck, da ihre Devisenreserven langsam aufgezehrt werden und die Kreditaufnahmemöglichkeiten zur Devisenbeschaffung beschränkt sind. Bei fundamentalen Devisenmarktungleichgewichten sieht das System der festen Wechselkurse deshalb eine Neufestlegung der Paritäten vor. Die inländische Währung wird abgewertet, die fremde aufgewertet. Bei einer Abwertung der inländischen Währung vereinbaren die Regierungen eine Verschiebung der Bandbreite nach oben bzw. einen höheren Paritätskurs (siehe Abbildung unten). Durch die "neue Bandbreite" soll den veränderten Devisenmarktverhältnissen Rechnung getragen werden. Die Notenbank wird entlastet.

Darstellung der Abwertung im Marktmodell:

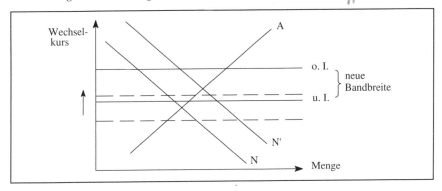

Eine Abwertung macht inländische Güter- und Dienstleistungen im Ausland billiger, während sich Auslandserzeugnisse, in inländischer Währung gerechnet, verteuern. Die Exporte nehmen zu, die Importe sinken. Die Handelsbilanz verbessert sich. Die Dienstleistungsbilanz erholt sich ebenfalls, da sich Urlaubsreisen ins Ausland (Dienstleistungsimporte) verteuern, ein Urlaub für Ausländer im Inland (Dienstleistungsexport) jedoch günstiger wird. Die verstärkte Nachfrage nach Exporten und die rückläufigen Importe regen im Inland die Produktion an. Volkseinkommen und Beschäftigung steigen. Die Abwertung wirkt unter Umständen wie ein Konjunkturprogramm. Importierte Rohstoffe werden allerdings bei konstanten Rohstoffpreisen durch die Abwertung teurer. Dadurch kann sich eine Inflationsbeschleunigung (Angebotsdruckinflation) ergeben, wenn die Geldpolitik nicht einen strikten Stabilitätskurs steuert. Durch die Abwertung verschlechtern sich die **Terms of Trade** zu Lasten des Inlands. Die Terms of Trade messen das reale Austauschverhältnis zwischen inländischen und ausländischen Gütern. Wertet ein Land ab, so müssen Inländer nunmehr für jede Einheit Importgüter mehr Exportgüter abgeben. Das ist gleichbedeutend mit einem Wohlstandsverlust.

Außenwirtschaftspolitik

Darstellung der Aufwertung im Marktmodell:

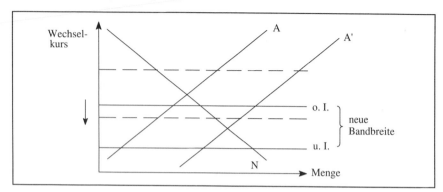

Durch die Aufwertung verteuern sich die Exporte, die Exportchancen verschlechtern sich. Die Importwaren dagegen werden günstiger. Der Handelsbilanzüberschuß wird abgebaut. Urlaubsreisen der Inländer ins Ausland werden billiger, für Ausländer verteuert sich ein Urlaubsaufenthalt im Inland. Die Nachfrage nach Exporten verringert sich, der Anteil der Importgüter am gesamtwirtschaftlichen Angebot wächst. Produktion und Beschäftigung gehen zurück. Das Volkseinkommen sinkt. Ein Boom wird abgebremst, eine Rezession möglicherweise verschärft. Da Rohstoffimporte bei gleichbleibenden Rohstoffpreisen in Folge der Aufwertung im Inland billiger werden, bringen sie rohstoffverarbeitenden Unternehmen eine Kostenersparnis, und der Preisauftrieb schwächt sich ab. Durch die Aufwertung verbessern sich die Terms of Trade, da Inländer nun für jede Einheit importierter Güter eine geringere Menge an Exportgütern zur Verfügung stellen müssen. Dies bedeutet einen Zuwachs an Wohlstand.

c) Internationaler Konjunkturzusammenhang im System der festen Wechselkurse

In einem System der festen Wechselkurse ist eine autonome Konjunkturpolitik schwer möglich. Klaffen beispielsweise die Inflationsraten zu sehr auseinander, weil die Mitgliedsländer der Preisniveaustabilität einen unterschiedlichen Stellenwert beimessen, findet eine Inflationsübertragung statt.

Den internationalen Konjunkturzusammenhang im System der festen Wechselkurse verdeutlicht das folgende (vereinfachte) Beispiel:

Weist ein Land (Land A) eine geringe Preissteigerungsrate auf, erhöhen sich seine Exportchancen, wenn der Handelspartner (Land B) eine größere Inflationsrate zuläßt. Ein daraus resultierender Handelsbilanzüberschuß im Land A gegenüber Land B kann zu einem Fallen des Wechselkurses der B-Währung unter den unteren Interventionspunkt führen. Die Notenbank A ist im System der festen Wechselkurse gezwungen, Stützungskäufe gegen Herausgabe inländischer Währung vorzunehmen. Die Geldmenge in Land A steigt. Es kommt zu einer "importierten Inflation". Versucht die Notenbank des Landes A, den Preissteigerungen durch eine Hochzinspolitik entgegenzuwirken, scheitert diese Politik des knappen Geldes im System der festen Wechselkurse. Die Hochzinspolitik lockt bei entsprechendem Zinsgefälle Gelder aus dem Ausland an. Es findet ein Kapitalimport statt. Durch Kapitalimport steigt das Angebot an Devisen abermals, was erneute Notenbankinterventionen nach sich zieht. Die inländische Geldmenge wächst weiter entgegen den Wünschen der Notenbank. Eine autonome Geldpolitik ist also kaum möglich bzw. wird durch außenwirtschaftliche Einflüsse unterlaufen.

Auch für das weniger stabilitätsorientierte Land B ergeben sich negative Folgen. Das Handelsbilanzdefizit des Landes B gegenüber A bewirkt eine steigende Nachfrage nach A-Währung, bis der Wechselkurs der A-Währung den oberen Interventionspunkt überschreitet. Im Verlaufe der Notenbankinterventionen schrumpfen die Devisenreserven des Landes B. Das Land muß sich schließlich im Ausland verschulden, um an die knappen Devisen zu kommen. Die im Inland umlaufende Geldmenge sinkt dadurch. Eine "importierte Deflation" mit "importierter Arbeitslosigkeit" folgt. Der Versuch der Notenbank B die Wirtschaft über eine "Politik des billigen Geldes" anzukurbeln, ist im System der festen Wechselkurse ebenfalls zum Scheitern verurteilt. Ein Zinsgefälle zum Land A verursacht Kapitalexport, was eine erhöhte Nachfrage nach A-Währung nach sich zieht; der Wechselkurs der A-Währung steigt weiter. Erneute Notenbankinterventionen am Devisenmarkt lassen die inländische Geldmenge weiter schrumpfen. Einer wirksamen autonomen Geldpolitik der Notenbank stehen auch hier außenwirtschaftliche Einflüsse entgegen.

Abhilfe aus dem Dilemma kann im System der festen Wechselkurse nur eine Wechselkursänderung schaffen. Die Neufestsetzungen der Paritäten sind häufig von politischen Auseinandersetzungen begleitet. Will ein Land beispielsweise seine Währung abwerten und damit die Währung des anderen Landes aufwerten, so wird die Wettbewerbsfähigkeit der ausländischen Waren geschwächt. Geringere Exporte des Auslandes und damit weniger Produktion und Beschäftigung im

Außenwirtschaftspolitik

Ausland sind wahrscheinliche Folgen. Aus diesen Sachzusammenhängen ergibt sich ein ständiger Interessenkonflikt. Es wird dann akut, wenn der Eindruck entsteht, ein Land wolle auf Kosten des Auslandes seine internen Probleme lösen. So gilt eine Abwertung als Versuch zum "Export von Arbeitslosigkeit".

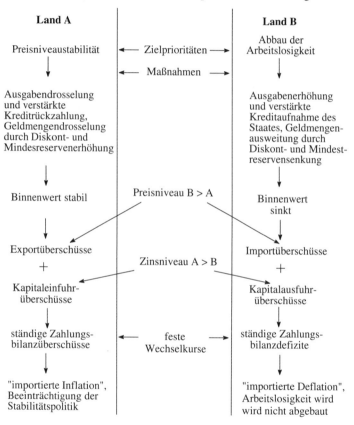

3. Das System der flexiblen Wechselkurse

Da im System der festen Wechselkurse eine autonome Geldpolitik nur schwer möglich ist und in der Vergangenheit immer wieder Wechselkursanpassungen (**Realignments**) notwendig waren, forderten vor allem die Vertreter der neoklassischen Wirtschaftspolitik ein System der flexiblen Wechselkurse.

Außenwirtschaftspolitik

a) Funktionsweise

Flexible Wechselkurse ("**Floating**") liegen dann vor, wenn die Wechselkursbildung allein Angebot und Nachfrage auf dem Devisenmarkt überlassen bleibt und die Notenbanken nicht mehr verpflichtet sind, einen bestimmten Kurs zu garantieren.

Der Ausgleich von angebotener und nachgefragter Menge einzelner Währungen erfolgt dann nicht mehr über die Notenbanken. Vielmehr verändert sich der Kurs so lange und soweit, bis es auf dem neuen Kursniveau zum Ausgleich von Angebot und Nachfrage kommt. Da die Notenbanken im Verlauf dieses Anpassungsprozesses nicht zu Interventionen gezwungen sind, tangieren die Wechselkursveränderungen die inländische Geldmenge nicht. Im System der flexiblen Wechselkurse ist eine autonome Geldpolitik der Notenbank ohne unerwünschte Geldmengenveränderungen möglich. Die ungehinderte von den Marktkräften gesteuerte Kursentwicklung nach oben bzw. unten kommt einer automatischen Ab- bzw. Aufwertung der Währungen gleich. Ein Zahlungsbilanzgleichgewicht kann sich im Idealfall ohne Realignment einstellen.

Die großen Währungen bzw. Währungsblöcke (EWS) befinden sich heute untereinander im Floating. Seitdem kommt es immer wieder zu Kursausschlägen.

Trotz offiziell freier Kursbildung greifen die Notenbanken häufig in das System der flexiblen Wechselkurse ein. Es handelt sich um das **"schmutzige Floating"**. Sie tun dies, um den Kursverlauf zu glätten und dadurch die Binnenwirtschaft vor allzu heftigen Kursausschlägen zu schützen. Bei einem "freien Fall" des Dollars hat die Bundesbank schon häufig Stützungskäufe getätigt, damit die Wettbewerbschancen der Exporteure nicht zu stark beeinträchtigt und damit die Arbeitsplätze in der Exportindustrie nicht gefährdet werden.

b) Bestimmungsgründe für Wechselkursveränderungen

Am Devisenmarkt verhält es sich wie an anderen Märkten. Der Preis der gehandelten Ware steigt, wenn die nachgefragte die angebotene Menge übersteigt. Nur die Ausdrucksweise ist anders: Der Kursanstieg bei Währungen wird als "Aufwertung", der Kursrückgang als "Abwertung" bezeichnet. Fällt der Dollarkurs ("Preisrückgang"), wird der Dollar dadurch abgewertet, die Vergleichswährung (DM) gewinnt an Wert. Da es im System der flexiblen Wechselkurse zu ständigen Auf- und Abwertungen kommt, soll kurz auf mögliche Gründe für Wechselkursänderungen eingegangen werden.

Über die **Handelsströme** ergibt sich eine Aufwertungstendenz für die Währung des Landes, das einen Exportüberschuß erzielt, indem es mehr Güter und Dienstleistungen ins Ausland verkauft als es von dort bezieht. Exporte führen zu einem Angebot an Auslandswährung, Importe zu einer Nachfrage nach Auslandswährung. Der Exportüberschuß löst also einen Angebotsüberhang aus, der ein Fallen des Kurses der Auslandswährung, d. h. eine Aufwertung der Inlandswährung, zur Folge hat. Unter diesem Blickwinkel sind für die Wechselkursentwicklung die Faktoren bedeutsam, die den Außenbeitrag bestimmen. So hängt es beispielsweise von den **Preisunterschieden** ab, ob die im Inland hergestellten Waren auf den Weltmärkten mit ausländischen konkurrieren können. Mit wachsendem **Volkseinkommen** steigt die Nachfrage nach Importgütern an, was tendenziell die Handelsbilanz verschlechtert. Die langfristigen Exporterfolge hängen entscheidend von der **Attraktivität der Produktpalette** und dem **technologischen Know-how** ab.

Über **Kapitalströme** ergibt sich ein Aufwertungsdruck für die Währung eines Landes, das in der Einschätzung der internationalen Kapitalanleger überdurchschnittlich attraktiv erscheint, denn dann wird seine Währung zum Zwecke der Vermögenshaltung verstärkt nachgefragt. Auf dem inländischen Devisenmarkt steigt das Angebot an anlagesuchenden ausländischen Währungen. Ob die Inlandswährung für Kapitalanleger attraktiv ist, hängt entscheidend vom **Zinsniveau** ab. Je höher das Zinsniveau im Vergleich zu anderen Ländern ist, desto ertragreicher sind die Kapitalanlagen. Das gilt aber nur für die Realzinsen (Nominalzinsen minus Inflationsrate). Auch Erwartungen über bevorstehende Wechselkursänderungen bestimmen die Richtung der Kapitalströme. Die **Wechselkurserwartungen** werden von einem Bündel an Faktoren beeinflußt, darunter nicht zuletzt psychologische. Einem Land mit stabilen politischen und sozialen Verhältnissen traut der internationale Anlagesucher auch für die Zukunft eine "harte Währung" zu. Diese Einschätzung trifft für die Bundesrepublik zu. Bundesbankvizepräsident Tietmeyer spricht in diesem Zusammenhang vom "Elefantengedächtnis" auf dem Devisenmarkt. Die Wechselkurse reagieren auch sehr empfindlich auf wirtschaftliche und politische Ereignisse (vgl. Dollarkursentwicklung in Abbildung auf Seite 143). Wird für die nahe Zukunft eine Abwertung der Inlandswährung erwartet, steigt die Nachfrage nach Fremdwährung. Der Grund hierfür liegt darin, daß die fremde Währung, die nach der Abwertung wieder in Inlandswährung umgetauscht wird, in Inlandswährung gerechnet mehr wert ist und einen Spekulationsgewinn bringt. Steht eine Währung unter "Aufwertungsverdacht" – wie bei der D-Mark in der Vergangenheit häufig der Fall –, versuchen die Spekulanten, Fremdwährung in Inlandswährung umzutau-

Außenwirtschaftspolitik

schen. Bei einem Rücktausch der kurzfristigen Anlagegelder nach der Aufwertung streichen sie Spekulationsgewinne ein. Unter dem Einfluß spekulativer Kapitalbewegungen kann es im System der flexiblen Wechselkurse zu großen Kursausschlägen kommen, die durch die reale Entwicklung der Kosten und Preise in den jeweiligen Ländern nicht zu erklären sind. Der Einflußfaktor Kapitalströme ist in der Praxis aber nur für jene Länder (z. B. USA, Deutschland, Japan, Großbritannien) bedeutsam, deren Währungen auf den internationalen Kapitalmärkten gefragt sind.

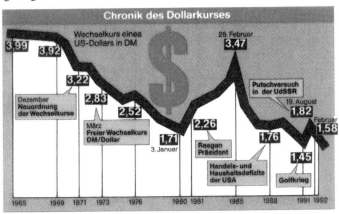

Aktuelle Wirtschaftsfolie: Die Entwicklung des Dollarkurses. Deutscher Sparkassenverlag GmbH, Stuttgart 1992

4. Vergleich der Wechselkurssysteme

	Feste Wechselkurse	Flexible Wechselkurse
Vorteile	sichere Kalkulationsgrundlage für Handel, Industrie und Kapitaltransfer	Tendenz zu Zahlungsbilanzgleichgewichten durch automatische Auf- bzw. Abwertung
	stärkerer Zwang zu einer abgestimmten Konjunkturpolitik; stärkerer Zwang zu einer Politik der Geldstabilität	keine Geldmengenveränderungen durch außenwirtschaftliche Einflüsse, da keine Verpflichtungen zu Notenbankinterventionen bestehen
	Erleichterung einer politischen Vereinigung der Mitgliedstaaten (Förderung des europäischen Einigungsprozesses)	autonome Konjunkturpolitik, insbesondere Geldpolitik, ohne außenwirtschaftliche Störfaktoren möglich

Außenwirtschaftspolitik

	Feste Wechselkurse	Flexible Wechselkurse
Nachteile	Tendenz zu Zahlungsbilanzungleichgewichten	unsichere Kalkulationsgrundlage für Handel, Industrie und Kapitaltransfer
	bei fundamentalen Zahlungsbilanzungleichgewichten Auf- bzw. Abwertungen notwendig, die politische Spannungen zwischen den Mitgliedsländern verursachen können	kein Zwang zur Abstimmung der Wirtschaftspolitik der Mitgliedsländer
	autonome Konjunkturpolitik, insbesondere Geldpolitik, nicht möglich, da Geldwertveränderungen durch Notenbankinterventionen stattfinden	Geldmengenänderungen durch "schmutziges Floating"
	Spekulationswellen, wenn eine Auf- bzw. Abwertung einer Währung bevorsteht	spekulationsbedingte hohe Kursschwankungen

5. Das Europäische Währungssystem (EWS) und die Europäische Wirtschafts- und Währungsunion (EWU)

Das wichtigste aktuell existierende Festkurssystem ist das **Europäische Währungssystem** (EWS). Es trat 1979 in Kraft. An ihm waren ursprünglich die Mitglieder der Europäischen Gemeinschaft beteiligt. Die maximale Abweichung des tatsächlichen Kurses von dem staatlich fixierten Paritätskurs durfte in der Regel 2,25 % (Italien: 6 %) betragen. Gegenüber allen anderen Ländern haben die Mitgliedsstaaten flexible Wechselkurse und bilden den "Block der gemeinsam floatenden Länder" (Blockfloating). In das EWS wurden sogenannte **Abweichungsindikatoren** eingebaut, die frühzeitig Spannungen im Wechselkurssystem anzeigen und die betroffenen Volkswirtschaften zu Konsultationen und entsprechenden Kurskorrekturen veranlassen sollen. Das EWS verfügt zwar über kein eigenes Kreditsystem; allerdings stellen sich die Zentralbanken die zur Intervention erforderlichen Währungsbeträge durch kurz- und mittelfristige Kredite bereit (**kurz- und mittelfristiger Währungsbeistand**).

Der **ECU** (**European Currency Unit**) ist eine künstlich geschaffene Bezugsgröße für die Währungsparitäten und als zentraler Bestandteil des EWS anzusehen. Beim ECU handelt es sich nicht um eine Währung, sondern um einen gewichteten Währungskorb, in dem alle Währungen der EG-Länder entsprechend ihrer wirtschaftlichen Bedeutung enthalten sind:

D-Mark	32,0
Französischer Franc	20,4
Britisches Pfund (Teilnahme am EWS ausgesetzt)	11,2
Holländischer Gulden	10,0
Italienische Lira (Teilnahme am EWS ausgesetzt)	8,5
Belgischer Franc	8,2
Spanische Peseta	4,5
Dänische Krone	2,6
Irisches Pfund	1,1
Portugiesischer Escudo	0,7
Griechische Drachme (nimmt noch nicht am EWS teil)	0,5
Luxumburgischer Franc	0,3

Anteile an der ECU in Prozent

Der Wert des ECU in D-Mark errechnet sich jeweils aus den aktuellen Wechselkursen der beteiligten Währungen. Da sich der ECU aus starken und schwachen Währungen zusammensetzt, wird sein Wert durch Wechselkursveränderungen nicht so stark berührt wie der jeder Einzelwährung. Zunächst war dem ECU nur eine Rolle im Verkehr zwischen den EWS-Notenbanken als Verrechnungseinheit zugedacht. Anfang der 80er Jahre gewann er im privaten Bereich an Bedeutung. Im Außenhandel, vor allem bei Großprojekten, werden die Rechnungen vereinzelt bereits auf ECU geschrieben. Auf ECU-Basis aufgebaut ist auch ein gesamteuropäischer Aktienindex. Außerhalb der Bundesrepublik bieten zahlreiche Banken ihren Kunden eine Kontenführung in ECU sowie auf diese Kunstwährung lautende Reiseschecks und Kreditkarten an. Große Beliebtheit bei den Privaten genießt der ECU vor allem auf dem Anleihenmarkt. Bereits 1981 wurden die ersten ECU-Anleihen ausgegeben.

Zweifellos geben feste Kurse mit Bandbreiten den Exporteuren und Importeuren eine sichere Rechnungsgrundlage, erleichtern den Außenhandel und fördern die wirtschaftliche Zusammenarbeit der Partnerländer. Jedoch lassen sich feste Kurse zwischen einzelnen Währungen auf längere Sicht – wie wir bereits gesehen haben – nur dann halten, wenn die wirtschaftliche Entwicklung, insbesondere die Preisentwicklung, in den einzelnen Ländern nicht zu unterschiedlich verläuft. Bisher mußten die vereinbarten Wechselkurse schon mehrmals neu festgesetzt werden (Realignment), weil die Inflationsraten innerhalb der EWS-Länder zu weit auseinanderklafften.

Außenwirtschaftspolitik

Am 2. August 1993 beschlossen die Finanzminister und Notenbankchefs der EG in Brüssel schließlich eine Ausdehnung der Wechselkursbandbreiten im EWS von 2,25 % auf 15 % nach oben und unten. Damit war das Währungssystem zwar formal gerettet, aber nach Expertenmeinung entspricht die "verkappte Marktlösung" durch diese Bandbreitenerweiterung einer "De-facto-Freigabe" der EWS-Kurse.

Die Erweiterung der Bandbreiten wurde wegen anhaltender Währungsspekulationen im EWS notwendig. Unter Druck stand vor allem der französische Franc. Auslöser der Flucht aus dem Franc war u. a eine Entscheidung der Bundesbank, ihren relativ hohen Diskontsatz unverändert zu lassen und nur ihren Lombardsatz um ein halbes Prozent zu senken. Damit lockte der rigorose Stabilitätskurs der Bundesbank Anlagegelder nach Deutschland und verhinderte sinkende Zinsen in den Partnerländern. Im Zuge einer großen Spekulationswelle war die Bundesbank dann gezwungen innerhalb von neun Monaten Devisen im Wert von 60 Milliarden DM zur Kursstützung anzukaufen. Damit war die Bundesbank nicht mehr in der Lage, ihre vorrangig auf Geldwertstabilität ausgerichtete Notenbankpolitik fortzusetzen. Die D-Mark geriet zunehmend unter Aufwertungsdruck, was die Währungsspekulation weiter anheizte. Es offenbarte sich immer mehr, daß die Devisenmärkte, auf denen täglich Hunderte von Milliarden gehandelt werden, die Notenbanken längst ausgebootet haben. Ihre Interventionskräfte ziehen im Vergleich zu solchen Kapitalmengen fast immer den kürzeren.

Trotz der Turbulenzen im EWS ist als nächster Schritt im europäischen Einigungsprozeß die Umwandlung des Europäischen Währungssystems in die **Europäische Währungsunion** geplant. Auf dem **Maastrichter Gipfel** vom Dezember 1991 vereinbarten die zwölf EG-Staaten die Verträge über die Europäische Wirtschafts- und Währungsunion (EWU). In drei Stufen soll die Wirtschafts-, Finanz- und Währungspolitik der Mitgliedsstaaten so weit zusammengeführt werden, daß am Ende eine einheitliche und stabile europäische Währung – der ECU – an die Stelle der nationalen Währungen treten kann.

Nach dem sogenannten **Delors-Plan** wurde die erste Stufe mit der Liberalisierung des Geld- und Kapitalverkehrs zum 1. 7. 1990, der Schaffung des europäischen Binnenmarktes zum 31. 12. 1992, der Einbeziehung aller Gemeinschaftswährungen in den Wechselkursmechanismus (Ausnahmeregelungen nur noch für Spanien und Portugal) sowie einer intensiveren währungspolitischen Koordination bereits erreicht. Die zweite Phase leitet die Errichtung eines europäischen Zentralbanksystems ein. Schließlich soll in der Endstufe, die nach den heutigen

Planungen noch in diesem Jahrzehnt erreicht werden soll, eine gemeinsame Euro-Zentralbank für die Geldversorgung im gesamten EG-Raum alleinverantwortlich sein und zwischen den nationalen Währungen unwiderruflich feste Wechselkurse herrschen. Die künftige **Europäische Zentralbank (EZB)** ist nach dem Vorbild der Deutschen Bundesbank konzipiert worden. Das bedeutet, daß die Geldwertstabilität eindeutigen Vorrang vor anderen wirtschaftspolitischen Zielsetzungen hat und die Geldpolitik von Weisungen nationaler Regierungen, der EG-Kommission und des Europäischen Parlaments unabhängig ist. Damit sichergestellt werden kann, daß in einem föderalen Europäischen Zentralbanksystem die jeweiligen Regierungen keinen Zugriff auf die Geldpolitik haben, müssen auch die nationalen Notenbanken spätestens mit der Errichtung der EZB einen unabhängigen Status erhalten.

Stabilitätspolitische Bedenken, die vor allem auf deutscher Seite gegenüber der Europäischen Wirtschafts- und Währungsunion bestehen, entzünden sich primär an der unterschiedlichen Einschätzung der Geldwertstabilität durch die Mitgliedsländer sowie den zum Teil erheblichen wirtschaftlichen Ungleichgewichten zwischen den Partnern.

Um den hieraus resultierenden Gefahren bereits im Vorfeld entgegenzuwirken, ist die Teilnahme an der Endstufe der EWU an die gleichzeitige Erfüllung strenger Kriterien gebunden:

- **Strikte Preisniveaustabilität**
 Der Anstieg der Verbraucherpreise darf maximal 1,5 % über der Teuerungsrate der drei stabilsten Mitgliedsländer liegen.

- **Unbedingte Haushaltsdisziplin**
 Die jährliche öffentliche Neuverschuldung darf 3 % des Bruttoinlandsproduktes nicht überschreiten. Die gesamte staatliche Schuldenlast darf nicht mehr als 60 % des Bruttoinlandsproduktes ausmachen.

- **Langfristige Zinssätze**
 Das langfristige Zinsniveau darf mindestens ein Jahr lang die Zinssätze in den drei preisstabilsten Ländern um nicht mehr als 2 % übersteigen.

- **Stabilität der Wechselkurse**
 Der Wechselkurs eines Mitgliedslandes darf während der letzten zwei Jahre nicht abgewertet worden sein; darüber hinaus muß sich der Kurs ohne große Spannungen innerhalb der Bandbreiten des EWS gehalten haben.

Außenwirtschaftspolitik

Legte man diese Kriterien an, wäre die Europäische Währungsunion nach einer Bestandsaufnahme für das Jahr 1993 eine "One-Man-Show" von Luxemburg. Vor der Realisierung der Endstufe der Europäischen Währungsunion liegt noch ein langer und beschwerlicher Weg.

Konvergenzkriterien nach dem Vertrag von Maastricht, Stand 1993

☐ Kriterium erfüllt
▨ weitere Konvergenzanstrengungen erforderlich
▩ sehr starke Konvergenzanstrengungen erforderlich

	Inflationsrate in %	Budgetsaldo in % des BIP	Staatsverschuldung in % des BIP	Langfristiges Zinsniveau in %
Obergrenze	2,9 – 3,8	– 3	60	8,3 – 8,9
B	2,8	– 7,4	138,4	7,2
D	4,3	– 4,2	50,0	6,3
DK	1,4	– 4,4	78,5	7,2
E	4,7	– 7,2	55,6	10,2
F	2,3	– 5,9	44,9	7,0
GB	3,4	– 7,6	53,2	7,9
GR	13,7	– 15,5	113,6	21,5
I	4,4	– 10,0	115,8	10,6
IRL	2,3	– 3,0	92,9	8,0
L	3,6	– 2,5	10,0	6,9
NL	2,1	– 4,0	83,1	6,3
P	6,7	– 8,9	69,5	10,3

Quelle: iwd, Informationsdienst des Instituts der deutschen Wirtschaft, Nr. 10, 10. März 1994

Lernziel-Kontrollfragen

80. Nennen Sie die drei größten Lieferanten und Kunden der Bundesrepublik im Außenhandel!

81. In welcher Teilbilanz (Soll- oder Habenseite) der Zahlungsbilanz werden die folgenden Transaktionen mit dem Ausland erfaßt?
   a) Die Bundesregierung stellt einem Entwicklungsland 30 Millionen DM zum Aufbau des Gesundheitswesens zur Verfügung.
   b) Ausgaben deutscher Touristen auf Fernreisen.
   c) Ausländische Arbeitnehmer überweisen einen Teil ihres verfügbaren Einkommens in ihre Heimatländer.
   d) IBM errichtet in den neuen Ländern ein Zweigwerk.
   e) Griechische Reeder befördern Waren für deutsche Unternehmen.
   f) Ankauf von Swiss Air-Aktien durch die Deutsche Bank.
   g) Saudi Arabien legt Petrodollars bei deutschen Banken an.
   h) Ausgaben amerikanischer Touristen in Deutschland.
   i) Deutsche Anleger kaufen hochverzinsliche US-Bonds.

82. Nennen Sie drei Gründe für den internationalen Handel!

83. Erklären Sie die Begriffe Zahlungsbilanzgleichgewicht, positive Zahlungsbilanz und Zahlungsbilanzdefizit!

84. Diskutieren Sie die Notwendigkeit eines positiven Außenbeitrages der Bundesrepublik!

85. Vergleichen Sie die Funktionsweise der verschiedenen Wechselkurssysteme!

86. Begründen Sie, welchem Wechselkurssystem die Monetaristen den Vorzug geben!

87. Erläutern Sie die Folgen einer Abwertung der DM auf die Sektoren Haushalte und Unternehmen!

88. Nennen Sie vier Gründe für Wechselkursänderungen im System der flexiblen Wechselkurse!

Außenwirtschaftspolitik

89. Zeigen Sie mit Hilfe des Marktmodelles die Auswirkungen eines Leistungsbilanzdefizites im System der flexiblen Wechselkurse!

90. Diskutieren Sie die Rolle der Währungsspekulation in den Wechselkurssystemen!

91. Erläutern Sie, welche Bedeutung das "schmutzige Floating" im System der flexiblen Wechselkurse haben könnte!

92. Erläutern Sie kurz die wichtigsten "Eckpfeiler" des EWS!

93. Stellen Sie kurz den Delors-Plan dar!

VII. Strukturpolitik und Umweltschutzpolitik

Als **Struktur** wird der Aufbau einer Volkswirtschaft in ihre einzelnen Bereiche (**Primärer Sektor**: Land- und Forstwirtschaft, Fischerei; **Sekundärer Sektor**: Bergbau, Industrie und Handwerk; **Tertiärer Sektor**: Dienstleistungen) bezeichnet. Als Bezugsgröße dient der Anteil, den die einzelnen Bereiche zum Bruttosozialprodukt (Bruttoinlandsprodukt) beisteuern und die Zahl der beschäftigten Erwerbspersonen. Der Begriff **Strukturwandel** umfaßt den Bedeutungswandel der einzelnen Bereiche, der sich im Zeitablauf ergibt. Den Strukturwandel von 1960 bis 1992 dokumentieren die folgenden Zahlen:

Beiträge der Wirtschaftsbereiche zum Bruttoinlandsprodukt

	1960	1970	1980	1990
Primärer Sektor	6,3 %	3,1 %	2,2 %	1,6 %
Sekundärer Sektor	55,6 %	54,1 %	44,1 %	39,4 %
Tertiärer Sektor	38,1 %	42,8 %	53,7 %	59,0 %

Zahlen: Bundesministerium für Wirtschaft (Hrsg.): Leistung in Zahlen

Anteil der Erwerbstätigen in den Wirtschaftsbereichen

	1960	1970	1980	1990
Primärer Sektor	13,8 %	8,5 %	5,2 %	3,8 %
Sekundärer Sektor	47,7 %	48,8 %	42,9 %	37,1 %
Tertiärer Sektor	38,5 %	42,7 %	51,9 %	59,1 %

Zahlen: Bundesministerium für Wirtschaft (Hrsg.): Leistung in Zahlen

Der Strukturwandel einer Volkswirtschaft kommt jedoch nicht allein in dem Bedeutungswandel der drei großen Sektoren zum Ausdruck. Auch innerhalb der Sektoren finden umfangreiche Veränderungen der Betriebsgrößen, der Erwerbstätigenstruktur und Güterproduktion statt (**intrasektoraler Strukturwandel**).

Strukturpolitik und Umweltschutzpolitik

1. Ursachen für den Strukturwandel und Entwicklungstendenzen

Marktwirtschaften sind dynamisch. Ständig entstehen neue Märkte und damit Einkommensquellen; gleichzeitig gehen aber andere verloren. Wachstum bedeutet, daß nicht alle Wirtschaftsbereiche gleichmäßig wachsen. Die einzelnen Branchen weisen unterschiedliche Zuwachsraten, gemessen an ihrem Beitrag zum Bruttoinlandsprodukt, auf. Die unterschiedliche Entwicklung hat viele Ursachen. Der Strukturwandel liegt sowohl in Veränderungen auf der **Angebotsseite** als auch in solchen auf der **Nachfrageseite** begründet.

Auf der Angebotsseite gibt es immer wieder **Produktinnovationen**, d. h. auf dem Markt werden neue Güter und Dienstleistungen eingeführt. Wichtige innovative Produkte waren die Einführung bahnbrechender technischer Neuerungen, wie beispielsweise der Dampfmaschine, der Eisenbahn, des Autos, des Flugzeugs, der Computer und Mikroprozessoren. Außerdem werden ständig neue kostensparende Herstellungsverfahren (**Prozeßinnovationen**) eingesetzt. Die Änderung des Produktionsverfahrens bei der Rohstahlgewinnung begünstigte beispielsweise neue Standorte in Küstennähe. Der Ersatz der Kohle als Energieträger und Grundstoff der chemischen Industrie durch das Erdöl führte zu einer schweren Krise im Bergbau. Produkt- und Prozeßinnovationen gehen häufig mit erheblichen Veränderungen in der Wirtschafts- und Sozialstruktur einher, da sie Arbeitsplatzstruktur und Arbeitsplatzanforderungen grundlegend verändern. So revolutionierte die Mikroelektronik die Informations- und Kommunikationstechnik und fand einen breiten Anwendungsbereich in Verkehrswesen, Verwaltung, Handel und Forschung. Neben der Entwicklung neuer Produkte und Produktionsverfahren bewirken auf der Angebotsseite **Standortverlagerungen** den Strukturwandel. Sachkapital wird an solche Standorte verlagert, an denen eine kostengünstige Produktion möglich ist. Zu den wichtigen Standortfaktoren zählen heutzutage auch Fühlungsvorteile im Hochtechnologiebereich, ein gut ausgebautes Telekommunikationsnetz sowie eine leistungsfähige Verkehrsinfrastruktur. Nur Länder, denen es gelingt, diesbezügliche Voraussetzungen zu schaffen, können im internationalen Wettbewerb mithalten. Der Standortwettlauf ist dabei nicht nur gekennzeichnet durch die Konkurrenz der Industrieländer untereinander, sondern auch durch die Aufholjagd zahlreicher Entwicklungsländer, die die Schwelle zum Industriestaat erreicht haben. So war beispielsweise in der Vergangenheit die Textilindustrie in der Bundesrepublik in besonderem Maße durch die Konkurrenz der Niedriglohnländer betroffen. Die Produktion mußte auf wettbewerbsfähigere Produkte (hochwertige, modische Artikel) umgestellt werden.

Veränderungen auf der Nachfrageseite sind bedingt durch Veränderungen in der Altersstruktur der Bevölkerung und die sich mit steigendem Einkommen wandelnden Präferenzen. Bei relativ niedrigem verfügbarem Einkommen dominiert die Nachfrage nach Gütern zur Deckung des Grundbedarfs wie Nahrungsmittel, Kleidung und Mietwohnungen. Mit steigendem Pro-Kopf-Einkommen wächst die Nachfrage nach diesen Gütern unterdurchschnittlich; sie verlagert sich auf Güter des gehobenen Bedarfs; die Nachfrage nach Kraftfahrzeugen, Wohnungseigentum und privaten Dienstleistungen nimmt überproportional zu. Auch Modetrends können Nachfrageverschiebungen auslösen.

Die Folgen der ungleichmäßigen Entwicklung sind in den Schrumpfungsbranchen unausgenutzte Produktionskapazitäten oder geringe Arbeitsproduktivität, Kurzarbeit und Entlassungen, ohne daß die Betroffenen sofort anderweitig beschäftigt werden können, Unternehmenszusammenbrüche und damit verbundene Vermögensverluste. Andererseits hält der Ausbau der Kapazitäten in den Wachstumsbranchen und/oder das Angebot an geeigneten Arbeitskräften nicht Schritt mit der rasch zunehmenden Nachfrage. Der Strukturwandel führt zu sektoralen Strukturproblemen und schafft ein Ungleichgewicht in der regionalen Wirtschaftskraft. In schnell wachsenden Ballungsgebieten (Rheinschiene, Rhein-Neckar-Gebiet, München, Hamburg, Rhein-Main-Gebiet) steigt die Wirtschaftskraft überdurchschnittlich, was zu Zuwanderungen aus strukturschwachen ländlichen Gebieten führt. Zur Nord-Süd-Wanderung kam in der Bundesrepublik Deutschland nach der Wiedervereinigung eine starke Ost-West-Wanderung. Dadurch wurde die Wirtschaftskraft der strukturärmeren neuen Bundesländer zusätzlich geschwächt.

Der weltwirtschaftliche Strukturwandel wird in Zukunft dadurch gekennzeichnet sein, daß immer mehr **Schwellenländer** den Industrieländern – selbst bei forschungsintensiven Produkten – Konkurrenz machen werden. In den 80er Jahren waren die ostasiatischen Schwellenländer Südkorea, Taiwan, Thailand, Malaysia und Indonesien ("kleine asiatische Tiger") besonders erfolgreich. In den Industrieländern wird der zunehmende **Wettbewerbsdruck** von außen zu gravierenden Veränderungen in der Wirtschaftsstruktur, verbunden mit entsprechenden Anpassungsproblemen, führen. Außerdem wird die **Tertiärisierung** fortschreiten, d. h. der Dienstleistungssektor wächst weiter überproportional. Dabei geht die zunehmende Tertiärisierung nicht nur von der Nachfrage der privaten Haushalte aus, sondern immer stärker auch vom industriellen Sektor. Die Ursache für die zunehmende Inanspruchnahme fremder Dienstleistungen durch die Betriebe liegt in der Spezialisierung von Anbietern in den Bereichen Planung, Beratung,

Datenverarbeitung, Lagerhaltung, Entsorgung und Transport, was eine kostengünstigere Erfüllung dieser Aufgaben ermöglicht. Einen großen Teil der Dienstleistungen (Maschinenwartung, Vermarktung, Finanzierung) erstellen die Produktionsunternehmen jedoch selbst. Dieser nicht über die Märkte abgewickelte Teil der Dienstleistungen wird in den offiziellen Statistiken nicht als solcher erfaßt. Die Zahl der in Dienstleistungsberufen Beschäftigten liegt deshalb in Realität noch höher. Parallel zur Tertiärisierung vollzieht sich eine zunehmende **Globalisierung der Märkte und Internationalisierung der Produktion**. Die Globalisierung der Märkte findet Ausdruck in der starken Ausweitung des internationalen Handels. Exporte und Importe von Gütern und Dienstleistungen wachsen weltweit schneller als die Inlandsproduktion. Die Spezialisierung zwischen den Ländern nimmt zu. Die Internationalisierung der Produktion erfolgt über den Austausch der Produktionsfaktoren (Arbeit, Kapital) und des technischen Wissens (Technologietransfer). Immer mehr Unternehmen errichten oder erwerben Produktions- und Vertriebsstätten im Ausland. Wichtige Motive sind neben der Sicherung von Absatz- und Beschaffungsmärkten die Ausnutzung von Lohnkostenvorteilen.

2. Aufgaben der Strukturpolitik und strukturpolitische Maßnahmen

Aufgabe der staatlichen Strukturpolitik ist es, die strukturellen Anpassungsprozesse zu erleichtern und mit dafür zu sorgen, daß Arbeit und Kapital in die Sektoren gelangen, in denen sie den höchsten gesellschaftlichen Nutzen erbringen.

Der Staat betreibt Strukturpolitik, indem er auf den Märkten interveniert und dadurch versucht, Tempo und Richtung des Strukturwandels zu beeinflussen sowie Ungleichgewichte in der regionalen und sektoralen Wirtschaftsstruktur auszugleichen. Da Wirtschaftswachstum und Strukturwandel eng miteinander verzahnt sind, spielen auch gesellschaftliche und soziale Ziele bei der Strukturpolitik eine wichtige Rolle. **Erhaltende Strukturpolitik** hat das Ziel, Wirtschaftszweige zu stützen und Kapazitäten aufrechtzuerhalten, die ohne staatliche Hilfe stärker schrumpfen würden. Im Vordergrund steht die Sicherung von Arbeitsplätzen. **Subventionen** werden solange benötigt, bis die Arbeitsplätze durch Produktionsumstellungen wieder gesichert sind (Beispiel: Werftindustrie). Oftmals werden strukturpolitische Subventionen mit der Sicherung der Marktversorgung aus inländischer Produktion begründet. Ziel ist die Erhaltung inländischer Kapazitäten, um die Abhängigkeit vom Weltmarkt mit ihrer Anfälligkeit für Krisen zu vermindern (Beispiel: Kohlebergbau). Zur Verbesserung der Einkommenssituation der von Strukturkrisen betroffenen Erwerbstätigen und Abmilderung sozialer Härten arbeitet die Strukturpolitik neben direkten Subventionen mit Preisfixierungen. Soll die Einkommenssituation von Anbietern begünstigt werden, wird ein **Mindestpreis** als politischer Preis gesetzt. Der staatlich festgelegte Mindestpreis liegt oberhalb des Marktpreises. Für den Anbieter bedeutet der Mindestpreis eine Preisgarantie für seine Produkte. Ein Beispiel für Mindestpreisregelungen ist der EG-Agrarmarkt. Sollen bestimmte Nachfragegruppen unterstützt werden, setzen Politiker **Höchstpreise**, die niedriger liegen als der Marktpreis. Ziel der Höchstpreispolitik ist die Versorgung der Nachfrager mit billigen Gütern. Als Beispiel dafür können die Mietpreisvorschriften angeführt werden.

Kritiker der Politik der Strukturerhaltung befürchten, daß diese zu einer Konservierung einzelner Sektoren führe und eine Verzögerung sektoraler Anpassungsprozesse bewirke, die sich ohne Eingriffe in den Marktmechanismus schneller vollzögen. Sie kritisieren Subventionen auch deshalb, weil sie oft beibehalten würden, selbst wenn ihr eigentlicher Zweck erfüllt sei. Hinzu komme, daß Eingriffe eines Staates Gegenreaktionen anderer Volkswirtschaften hervorriefen. Als Folge ergebe sich eine internationale Interventionsspirale. Deshalb fordern die Gegner der Strukturerhaltung eine aktive Politik der **Strukturgestaltung**. Unter Strukturgestaltung verstehen sie die gezielte Förderung von Sektoren, von denen hohe Wachstumsimpulse, hohe Beschäftigungseffekte und eine starke Ausstrahlung auf andere Branchen zu erwarten sind. Diese Sektoren werden als Schlüsselbereiche bezeichnet. Die von den Schlüsselbereichen entwickelten neuen Technologien erhöhen auch die Produktivität in anderen Unternehmen oder Sektoren (**Spin-off-Effekte**). Das wichtigste strukturpolitische Instrument zur Strukturgestaltung stellt die Subventionierung von Forschungs- und Entwicklungskosten dar. Das Problem besteht allerdings darin, daß niemand genau weiß, welche Industrien, Produkte oder Technologien in Zukunft einen besonders hohen Beitrag zum Bruttoinlandsprodukt leisten werden. Notwendig wäre ein "Frühwarnsystem für Techniktrends" wie beispielsweise in Japan. Einen Beitrag hierzu leistet die "Dephi-Studie" des Fraunhofer-Instituts für Innovations- und Systemforschung. Sie nennt als die strategischen Technologien des 21. Jahrhunderts die Informationstechnik, Materialforschung, Biotechnologie, Energie- und Verkehrstechnik u. a. Auf diese Bereiche müsse sich Forschung und Forschungsförderung konzentrieren.

Strukturpolitik und Umweltschutzpolitik

Die Maßnahmen, die im Rahmen der Strukturpolitik im einzelnen ergriffen werden können, sind sehr umfangreich. Auf eine vollständige Auflistung soll deshalb verzichtet werden. Die Maßnahmen lassen sich in infrastrukturelle, regionale und sektorale gliedern.

a) Infrastrukturpolitik

Die Förderung des technischen Fortschritts und die Ausweitung der Güterproduktion erfordern eine Reihe von Investitionen, die üblicherweise durch den Staat vorgenommen werden. Diese Investitionen werden mit dem Begriff **Infrastrukturinvestitionen** zusammengefaßt. Infrastrukturinvestitionen stellen beispielsweise der Bau und Ausbau von Straßen- und Eisenbahnnetzen, Ausbau der Telekommunikation sowie die Errichtung kommunaler Ver- und Entsorgungseinrichtungen (Strom- und Wasserversorgung, Müllabfuhr, Kanalisation) dar. Sie schaffen wesentliche Standortvoraussetzungen für private Investitionen.

Eine Sonderstellung bei der Infrastrukturpolitik nehmen **Forschungs-, Bildungs- und Energiepolitik** ein. Der Bildungssektor wird mit Ausnahme des betrieblichen Weiterbildungsbereiches in Deutschland fast ausschließlich vom Staat finanziert. Ausgaben für Bildung und Weiterbildung stellen Investitionen dar, die die Produktivität des "human capital" steigern. Da die Kosten im Forschungsbereich immens gewachsen sind und in vielen Fällen die Finanzkraft einzelner Betriebe übersteigen, muß der Staat Forschungsprojekte, insbesondere im Bereich der Schlüsseltechnologien, finanziell unterstützen. Eine Förderung kann auch stattfinden, indem Forschungseinrichtungen (z. B. Max-Planck-Gesellschaft, Fraunhofer-Institut) bezuschußt werden. Außerdem ist die Zusammenarbeit von staatlichen Forschungseinrichtungen und Wirtschaft zu verbessern, um die Umsetzung von Forschungsergebnissen in marktfähige Produkte zu beschleunigen. Schließlich gilt es, Forschung steuerlich zu fördern. Forschungsinvestitionen sollten eine steuerliche Sonderbehandlung durch spezielle **Investitionszulagen** oder **Sonderabschreibungsmöglichkeiten** erfahren.

b) Regionale und sektorale Strukturpolitik

In der Strukturpolitik unterscheidet man regionale (neue Länder, Bayerischer Wald) und sektorale Probleme (Landwirtschaft, Bergbau, Stahlindustrie).

Um die Strukturveränderungen zu fördern und keine sozialen Härten entstehen zu lassen, werden regionale und sektorale staatliche Fördermaßnahmen ergriffen, z. B. Umschulung von Fachkräften und Schaffung von Arbeitsplätzen durch

Arbeitsbeschaffungsmaßnahmen (ABM-Stellen). Außerdem werden Schrumpfungsbranchen **Subventionen** (Erhaltungssubventionen) gewährt. Bei direkten Subventionen fließen den begünstigten Branchen bzw. Regionen unmittelbar Steuermittel zu (Zuschüsse, Beihilfen, Prämien). Erhalten betroffene Unternehmen einen Einkommens- oder Vermögensvorteil, weil sie von bestimmten Steuern befreit werden, Steuerermäßigungen genießen oder Darlehen aus öffentlichen Mitteln erhalten, handelt es sich um indirekte Subventionen. Regionale Strukturpolitik beinhaltet auch Infrastrukturinvestitionen.

3. Standort Deutschland

Im Rahmen der strukturpolitischen Debatte geriet der Standort Deutschland in jüngster Zeit zunehmend in die Diskussion. Umfragen ergaben, daß umfangreiche Standortbewegungen im Gange sind. Abwägungen zwischen neuen Standorten in Deutschland, dem europäischen oder außereuropäischen Ausland fallen dabei immer häufiger zu Lasten der deutschen Standorte aus. Vor allem bei der Industrie ist ein Auslandstrend zu beobachten. Dies gilt gleichermaßen für die Investitions- und Konsumgüterindustrie.

Die Standortwahl der Unternehmen wird von **"harten"** und **"weichen" Faktoren** beeinflußt. Unter "harten" Faktoren versteht man beispielsweise:
- Nähe zu Kunden, Lieferanten und Dienstleistungen
- Infrastruktur:
  - Verkehrs- und Kommunikationsmöglichkeiten
  - Büroflächen- und Grundstücksangebot
  - Entsorgungseinrichtungen
  - Arbeits- und Fachkräfteangebot
  - Schul- und Hochschuleinrichtungen
- Rahmenbedingungen:
  - regionale Wirtschaftsförderung
  - örtliche Steuern
  - Kooperationsbereitschaft der Behörden

Unter "weichen" Standortfaktoren versteht man u. a.:
- Angebot an sozialen Einrichtungen
- Wohnraumquantität und -qualität
- Kultur- und Freizeitangebot
- Image einer Region

Strukturpolitik und Umweltschutzpolitik

a) Nachteile des Standortes Deutschland

Minuspunkte aus Unternehmersicht

Von je 100 Industrieunternehmen meinten:

Zu hohe Steuern	24
Zu hohe Sozialabgaben	21
Zu geringes Arbeitskräfteangebot	13
Zu hohe Löhne	11
Zu kurze / unflexible Arbeitszeit	10
Zu strenge Umweltauflagen	8
Unzuverlässige Politik	7
Zu wenig Gewerbeflächen	4
sonstiges	2

Quelle: Ifo

Hohe Lohnzusatzkosten

(in DM, 1992; weibliche und männliche Arbeiter je geleistete Stunde)

	Direktentgelte	Personalzusatzkosten	Arbeitskosten je Stunde insgesamt
Westdeutschland	22,50	19,46	41,96
Schweiz	26,02	13,22	39,24
Belgien	18,41	15,85	34,26
Niederlande	18,52	15,24	33,76
Dänemark	26,23	6,79	33,02
Italien	15,90	17,01	32,91
Luxemburg	20,78	10,29	31,07
Japan	22,82	7,18	30,00
Frankreich	14,57	13,18	27,75
Vereinigte Staaten	17,86	6,93	24,79
Spanien	14,07	8,86	22,93
Großbritannien	15,94	6,85	22,79
Griechenland	6,69	4,35	11,04
Portugal	5,09	3,87	8,96

Quelle: Institut der deutschen Wirtschaft Köln

Strukturpolitik und Umweltschutzpolitik

Jahresarbeitszeit
Tatsächliche Arbeitszeit (Sollarbeitszeit minus Fehlzeiten) eines Industriearbeiters 1991 in Stunden:

Deutschland*	1 499
Niederlande	1 560
Dänemark	1 571
Frankreich	1 619
Italien	1 622
Belgien	1 628
Großbritannien	1 635
USA	1 847
Japan	2 139

* alte Bundesländer

Quelle: Institut der deutschen Wirtschaft Köln

Freizeit-Weltmeister Deutschland

	Wochenarbeitszeit in Stunden	Fehlzeiten	Bezahlte Urlaubs- und Feiertage
Japan	42	2 %	25
Italien	40	6 %	40
Schweden	40	12 %	38
USA	40	3 %	23
Frankreich	39	8 %	35
Großbritannien	39	7%	35
Niederlande	39	8 %	41
Deutschland	37	9 %	40

Quelle: Stern, H 8. 17. 02. 1994

Die Statistiken von Seite 158 und 159 werden häufig als Beweis für die schwindende Attraktivität des Standortes Deutschland angeführt. Als Schwächen des Standortes Deutschland gelten:
- hohe Lohnkosten und Sozialabgaben
- geringe Jahresarbeitszeit
- zu hohe Staatsquote
- hohe steuerliche Belastungen
- bürokratische Hemmnisse
- hohe Umweltschutzauflagen

Strukturpolitik und Umweltschutzpolitik

Wie Lohnkostenvergleiche zeigen, gehört die Bundesrepublik im internationalen Vergleich zu den Hochlohnländern (vgl. Seite 158). Besonders zu Buche schlagen dabei die hohen Lohnnebenkosten (Personalzusatzkosten). Zu diesen zählen gesetzliche Personalzusatzkosten (Arbeitgeberanteil zu den Sozialversicherungen, bezahlte Feiertage, Lohnfortzahlung bei Krankheit, Unfallversicherung, Mutterschutz u. a.) sowie tarifliche und betriebliche Kosten (Urlaub, Urlaubsgeld, 13. Gehalt, betriebliche Altersversorgung, Vermögensbildung u. a.). Wie die Tabelle auf Seite 158 belegt, kamen auf 22,50 DM Direktentgelt für geleistete Arbeit in der Industrie 1992 zusätzliche Personalkosten in Höhe von 19,46 DM (= 86 % vom Direktentgelt). Hinzu kommt, daß die Arbeitnehmer der Bundesrepublik in den Statistiken als "Freizeit-Weltmeister" ausgewiesen werden. In keinem Industrieland ist die tatsächlich geleistete jährliche Arbeitszeit eines Industriearbeiters geringer als in Deutschland (Tabellen Seite 159). Ein japanischer Industriearbeiter kommt auf eine Jahresarbeitszeit, die 42 % über der eines deutschen Industriearbeiters liegt. Zu den kurzen Arbeitszeiten gesellt sich die mangelnde Flexibilität des Arbeitseinsatzes. Die für die internationale Wettbewerbsfähigkeit als wichtig betrachteten Maschinenlaufzeiten sind geringer als in anderen Industrieländern.

Allerdings entstehen bei derartigen Vergleichen leicht Zerrbilder, wenn für verschiedene Länder unterschiedliche Stundenlöhne in absoluten Beträgen genannt werden, ohne die unterschiedlichen Stundenleistungen (Produktivität) zu berücksichtigen. Ein Stundenlohn von 40 DM ist bei einer Erzeugung von 20 Stück in der Stunde für ein Unternehmen weniger drückend als ein Stundenlohn von 20 DM bei einer Produktion von 8 Stück je Stunde. Die einzig sinnvolle Vergleichsgröße sind deshalb die **Lohnstückkosten**. Diese fassen alle Arbeitskosten einer Zeiteinheit bezogen auf die Arbeitsleistung (Produktionsergebnis) derselben Zeiteinheit zusammen. Die Produktivität wird miteinbezogen. Ein Lohnstückkostenvergleich ergibt ein etwas anderes Bild vom Standort Deutschland.

Die höheren Löhne und Lohnnebenkosten werden durch ein höheres Produktionsergebnis weitgehend kompensiert. Andere Wettbewerbsfaktoren wie Qualität bleiben auch beim Lohnstückkostenvergleich unberücksichtigt. Zudem stellt das Deutsche Institut für Wirtschaftsforschung (DIW) in seinem Wochenbericht 11/1992 fest, daß die Lohnstückkosten in der Bundesrepublik in den 80er Jahren weit weniger schnell gestiegen sind als in den meisten konkurrierenden Volkswirtschaften.

Strukturpolitik und Umweltschutzpolitik

Entwicklung von **Lohnquoten** und **Lohnstückkosten** im internationalen Vergleich 1980, 1990 und 1992[11]:

	1980	1990	1992	Veränderung 1980 – 1992 in %
Bereinigte Lohnquote[1]				
BRD (Westdeutschland)	74,5	68,0	69,3	– 7,0
BRD (Ostdeutschland)			71,5	
EG 12	75,3	71,5	71,2	– 5,4
EG 12 (inkl. Ostdeutschland)			71,4	
USA	72,5	71,8	71,7	– 1,1
Japan	78,6	73,9	74,4	– 5,3
Nominale Lohnstückkosten[2]				
BRD	100	122,4	134,1	34,1
EG 12	100	177,6	196,0	96,0
USA	100	156,1	165,4	65,4
Japan	100	109,5	113,9	13,9
Reale Lohnstückkosten[3]				
BRD	100	91,9	92,4	– 7,6
EG 12	100	93,0	93,1	– 6,9
USA	100	98,9	98,2	– 1,8
Japan	100	92,7	93,0	– 7,0

[1] Anteil der Löhne und Gehälter am Volkseinkommen, bereinigt um die Veränderung des Anteils der unselbständig Beschäftigten an der Zahl der Erwerbstätigen.
[2] Bruttoeinkommen aus unselbständiger Arbeit je Arbeitnehmer, dividiert durch das reale Bruttosozialprodukt pro Beschäftigten.
[3] Nominale Lohnstückkosten, bereinigt um die gesamtwirtschaftlichen Preissteigerungen

Quelle: "Europäische Wirtschaft", 54 / 1993, Statistischer Anhang, Tabellen 31, 32, 33; "European Economy", 50 / 1991, S. 117.

Zerrbilder können auch bei der Umrechnung der Arbeitskosten aus den Währungen der verschiedenen Länder entstehen. Jede Abwertung der Währung eines Landes wirkt wie eine Lohnsenkung, jede Aufwertung wie eine Lohnsteigerung, auch wenn die tatsächlichen Tariflöhne unverändert blieben. Zur Veranschaulichung dieser Tatsache soll ein einfaches Beispiel beitragen. Bei einem Stundenlohn von 20 US-Dollar und einem Wechselkurs von 2,– DM beträgt der in D-Mark umgerechnete Stundenlohn eines Amerikaners 40,– DM. Wird der Dollar im Verlauf der Jahre auf 1,– DM abgewertet (Aufwertung der D-Mark), so liegt der unveränderte Stundenlohn von 20 US-Dollar umgerechnet nur noch bei

20,– DM, was einer Lohnsenkung um 100 % gleichkäme. Um die Lohnkosten international vergleichbar zu machen, sind wechselkursbereinigte Rechnungen erforderlich.

Als weitere Standortschwäche der deutschen Wirtschaft wird ein "Zuviel Staat" angeführt, das sich in der hohen **Staatsquote,** hohen Steuern und Sozialabgaben, der hohen Staatsverschuldung sowie der Fesselung der Wirtschaft durch bürokratische Hemmnisse widerspiegelt.

Staatsausgaben im internationalen Vergleich[12]

	1980	1990	1993
Staatsquote*			
Bundesrepublik	47,9	45,1	50,8
Frankreich	46,1	49,8	54,3
England	43,0	39,9	44,9
Italien	41,9	53,2	54,8
USA	31,8	33,3	34,5
Japan	32,0	31,7	34,4

* Staatsausgaben in % des Bruttosozialproduktes bzw. Bruttoinlandsproduktes

Der Anteil der Staatsausgaben an der gesamtwirtschaftlichen Produktion (Staatsquote) ist in allen wichtigen europäischen Industrieländern zwischen 1980 und 1993 gestiegen. In der EG haben außer Frankreich und Italien auch Belgien, Dänemark und die Niederlande eine höhere Staatsquote als Deutschland. Niedrigere Werte gibt es in England, Luxemburg, Irland sowie Spanien. Irland und Spanien gehören zu den ärmsten Ländern der EG. Nach der Meinung von HUFFSCHMID habe ihnen der "schlankere Staat" keinen Vorteil gebracht und dadurch könne die These widerlegt werden, daß es einen positiven Zusammenhang zwischen einer niedrigen Staatsquote und dynamischem Wirtschaftswachstum gebe. England sei mit einem vergleichsweise niedrigen Staatsanteil am Sozialprodukt von knapp 40 % Ende der 80er Jahre in die Krise geraten. Trotz marktliberaler Rhetorik sei in den Folgejahren die Staatsquote auf 44 % erhöht worden, und dies habe den wirtschaftlichen Aufschwung offensichtlich nicht behindert, in dem sich das Land befindet.[13]

Richtig ist, daß die nominalen Steuersätze in der Bundesrepublik international zu den höchsten gehören. Das sagt allerdings noch wenig über die tatsächliche Steuerbelastung aus, weil bei einem Vergleich der steuerlichen Belastung auch die

Steuerbemessungsgrundlagen und steuerlichen Gestaltungsmöglichkeiten (z. B. über Abschreibungen), die in der Bundesrepublik sehr großzügig sind, einbezogen werden müssen. Zum Thema "Steuerliche Gestaltung und Bemessungsgrundlagen" schreibt beispielsweise die Frankfurter Allgemeine Zeitung (FAZ) vom 19. 12. 1988:

"Ausländische Unternehmen, die in der Bundesrepublik investieren, klagen zwar wie die deutschen Unternehmen über die hohen Steuersätze, doch wundern sie sich zugleich, daß ihnen bei der Ermittlung des Gewinns Zurückhaltung verordnet wird. Während sie in ihren Heimatländern angehalten werden, den Gewinn 'mit Mut' auszuweisen, soll sich der deutsche Kaufmann nicht reich rechnen. Ein strenges Vorsichtsprinzip durchzieht wie ein rotes Band das deutsche Bilanzrecht. Gewinne dürfen nach deutschem Recht nicht bilanziert werden, bevor sie nicht am Markt realisiert werden. Verluste sind hingegen schon dann anzusetzen, wenn sie nur drohen. Zahlreiche Vermögensvermehrungen, die im Ausland besteuert werden, dürfen in deutschen Bilanzen gar nicht erscheinen. Dazu gehören die selbst geschaffenen immateriellen Gegenstände des Anlagevermögens, wie z. B. die Kundenkartei oder ein eigenes Patent, auch wenn Konkurrenten Millionenbeträge dafür bieten würden."

Vergleicht man die **Steuerquoten**, d. h. den Anteil der Steuereinnahmen in Prozent am Bruttosozialprodukt (Bruttoinlandsprodukt), zeichnet sich keineswegs ein so düsteres Bild des Standortes Deutschland ab.

Steuerquoten im internationalen Vergleich[14]

	1980	1990	1993
Steuerquote*			
Bundesrepublik	25,1	23,1	24,0
Frankreich	23,9	24,4	24,6
England	29,5	30,3	29,8
Italien	18,7	26,3	27,4
USA	21,8	21,1	20,1
Japan	18,0	22,2	k.A.

* Steuereinnahmen in % des BSP / BIP

Ein weiterer Standortnachteil, der bei Investitionsentscheidungen ein immer stärkeres Gewicht erhält, ist die lange Dauer von Genehmigungsverfahren. In der Bundesrepublik brauchen die Behörden sehr lange, bis sie Genehmigungen zum Bau von Fabriken erteilen. Erfahrungsgemäß beansprucht das Genehmigungsverfahren zwei bis drei Jahre. Beim Bau des Montagewerkes in Alabama konnte Mercedes Benz die notwendigen Bau- und Betriebsgenehmigungen dagegen binnen acht Wochen erhalten.

Die Bundesrepublik wendet an öffentlichen und privaten Ausgaben für den Umweltschutz vergleichsweise mehr auf als die meisten anderen Industrieländer. Der Aufwand für den Umweltschutz gehört für viele Industriezweige neben den Arbeitskosten und Steuern zu den wichtigsten Standortfaktoren. Konkurrenten wie Japan und Frankreich haben hier wesentliche Standortvorteile. Bereiche der Industrie fordern deshalb bei den Umweltschutzauflagen aus Gründen der internationalen Konkurrenzfähigkeit eine Pause einzulegen, insbesondere in Zeiten konjunktureller Schwäche und schneller Strukturveränderungen.

Als weiteres Indiz für die Schwäche des Standortes Deutschland werden vor allem die zunehmenden Direktinvestitionen (Errichtung von Auslandsfilialen, Beteiligung an ausländischen Firmen, Kauf von ausländischen Firmen) im Ausland betrachtet (untenstehende Tabelle).

Getätigte Direktinvestitionen *im* Ausland in den Jahren 1988 bis 1992

Land	Milliarden Dollar
Österreich	6
China	7
Dänemark	8
Spanien	11
Finnland	11
Australien	11
Taiwan	20
Kanada	28
Italien	29
Belgien / Lux.	34
Schweiz	34
Schweden	39
Niederlande	62
Deutschland	98
Frankreich	124
Großbritannien	124
USA	138
Japan	174

Quelle: Globus

Direktinvestitionen *aus* dem Ausland 1988 bis 1992

Land	Milliarden Dollar
USA	205
Großbritannien	119
Frankreich	69
Spanien	48
Belgien / Lux.	41
Niederlande	36
Deutschland	35
Australien	32
Kanada	28
China	26
Singapur	22
Italien	21
Mexiko	18
Malysia	13
Schweiz	12
Schweden	11
Argentinien	11
Portugal	10

Quelle: Globus

Von 1980 an nahmen sowohl die deutschen Auslandsinvestitionen als auch die ausländischen Investitionen in Deutschland zu. Allerdings vergrößerte sich der deutsche Bestandüberschuß im Ausland. Die beschleunigte Zunahme der Investitionen im Ausland ist allerdings keine deutsche Spezialität, sondern ein weltweiter Vorgang. Bei einer zunehmenden Internationalisierung der Märkte können weltweite Markt- und Absatzstrategien nur bei weltweiten Investitionsstrategien umgesetzt werden. Eines der wichtigsten Motive für Auslandsinvestitionen ist die Markterhaltung und Marktsicherung. Wenn Wechselkursschwankungen oder Importbeschränkungen umgangen werden sollen, wenn die Transportkosten für den Export des fertigen Produktes zu hoch sind oder wenn, wie im Falle der USA, die geographische Größe des Marktes eine Präsenz vor Ort verlangt, ist das Auslandsengagement unerläßlich. Gleiches gilt, wenn Produkte und Lieferzeit genau auf die Kundenwünsche abgestimmt werden müssen, wie beispielsweise bei der Autozulieferindustrie. Selbst stark internationalisierte deutsche Unternehmen haben das mit Abstand wichtigste Zentrum ihrer Produktion und technischen Entwicklung in der Bundesrepublik. Verstärkte Direktinvestitionen im Ausland tragen dazu bei, den heimischen Standort zu stützen und zu festigen. Die hohen Direktinvestitionen deutscher Unternehmen im Ausland sind unter diesem Blickwinkel eher als Zeichen der Stärke des Standortes Deutschland zu werten. Gelten doch die enormen Auslandsinvestitionen der Japaner ebenfalls nicht gerade als Schwäche des Standortes Japan. Wer in solchen Mengen exportiert wie die Japaner und Deutschen, der muß im Ausland investieren. Außerdem wird an einem starken Standort die ausländische Konkurrenz schlechter Fuß fassen können, denn wer wagt sich schon in die "Höhle des Löwen".

b) Vorteile des Standortes Deutschland

Der Standort Deutschland ist im internationalen Vergleich nach wie vor stark. Die wichtigsten Standortvorteile sind:
- hohes Ausbildungsniveau der Arbeitskräfte
- politische Stabilität und verantwortungsbewußte Sozialpartnerschaft
- hervorragende Infrastruktur und funktionsfähige öffentliche Dienstleistungen
- stabile Währung

An erster Stelle der Standortstärken ist das weit überdurchschnittliche Bildungsniveau der deutschen Arbeitnehmer und das duale Ausbildungssystem zu nennen, das hervorragend qualifizierte Fachkräfte hervorbringt. Der Spiegel Nr. 4, 1992 schreibt über das Bildungssystem in Deutschland:

> "Ausländer – mehr als Deutsche – halten auch das Schulsystem in der Bundesrepublik für einen deutlichen Standortvorteil. Es verbindet nach ihrer Meinung theoretische und praktische Lernphasen besser als in anderen Industrieländern. Mehrjährige Lehrzeiten mit Lehrabschlußprüfungen sind vor allem in den USA unbekannt, in Niedriglohnländern erst recht. [...] Sogar die Japaner halten das deutsche Ausbildungssystem für überlegen. Personalchefs japanischer Großunternehmen, die ihre Teilefertigung rund um die Welt streuen sollen, empfehlen deshalb neuerdings Deutschland als Investitionsstandort [...]"

Die Folge der hohen Qualifikation ist eine überdurchschnittlich hohe Produktivität. Deutschland kann sich als Hochleistungsland auch den Status eines Hochlohnlandes leisten, ohne an internationaler Wettbewerbsfähigkeit zu verlieren.

Ein weiterer günstiger Aspekt des Standortes Deutschland ist die wirtschaftliche und politische Stabilität. Durch ein gut ausgebautes Netz der sozialen Sicherung und eine verantwortungsvolle Lohnpolitik der Tarifpartner wurde ein gutes Arbeitsklima geschaffen. Positiv zu bewerten ist auch die geringe Streikbereitschaft der Arbeitnehmer.

"Es ist selten, daß in Deutschland einmal das Verkehrssystem zusammenbricht, weil Tankwarte, Lok-Führer oder Fluglotsen streiken. Investoren können mit verläßlichen Produktions- und Lieferterminen rechnen. Die Gewerkschaften haben [...] die Wirtschaft kaum einmal mit massiven Streiks gefährdet."
(Der Spiegel Nr. 4/ 1992)

Einen wichtigen Standortvorteil repräsentiert die ausgezeichnete Infrastruktur, besonders in den alten Bundesländern: die hervorragende Energieversorgung, ein flächendeckendes Fernstraßen- und Autobahnnetz.

"Der pralle Reichtum der Deutschen – etwa 10 Billionen Mark oder 10 000mal 1 000 Millionen Mark Gesamtvermögen – sichert einen hohen Versorgungsgrad mit öffentlichen Gütern – von der äußeren Sicherheit bis zu Wasser und Strom. Undenkbar, daß Bonn wie unlängst Washington zwei Stunden ohne Licht wäre."
(Der Spiegel Nr. 4/1992)

Einen nicht zu unterschätzenden Standortvorteil bringt die harte D-Mark. In ihrem Kampf um die Preisniveaustabilität waren die Währungshüter der Bundesbank in der Vergangenheit erfolgreich. Ein stabiles Preisniveau stärkt die internationale Wettbewerbsfähigkeit und gelangt den Exporteuren zum Vorteil.

4. Umweltschutz in der sozialen Marktwirtschaft

Die natürliche Umwelt war für die Menschen lange Zeit nur insofern ein Problem, als es galt, sie für die Befriedigung ihrer Bedürfnisse nutzbar zu machen. Wasser, Luft, Boden, Pflanzen und Rohstoffe waren bei geringer Bevölkerungszahl reichlich vorhandene Umweltgüter. Umweltgüter galten als **freie Güter**, da ihre Nutzung keine Aufwendungen verursachte. Bei wirtschaftlichen Entscheidungen über Produktion oder Konsum spielten sie deshalb keine Rolle. Der Übergang vom freien zum knappen Gut (wirtschaftlichen Gut) erfolgte im wesentlichen im 19. Jahrhundert mit dem starken Wachstum der Weltbevölkerung und dem damit verbundenen Wirtschaftswachstum. Die weltweit steigende Produktion bedeutete gleichzeitig eine starke Beanspruchung der Umweltgüter: intensivere Bodenbearbeitung und Ausdehnung der landwirtschaftlichen Nutzflächen, Verwendung von Dünge- und Pflanzenschutzmitteln; steigender Energieverbrauch mit zunehmender Ausbeutung fossiler Brennstoffe und vermehrtem Ausstoß des klimawirksamen Kohlendioxids; wachsende Produktion von Abfäl-

Strukturpolitik und Umweltschutzpolitik

len, Abwärme, Lärm und Strahlungen. In der gesellschaftspolitischen Diskussion nahmen die Umweltprobleme jedoch erst seit den 60er Jahren einen zunehmenden Stellenwert ein, weil die starke Beanspruchung von Rohstoffen und Umweltgütern eine Internationalisierung der Umweltprobleme bewirkte. Im Auftrag des CLUB OF ROME wurden die ersten globalen Simulationsmodelle entwickelt. Das bekannteste stammt von D. MEADOWS (Grenzen des Wachstums, 1972) und löste heftige Diskussionen über eine zukünftige ökologische Krise auf internationaler Ebene aus. Auf Grundlage der erwarteten Entwicklung der Weltbevölkerung, Nahrungsmittel- und Industrieproduktion sowie der damit verbundenen Belastung von Rohstoffreserven und Umweltgütern prognostizierte Meadows vor allem für die Phase von 2 000 bis 2 050 eine dramatische ökologische Krise, wenn nicht drastische Umweltschutzmaßnahmen erfolgten.

Viele Länder, so etwa die Bundesrepublik Deutschland in den 70er Jahren, verabschiedeten Umweltprogramme, in denen sie der Umweltpolitik einen hohen Stellenwert zuwiesen. Der Umweltschutz wurde als eigenständige öffentliche Aufgabe mit eigenem politischen Ressort anerkannt. Das Umweltschutzprogramm der Bundesregierung formulierte Mitte der 70er Jahre drei umweltpolitische Ziele, die auch heute noch Gültigkeit besitzen:
– Sicherung der Umwelt des Menschen, wie er sie für seine Gesundheit und ein menschenwürdiges Dasein braucht;
– Schutz von Luft, Wasser, Boden, Pflanzen- und Tierwelt vor nachteiligen Wirkungen menschlicher Eingriffe;
– Beseitigung der Schäden oder Nachteile, die durch menschliche Eingriffe entstanden sind.

Einigkeit herrscht bei allen Parteien und gesellschaftlichen Gruppen über die umweltpolitischen Ziele, die angestrebt werden sollen. Heftig umstritten sind dagegen die Lösungswege. Grundsatzdiskussionen werden darüber geführt, ob die umweltpolitischen Ziele über staatlichen Zwang oder durch die Förderung der Eigeninitiative und des Verantwortungsbewußtseins der Produzenten und Konsumenten erreicht werden sollen.

a) Das Problem des Umweltschutzes in der sozialen Marktwirtschaft

In Marktwirtschaften erfolgt die Allokation der knappen Güter über Märkte mit Hilfe des Preismechanismus. Die Preise zeigen die relativen Knappheiten der Güter an. Über den Preis werden die Nutzer eines knappen Gutes zu einer sorgfältigen Abwägung der eigenen Bedürfnisbefriedigung veranlaßt. Eine effiziente

Allokation kann jedoch nur dann erfolgen, wenn es gelingt, alle Folgen im Umgang mit knappen Gütern, wie die bei der Produktion entstehenden Umweltbeeinträchtigungen, in den Preisen zu erfassen. Nur unter dieser Voraussetzung ist es gewährleistet, daß die Güter der Verwendung zugeführt werden, bei der sie den größten Nutzen stiften. Für den Umweltschutz in der Marktwirtschaft ergibt sich das Problem, daß für viele Umweltgüter trotz ihrer Knappheit keine Märkte und keine Preise existieren. Umweltgüter weisen wesentliche Merkmale sogenannter **öffentlicher Güter (Kollektivgüter)** auf. Es fehlt das **Marktausschlußprinzip**, d. h. Nutzer verwenden bestimmte Umweltgüter, ohne für alle oder zumindest einen Teil der damit verbundenen Kosten aufzukommen. Die Kosten müssen andere in Form von Verzichten (Nutzeneinbußen, Aufwendungen) tragen. In Anlehnung an den französischen Ökonomen PIGOU werden diese Beeinträchtigungen Dritter als **negative externe Effekte** bzw. **soziale Zusatzkosten** bezeichnet. Der Marktpreis ist beim Auftreten negativer externer Effekte durch Umweltbelastungen, die nicht als Kostenfaktoren einkalkuliert werden, zu niedrig. Konsum- und Investitionsgüter werden zu billig produziert bzw. verkauft, Umweltgüter zum "Nulltrarif" genutzt und deshalb überbeansprucht. Für den einzelnen Nachfrager ist es lohnend, Umweltgüter in möglichst großem Umfang einzusetzen, da sie nichts kosten. Einzelwirtschaftlich rationales Verhalten widerspricht in diesem Falle dem gesamtwirtschaftlichen Ziel, mit den Umweltgütern möglichst schonend umzugehen.

Wo der Markt versagt, muß eine staatliche Umweltpolitik ansetzen. Umweltschutz in der sozialen Marktwirtschaft bedeutet, daß der Staat die Verwender von Umweltgütern mit den tatsächlichen Kosten ihrer Handlungen konfrontieren muß. Nur wenn es gelingt, den Verursachern von Umweltbelastungen die entstandenen externen Kosten aufzubürden, werden die Marktkräfte für den Umweltschutz mobilisiert werden.

b) Instrumente der Umweltpolitik

Im Umweltschutz gilt weitgehend das Verursacherprinzip. Das **Verursacherprinzip** geht von dem Grundgedanken aus, daß derjenige die Kosten der Umweltbelastung zu tragen hat, der für die Entstehung verantwortlich ist. Durch die Anwendung des Verursacherprinzips soll über die Lenkungsfunktion der Preise die Produktionsstruktur an umweltfreundliche Produkte und Produktionsverfahren angepaßt werden. Das Verursacherprinzip kann in verschiedenen Formen in die umweltpolitische Praxis umgesetzt werden.

Strukturpolitik und Umweltschutzpolitik

Auflagen

Auflagen sind Verhaltensvorschriften für die einzelnen Verursacher von Umweltbelastungen. In Form von **Geboten** oder **Verboten** setzen sie direkt bei den einzelnen Emissionsquellen an. Gebote schreiben absolute Höchstgrenzen für umweltschädigendes Verhalten vor und zwingen die Verursacher, die geltenden Regeln zu befolgen, da sie bei Nichteinhaltung mit staatlichen Sanktionen rechnen müssen. In Deutschland und in vielen anderen Ländern sind Auflagen gegenwärtig das vorherrschende Instrument der Umweltschutzpolitik. Als Beispiel ist die Luftreinhaltepolitik nach dem Bundesimmissionsschutzgesetz zu nennen, wo per Rechtsverordnung ("Technische Anleitung zur Reinhaltung der Luft", "Großfeuerungsanlagen-Verordnung") Emissionsgrenzwerte durch Behörden vorgegeben werden. Außerdem genehmigen die zuständigen staatlichen Stellen nur solche Produktionsanlagen, deren Errichtung und Betrieb dem augenblicklichen Stand der Technik entsprechen.

Ökologische Steuerreform (Ökosteuern)

Der Verursacher soll nach dieser Konzeption mit einer Steuer in Höhe der externen Kosten belastet werden ("Pigou-Steuer"). Eine so gestaltete Steuer zeigt dem Verursacher entstandene Umweltschäden auf und veranlaßt ihn, die Knappheit der Umweltgüter, die sich in der Höhe der Steuer niederschlägt, in seine Kalkulationen einzubeziehen. Umweltgüter werden nur noch soweit in Anspruch genommen, wie keine höherwertigen Verwendungsmöglichkeiten existieren. Gleichzeitig besteht ein Anreiz dazu, sie sparsam zu verwenden, um Kosten zu vermeiden. Auch eine Überwälzung der **Ökosteuern** auf die Produktpreise ist gesamtwirtschaftlich wünschenswert. Der Endverbraucher ist schließlich das letzte Glied in der Verursacherkette. Er wird auf ökosteuerbedingte Preissteigerungen für umweltbelastende Güter mit einer Nachfrageverringerung reagieren oder den Konsum auf billigere, umweltfreundlichere Produkte verlagern. Ökosteuern sind also ein Ersatz für den nicht existierenden Marktpreis der Umweltnutzung. Umweltgüter sind dann nicht mehr zum Nulltarif verfügbar. In der praktischen Umweltpolitik spielen Ökosteuern bzw. Abgaben bisher nur eine untergeordnete Rolle u. a. weil eine exakte Erfassung, Bewertung und Zurechnung von Umweltkosten nicht bzw. nur unvollständig möglich ist. Elemente finden sich im Wasserabgabengesetz, das für Wasserverschmutzer bestimmte Abgaben für jede von ihnen verursachte Schadeinheit vorsieht.

Emissionszertifikate

Die Zertifikatlösung basiert auf Untersuchungen in den 60er Jahren. Sie geht davon aus, daß keine Märkte für die Inanspruchnahme von Umweltgütern existieren und deshalb geschaffen werden müssen. Zunächst werden sogenannte regionale Emissionskontingente festgelegt, in kleine Teilmengen gestückelt und in **Emissionszertifikaten** verbrieft. Nur die Eigentümer der Zertifikate sind berechtigt, Schadstoffe – maximal in Höhe der verbrieften Mengen – zu emittieren. Innerhalb der jeweiligen Region sind die Zertifikate frei handelbar. Als Nutzungsberechtigte kommen neben den schadstoffproduzierenden Unternehmen auch private Interessenten und Umweltschutzorganisationen in Frage. Planen Unternehmen die Abgabe zusätzlicher Schadstoffe an die Umwelt, weil sie ihre Produktion ausdehnen oder Neuinvestitionen tätigen wollen, müssen sie zu den vorhandenen Zertifikaten zusätzliche erwerben. Eigentümer, die nicht alle ihnen zustehenden "Schädigungsrechte" benötigen, können ihre überschüssigen Zertifikate verkaufen. Dadurch entsteht ein Markt für Umweltgüter. Der Preis für die Umweltgüter spiegelt sich in den Zertifikatpreisen wider. Eine vermehrte Nachfrage nach Emissionsrechten signalisiert über die steigenden Zertifikatpreise eine Verknappung der Umweltgüter. Bei höheren Preisen werden einige Nachfrager darauf verzichten, Emissionsrechte zu erwerben, weil es für sie kostengünstiger wird, Emissionen durch Umweltschutzinvestitionen zu vermeiden.

Das **Gemeinlastprinzip** (Soziallastprinzip) stellt das Gegenstück zum Verursacherprinzip dar. Weil die Erhaltung der Umwelt im Interesse aller liegt, soll nach den Befürwortern des Soziallastprinzips die Gemeinschaft für die Kosten des Umweltschutzes aufkommen. In der Praxis wird das Gemeinlastprinzip mit dem Verursacherprinzip kombiniert. So werden z. B. Verursacher von Umweltbelastungen bei der Beseitigung oder Vermeidung von Schäden durch öffentliche Mittel unterstützt. Die Steuerbefreiung von Katalysatorautos stellt ein Beispiel für die kombinierte Anwendung von Gemeinlast- und Verursacherprinzip dar. Öffentliche Umweltschutzinvestitionen (Abwasserbeseitigung, Müllentsorgung) fallen ebenfalls unter das Gemeinlastprinzip.

Entscheidend für die Durchsetzbarkeit der umweltpolitischen Instrumente ist, ob sie von den Betroffenen akzeptiert werden. Die größte politische Akzeptanz bei Bürgern und Umweltschützern finden bisher Auflagen. Ihre Wirkungen sind klar ersichtlich, und sie scheinen vor allem jene zu treffen, die für die Umweltschäden verantwortlich sind.

c) Wirksamkeit der Maßnahmen

Bei der Beurteilung der Wirksamkeit der einzelnen Maßnahmen muß berücksichtigt werden, ob durch sie die vorgegebenen ökologischen Ziele erreicht werden können (ökologische Effizienz) und ob sie der Förderung des umwelttechnischen Fortschrittes dienen (Innovationseffizienz).

Um den vorgegebenen Emissionsstandard für eine Region sicherzustellen, sind Gebote und Verbote grundsätzlich geeignet. Vor allem in Krisensituationen (Fahrverbot bei Smog, Tempolimit bei Ozonalarm) sind sie aufgrund ihrer schnellen und dosierbaren Wirksamkeit anderen Instrumenten überlegen. Informationslücken und Personalengpässe bei den Vollzugsbehörden schränken jedoch die Wirksamkeit von Auflagen in der umweltpolitischen Praxis ein. Inwiefern Ökosteuern ihre Funktion zur Erhaltung der Umwelt erfüllen können, hängt von der Bestimmung der richtigen Abgabenhöhe ab. Eine exakte Ermittlung der externen Kosten ist kaum möglich. Der angemessene Abgabesatz muß in der Praxis im Trial-and-Error-Verfahren bestimmt werden. Damit entstehen erhebliche zeitliche Verzögerungen. Zudem müßten ständige Anpassungen des Abgabesatzes an die sich verändernden wirtschaftlichen Bedingungen (Produktionsausdehnung durch Wirtschaftswachstum, Inflation, Veränderungen der Produktionsverfahren) vorgenommen werden, was mit einem erheblichen Verwaltungsaufwand verbunden wäre. Mit den Zertifikaten ließe sich der gewünschte Umweltstandard unproblematischer erreichen, weil die Summe der Zertifikate genau dem regionalen Emissionsgrenzwert entspricht. Ein Problem ergibt sich jedoch dadurch, daß bei dieser Lösung das alte Emissionsniveau erhalten bleibt, wenn die Produktion zurückgeht oder Anlagen stillgelegt werden. Der Rückgang des Zertifikatpreises bremst dann die Schadstoffvermeidungsaktivitäten erheblich.

Für die Beurteilung der umweltpolitischen Instrumente ist es bedeutsam, ob es gelingt, ein gegebenes Produktionsniveau mit geringerem Einsatz von Umweltgütern zu erreichen und den umwelttechnischen Fortschritt zu fördern. Am wenigsten dazu geeignet sind nach Meinung von Experten die Auflagen. Sie bieten keinen Anreiz, durch technische Neuerungen die Umweltbelastungen über den vorgegebenen Standard hinaus zu verringern. Bei Emissionsabgaben (Ökosteuern) und Emissionszertifikaten besteht dagegen ein stärkerer Anreiz für die Einführung umweltschonender, technischer Neuerungen. Je weiter die Umweltbelastungen durch den technischen Fortschritt reduziert werden, desto mehr "Abgaben" bzw. Ausgaben für Zertifikate spart der einzelne Emittent. Der technische Fortschritt könnte allerdings bei einem Verfall der Zertifikatpreise gebremst werden. Deshalb müßte der Staat bei umwelttechnischen Innovationen Emissionsrechte zurückkaufen oder abwerten.

Lernziel-Kontrollaufgaben

94. Beschreiben Sie mit Hilfe der Tabellen auf Seite 151 den Strukturwandel, der sich von 1960 bis 1990 in der Bundesrepublik vollzogen hat!

95. Nennen Sie vier Ursachen für den Strukturwandel!

96. Erläutern Sie mögliche Tendenzen im künftigen Strukturwandel!

97. Beurteilen Sie die Notwendigkeit einer staatlichen Strukturpolitik!

98. Nennen Sie vier strukturpolitische Maßnahmen des Staates!

99. Nennen Sie je vier Vor- und Nachteile des Standortes Deutschland!

100. Diskutieren Sie die Bedeutung der Direktinvestitionen (Tabellen Seite 164, 165) für die Güte des Standortes Deutschland!

101. Warum können Umweltgüter als "freie Güter" bzw. "öffentliche Güter" bezeichnet werden. Erklären Sie, welche Folgen sich daraus für die marktwirtschaftliche Produktion ergeben!

102. Erläutern Sie die Umweltschutzpolitik über Emissionszertifikate!

103. Vergleichen Sie das Verursacher- und Gemeinlastprinzip hinsichtlich der ökonomischen und ökologischen Effizienz!

Lösungen

1. Dauer der Zyklen:

   1. Zyklus (1949 – 1954): 5 Jahre
   2. Zyklus (1955 – 1958): 3 Jahre
   3. Zyklus (1959 – 1963): 4 Jahre
   4. Zyklus (1964 – 1967): 3 Jahre
   5. Zyklus (1968 – 1971): 3 Jahre
   6. Zyklus (1972 – 1975): 3 Jahre
   7. Zyklus (1976 – 1977): 1 Jahr
   8. Zyklus (1978 – 1982): 4 Jahre
   9. Zyklus (1983 – 1992): 9 Jahre

   Bis Mitte der 60er Jahre fanden Rezessionen bei relativ hohen Wachstumsraten statt; in den Rezessionen der jüngeren Zyklen tritt Minuswachstum auf. Die Wachstumsraten in den Boomphasen erreichten höhere Werte als in den jüngeren Zyklen. Bis Mitte der 60er Jahre ist ein Schrumpfungstrend festzustellen (Basiseffekt!), der dann in einen Stagnationstrend übergeht. Die Dauer der älteren Zyklen betrug zwischen drei und fünf Jahren. Die jüngeren Zyklen dauern zwischen einem und neun Jahren. Der ungewöhnlich lange dauernde 9. Zyklus ist auf den "Vereinigungsboom" des Jahres 1990 zurückzuführen.

2. **Frühindikatoren:** Auftragseingang im verarbeitenden Gewerbe; Entwicklung am Aktienmarkt (aber: viele verschiedene Einflußfaktoren, deshalb mit Vorsicht zu betrachten).

   Präsensindikatoren: Produktion im produzierenden Gewerbe; Wachstum des realen BSP; erwerbstätige Inländer.

   Spätindikatoren: Privater Verbrauch; Anlageinvestitionen; Einkommen aus unselbständiger Arbeit; Arbeitslosenquote; Preisindex für die Lebenshaltung aller privaten Haushalte; Sollzinsen für Hypothekarkredite; Habenzinsen für Spareinlagen; Zinsentwicklung am Rentenmarkt; Außenbeitrag

   Preis-Kosten-Indikatoren: Privater Verbrauch; Anlageinvestitionen; Außenbeitrag; Einkommen aus unselbständiger Arbeit; Preisindex der Lebenshaltungskosten; Soll- und Habenzinsen; Zinsentwicklung am Rentenmarkt; Index der Aktienkurse

   Mengenindikatoren: Wachstum des realen BSP; Auftragseingang im verarbeitenden Gewerbe, Produktion im produzierenden Gewerbe; Arbeitslosenquote; Zahl der erwerbstätigen Inländer.

Lösungen

3. Als Prognosemittel eignen sich am besten die Frühindikatoren, die konjunkturelle Entwicklungen vorab anzeigen. Ob beispielsweise der Auftragseingang und der Index des Geschäftsklimas zuverlässige Frühindikatoren sind, hängt entscheidend von der Qualität der statistischen Erfassung ab. Eine fundierte Prognose darf sich nicht nur auf der Auswertung einiger weniger Konjunkturindikatoren stützen, sondern muß viele verschiedene Indikatoren heranziehen.

4. Zu Beginn des Abschwunges kündigen rückläufige Auftragseingänge eine Verschlechterung der gesamtwirtschaftlichen Situation an. Während des Abschwunges sinken die Wachstumsraten des realen BSP; die Kapazitätsauslastung nimmt ab. Die Arbeitslosenquote steigt zunächst nur langsam, da zuerst Überstunden abgebaut bzw. Kurzarbeit eingeführt wird. Die Einkommen aus unselbständiger Tätigkeit gehen erst im weiteren Verlauf des Abschwunges zurück, was zu einer Abnahme des privaten Verbrauches führt. Sinkende Einkommen und rückläufige Konsumausgaben sorgen für schrumpfende Steuereinnahmen. Aufgrund der nachlassenden gesamtwirtschaftlichen Nachfrage verlangsamt sich der Preisniveauanstieg. Der Preisindex der Lebenshaltung reagiert aber als Spätindikator erst Mitte bzw. gegen Ende des Abschwunges.

5. Witterungsbedingte saisonale Schwankungen: Baugewerbe; Gartenbau; Landwirtschaft; Fremdenverkehr.
Durch das Konsumverhalten bedingte saisonale Schwankungen: Einzelhandelsboom vor Weihnachten; Fremdenverkehr in der Ferienzeit.

6. Konjunkturelle Schwankungen dauern in der Regel drei bis fünf Jahre, während sich die Kondratieffzyklen über einen Zeitraum von 50 bis 60 Jahren erstrecken. Konjunkturelle Schwankungen betreffen einzelne Volkswirtschaften und werden durch Schwankungen in der gesamtwirtschaftlichen Nachfrage hervorgerufen. Kondratieffzyklen erstrecken sich auf die gesamte Weltwirtschaft und werden durch bahnbrechende Innovationen verursacht. Die Existenz der Kondratieffzyklen ist umstritten, weil längere Zeitreihen meist von schlechter statistischer Qualität sind und überdies zahlreiche exogene Einflüsse wie beispielsweise die beiden Weltkriege enthalten sind. Die Existenz der Konjunkturzyklen ist nicht umstritten.

Lösungen

7. **Aussage 1:**
Richtig! Die Zahl der Erwerbstätigen sank trotz konjunktureller Erholung um ca. 90 000, bedingt durch den Beginn der Urlaubszeit.

Aussage 2:
Richtig. Sowohl im Westen als auch im Osten sank im August 1994 gegenüber Juli 1994 die Zahl der Arbeitslosen.

Aussage 3:
Saisonbereinigt heißt, daß durch den Vergleich mit dem jeweiligen Monat des Vorjahres saisonale Einflüsse ausgeschaltet werden. Noch nie zuvor war die Arbeitslosenzahl im August so hoch wie 1994. Die Aussage stimmt also.

Aussage 4:
Alte Bundesländer: Im Juli 1992 betrug die Zahl der Beschäftigten 29 392 000, im Juli 1994 dagegen waren es nur noch 28 560 000. Es gingen ca. 832 000 Stellen verloren.
Neue Bundesländer: Im Juli 1992 betrug die Zahl der Beschäftigten 6 476 000, im August 1994 sank die Zahl der Beschäftigten um 191 000 auf 6 285 000.
Insgesamt gingen in Deutschland in den letzten zwei Jahren über eine Million Arbeitsplätze verloren. Aussage stimmt.
Die Gesamtzahl der Arbeitslosen betrug im August 1994 ca. 3,6 Millionen. Das bedeutet aber nicht, daß im gleichen Umfang Stellen fehlen. Es ist zu berücksichtigen, daß es "verdeckte Arbeitslosigkeit" gibt und trotz Arbeitslosigkeit offene Stellen (ca. 304 000 Stand September 1994) existieren, die aufgrund von strukturellen Problemen am Arbeitsmarkt nicht besetzt werden können. Die Aussage stimmt also nicht.

Aussage 5:
Falsch. Die Zahl der Erwerbstätigen in Gesamtdeutschland beträgt ca. 35 Millionen.

Aussage 6:
Trifft zwar zu, kann aber nicht aus den gegebenen Statistiken entnommen werden.

Aussage 7:
Richtig ist, daß sich die Produktion in Westdeutschland um 8,9 % gegenüber dem Vorjahr erhöhte. Falsch ist die Zahl für Ostdeutschland, da die Produktion hier im gleichen Zeitraum um über 22 % stieg.

Lösungen

Aussage 8:
Stimmt nicht. Die Produktion erreicht zwar einen hohen Stand, verglichen mit den Jahren '91, '92 und '93. Das Niveau vom 2. Halbjahr 1990 ist jedoch immer noch nicht erreicht.

Aussage 9:
Richtig! Der Trend zeigt seit Mitte 1993 nach oben, wenn auch bei den Exporten von Februar auf März 1994 ein kleiner Einbruch zu verzeichnen war.

Aussage 10:
Richtig! Die Differenzen (X – M) der Monate Januar bis Juni 1994 ergeben zusammen ca. 36 Milliarden DM Außenhandelsüberschuß.

Aussage 11:
Bezieht man den Preisanstieg auf den Vormonat stimmt die Aussage, da im August 1994 der Preisindex gegenüber Juli 1994 im Westen und Osten leicht anstieg.

Aussage 12:
Es gibt erhebliche Unterschiede in der Beschäftigtenstruktur. In der Land- und Forstwirtschaft, in Energie und Bergbau, Baugewerbe sowie bei Körperschaften und Sozialversicherungen sind im Osten wesentlich mehr Personen beschäftigt. Im Westen dagegen arbeiten prozentual mehr Personen im verarbeitenden Gewerbe, im Handel und bei Banken und Versicherungen.

Aussage 13:
Falsch! Aussage trifft nur für den Westen zu.

8. Zuordnen der Wirtschaftssubjekte zu den Sektoren des Kreislaufmodells:
Allgemeine Ortskrankenkasse (gesetzliche Krankenversicherung) = VV
Telekom = U (auch vor der Privatisierung)
Stadt München = St
Rentenversicherungsanstalt = VV
Lufthansa = U
TSV 1860 München = U
Daimler-Benz AG = U
Kreis Kelheim = St
Reichsbahn/Bundesbahn = U
Lebensversicherungen = U
Deutsche Bank AG = U

Lösungen

9. Zuordnen auf die Einnahmeströme des Sektors Staat:
Gewinne der Bundespost = G_{St}
Lohnsteuer = T_{dir}
Kaffeesteuer = T_{ind}
Umsatzsteuer = T_{ind}
Mineralölsteuer = T_{ind}
Sekt- und Branntweinsteuer = T_{ind}
Erbschaftssteuer = T_{dir}
Versicherungssteuer = T_{ind}
Kirchensteuer = T_{dir}
Hundesteuer = T_{dir}
Vergnügungssteuer = T_{ind}
Grundsteuer = T_{dir}

10. Zuordnen auf die Ausgabenströme des Sektors Staat:
Tilgung von Schulden = S_{St}
Beamtengehälter = C_{St}
Sozialhilfezahlungen = Z_H
Ausgaben der Bundesanstalt für Arbeit für ABM-Maßnahmen = Z_H
Ausgaben der öffentlichen Hand für Schulbücher = C_{St}
Kreditaufnahme bei der Bundesbank = S_{St}

12. a)

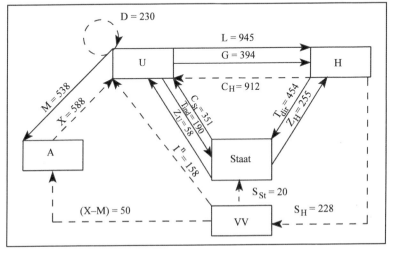

Berechnung:

$S_{St} = T_{dir} + T_{ind} - C_{St} - Z_U - Z_H$
$S_{St} = 454 + 190 - 351 - 58 - 255$
$\underline{S_{St} = -20}$

(Staatliche Kreditaufnahme)

$S_H = 20\%$ von Y_{verf}
$Y_{verf} = Y(L+G) + Z_H - T_{dir}$
$Y_{verf} = 945 + 394 + 255 - 454$
$\underline{Y_{verf} = 1\,140}$
$\underline{S_H = 228}$

$C_H = Y_{verf} - S_H$
$C_H = 1\,140 - 228$
$\underline{C_H = 912}$

$NPW = C_H + C_{St} + I^b + (X - M)$
$X = NPW - C_H - C_{St} - I^b + M$
$X = 1\,701 - 912 - 351 - 388 + 538$
$\underline{X = 588}$

$I^n = S_H - (X - M) - S_{St}$
$I^n = 228 - 50 - 20$
$\underline{I^n = 158}$

$D = I^b - I^n$
$D = 388 - 158$
$\underline{D = 230}$

b) $N = C_H + C_{St} + I^b + X$
$N = 912 + 351 + 388 + 588$
$\underline{N = 2\,239}$

$A = NPW + M$
$A = 1\,701 + 538$
$\underline{A = 2\,239}$

12. a) Gleichgewichtsbedingung für eine geschlossene evolutorische Volkswirtschaft mit staatlicher Kreditaufnahme:
$S_H = I^n + S_{St}$
b) Gleichgewichtsbedingung für eine offene evolutorische Volkswirtschaft mit negativem Außenbeitrag und echtem Sparen des Staates:
$S_H + S_{St} + (M > X) = I^n$

13. Bei **Desinvestitionen**: I^n gepl $> S_{Hgepl}$
Desinvestitionen bedeuten, daß die Unternehmen ihre Lager räumen, d. h. negative ungeplante Lagerinvestitionen tätigen (= Realausgleich). Dies ist erforderlich, weil die Haushalte mehr Konsumgüter nachfragen als die Unternehmen entsprechend ihrer Planung produzierten.

Bei Preissenkungen: I^n gepl $< S_{Hgepl}$
Sind die geplanten Ersparnisse größer als die geplanten Investitionen der Unternehmen, ist die Konsumgüternachfrage geringer als die produzierte Menge an Konsumgütern. Wollen die Unternehmen ihre Lagerbestände nicht aufstocken, können sie alle produzierten Konsumgüter nur verkaufen, wenn sie die Konsumgüterpreise senken. Durch die Preissenkungen werden die Gewinne reduziert, und damit verringern sich die Einkommen der Unternehmerhaushalte. Die Unternehmerhaushalte können weniger sparen als in ihren Plänen vorgesehen (= monetärer Ausgleich).

14. Findet in einer Wirtschaftsperiode ein Lageraufbau statt, weil die Unternehmen mehr Konsumgüter produzierten als die Haushalte bereit waren abzunehmen, werden die Unternehmen in der kommenden Wirtschaftsperiode ihre Planung ändern und weniger Konsumgüter herstellen. Eine Drosselung der Konsumgüterproduktion bewirkt in der Konsumgüterbranche rückläufige Einkommen, möglicherweise auch Entlassungen. Das Volkseinkommen geht zurück. Bei geringerem Volkseinkommen nehmen die Konsumgüterausgaben und/oder Ersparnisbildung ab. Sinkende Konsumausgaben könnten wiederum zu Lageraufbau im Unternehmenssektor führen. Für die kommenden Perioden ist ein Rückgang der Neuinvestitionen zu erwarten, was Einkommenseinbußen im Investitionsgüterbereich nach sich zieht. Das Volkseinkommen sinkt erneut. Dazu kommen negative Multiplikator- und Akzeleratorwirkungen, die die Talfahrt beschleunigen. Während der Rezession verringern sich auch die Staatseinnahmen, weil die Einnahmen aus direkten Steuern wegen des sinkenden Volkseinkommens und aus indi-

Lösungen

rekten Steuern aufgrund der rückläufigen gesamtwirtschaftlichen Nachfrage abnehmen. Die Staatsausgaben dagegen werden steigen, weil die Ausgabenverpflichtungen des Staates in Form von Transferzahlungen wegen der steigenden Arbeitslosigkeit zunehmen. Die Staatsverschuldung wird im Verlauf der Rezession wachsen.

15 Der **Multiplikator** ist ein volkswirtschaftlicher Begriff zur mathematischen Formulierung der Veränderung des Volkseinkommens, das durch zusätzliche Ausgaben (z. B. Konsum-, Investitions-, Staatsausgaben) hervorgerufen wird. Der Multiplikator gibt an, um das Wievielfache der Ausgabenänderung das Volkseinkommen steigt oder sinkt.

Der **Akzelerator** (lat. Beschleuniger) ist die im Zusammenhang mit dem **Akzeleratorprinzip** ermittelte Verhältniszahl zwischen dem Wert der induzierten Nettoinvestitionen und dem der Nachfrageerhöhung. Es ist zu beachten, daß nicht die absolute, sondern die prozentuale Nachfragesteigerung für die Veränderungen der Nettoinvestitionen bestimmend ist. Nach dem Akzeleratorprinzip veranlaßt eine Schwankung der Nachfrage nach Konsumgütern eine prozentual größere Schwankung der Nachfrage nach Investitionsgütern. Der Akzelerator ist derjenige Faktor, der mit dem Nachfragezuwachs multipliziert die induzierte Investitionsnachfrage ergibt.

16. Auswirkungen auf den Multiplikatorprozeß:

 a) Steigt die Konsumquote, erhöht sich die Multiplikatorwirkung.

 b) Erhebt der Staat direkte Steuern, vermindert sich das verfügbare Einkommen, der Multiplikatoreffekt fällt geringer aus.

 c) Werden Güter aus dem Ausland importiert, verringert sich der Multiplikatoreffekt im Inland und wird über die inländische Exportgüternachfrage teilweise auf die Handelspartner übertragen.

 d) Bei vollbeschäftigter Wirtschaft führen Erhöhungen der Konsumgüternachfrage zu erheblichen Preissteigerungen. Das Volkseinkommen wächst nur noch nominal.

17. Die Akzeleratorwirkung hängt ab:

 – vom **Kapitalkoeffizienten** (a); $a = \dfrac{\text{Realkapital}}{\text{Ausbringungsmenge}}$

 – von der Lebensdauer der Anlagen

Je höher der Kapitalkoeffizient und je länger die Lebensdauer sind, desto stärker wirkt sich die Änderung der gesamtwirtschaftlichen Nachfrage in überproportionalen Schwankungen der Investitionsgüternachfrage aus.

18. Eine Erhöhung der Mineralölsteuer bewirkt zunächst höhere Einnahmen des Staates aus **indirekten Steuern**. Die Unternehmen werden versuchen, die Steuererhöhung auf die Konsumgüterpreise (Benzin-, Heizölpreise usw.) abzuwälzen. Gelingt die Überwälzung, steigen die Konsumgüterpreise. Höhere Preise werden die Haushalte veranlassen, die Konsumausgaben umzuschichten und/oder einzuschränken, z. B. durch Umsteigen auf öffentliche Transportmittel oder Bilden von Fahrgemeinschaften. Verringert sich die Nachfrage nach Automobilen, so wird es zu Einkommensverlusten in der Automobilindustrie kommen. Die **rückläufige Konsumgüternachfrage** in einer Schlüsselindustrie könnte zu einem **Sinken des Volkseinkommens** führen. Das Volkseinkommen würde aufgrund des Multiplikatoreffektes um ein Vielfaches des zugrundeliegenden Nachfragerückganges abnehmen und auch andere Branchen betreffen. Der Akzeleratoreffekt bewirkte, daß in den betroffenen Branchen, v. a. in der Automobilindustrie, die **Neuinvestitionen** stark zurückgingen. Sinkt die Investitionsgüternachfrage, nimmt das Volkseinkommen erneut ab. Im Verlaufe des gesamtwirtschaftlichen Kontraktionsprozesses wird es zu Entlassungen kommen. Die Arbeitslosigkeit steigt. Da Arbeitslose über ein geringeres Einkommen verfügen, geht die Konsumgüternachfrage sowie die Sparfähigkeit und damit die **Ersparnisbildung** zurück. Multiplikator- und Akzeleratorwirkungen beschleunigen die Talfahrt wiederum. Die Einnahmen des Staates aus **direkten Steuern** sinken, wenn das Volkseinkommen stark zurückgeht. Auch die anfänglichen Mehreinnahmen aus der Mineralölsteuererhöhung werden zunehmend durch sinkende Einnahmen bei anderen indirekten Steuern überkompensiert. Außerdem steigen die Staatsausgaben, weil die staatlichen **Transferleistungen** bei zunehmender Arbeitslosigkeit wachsen. Die **Staatsverschuldung** nimmt zu. Eine Erhöhung der Mineralölsteuer könnte jedoch auf lange Sicht bewirken, daß die Unternehmen zur Erhaltung ihrer Absatzmärkte verstärkt **Investitionen im Bereich Umweltschutz** tätigen, um beispielsweise den Kraftstoffverbrauch der Autos zu reduzieren oder Ersatzstoffe für das teuere Mineralöl zu finden. Die zusätzlichen Investitionsausgaben könnten einen positiven Multiplikatoreffekt auslösen. Entsteht im Bereich der Umwelttechnik ein Vorsprung gegenüber den ausländischen Konkurrenten, könnte auch von der **Exportnachfrage** ein positiver Multiplikator- bzw. Akzeleratoreffekt ausgehen.

Lösungen

19. Gesamtwirtschaftliche Nachfrage (N):

$N = C_H + I^b + C_{St} + X$

Gesamtwirtschaftliches Angebot (A):

Bruttoproduktionswert (BPW)
- Vorleistungen
= Nettoproduktionswert (NPW)
+ Importe
= A

20. Bestimmungsfaktoren für die Höhe des gesamtwirtschaftlichen Angebotes: Höhe des Kapitalstockes einer Volkswirtschaft; technologischer Stand; Zahl der Arbeitskräfte; Ausbildung der Arbeitskräfte; Arbeitszeit; natürliche Ressourcen; Infrastruktur.

21. a) C_o stellt den **Basiskonsum** dar, der auch bei einem verfügbaren Einkommen von Null zur Existenzsicherung notwendig ist.

b) $Y_{verf} = Y + Z_H - T_{dir}$ − Beiträge zur Sozialversicherung
Das verfügbare Einkommen wird entsprechend der Konsumquote für Konsumgüternachfrage (C_H) bzw. Ersparnisbildung (S_H) verwendet.

c) Die 45°-Linie gibt an, wo das verfügbare Einkommen gleich den Konsumausgaben ist, d. h. das gesamte verfügbare Einkommen für Konsumausgaben verwendet wird. Es findet keine Ersparnisbildung statt. Liegt die Konsumfunktion über der 45°-Linie, werden Ersparnisse gebildet. Befindet sich die Konsumfunktion unter der 45°-Linie, wird entspart.

d)

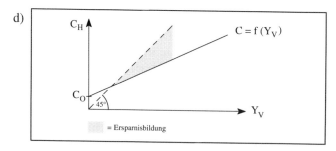

e) Die Konsumneigung spiegelt sich in der Steigung der Konsumfunktion wider.

Lösungen

22. Berechnung der **Konsum- (c)** bzw. **Sparquote (s)** in %:

	Selbständige	Arbeitnehmer	Rentner und Pensionäre	Arbeitslose
c	74,6	92,2	94,9	112,1
s	25,4	7,8	5,1	– 12,1

Bei einer gleichmäßigeren Einkommensverteilung würde das verfügbare Einkommen der Arbeitnehmer-, Rentner- und Arbeitslosenhaushalte steigen. Da diese Haushaltsgruppen eine höhere Konsumquote aufweisen als die Haushalte der Selbständigen, würden die Konsumausgaben steigen.

23. *Stationäre Volkswirtschaft:*

$Y^b_m = C_H + D$
$Y^n_m = C_H$
$Y^n_f = Y^n_m = C_H$

Geschlossene evolutorische Volkswirtschaft ohne ökonomische Aktivität des Staates:

$Y^b_m = C_H + I^n + D$
$Y^n_m = C_H + I^n$
$Y^n_f = Y^n_m = C_H + I^n$

Geschlossene evolutorische Volkswirtschaft mit ökonomischer Aktivität des Staates:

$Y^b_m = C_H + C_{St} + I^n + D$
$Y^n_m = C_H + C_{St} + I^n$
$Y^n_f = C_H + C_{St} + I^n - T_{ind} + Z_U$

24. a) $Y^b_m = C_H + C_{St} + I^n + D + (X - M)$
$Y^b_m = 987 + 350 + 97 + 220 + (587 - 537)$
$\underline{Y^b_m = 1\,704}$

b) $Y^n_f = Y^b_m - D - T_{ind} + Z_U$
$Y^n_f = 1\,704 - 220 - 189 + 48$
$\underline{Y^n_f = 1\,343}$

Lösungen

oder $Y^n_f = Y$; Berechnung über den Sektor Haushalt (Verwendungsseite)

$Y = C_H + S_H + T_{dir} - Z_H$

$Y = 987 + 147 + 463 - 254$

$Y = 1343$

oder Berechnung über den Sektor Unternehmen (Entstehungsseite)

$Y = C_H + C_{St} + I^n + X + Z_U - M - T_{ind}$

$Y = 987 + 350 + 97 + 587 + 48 - 537 - 189$

$Y = 1343$

c) Das reale Wachstum beinhaltet das mengenmäßige Wachstum der produzierten Güter und Dienstleistungen gegenüber dem Vorjahr. Zur Ermittlung des realen Wachstums bräuchte man das Bruttosozialprodukt des Vorjahres. Für die Berechnung des realen Wachstums, müßten die preisbereinigten Sozialproduktgrößen zur Verfügung stehen. Dazu wäre das Bruttosozialprodukt des Basisjahres, mit dessen Preisen gerechnet wird, notwendig.

25. Graphische Darstellung des nominalen und realen Wirtschaftswachstums der Bundesrepublik von 1980 bis 1991:

Nominales Wachstum in %

80	81	82	83	84	85	86	87	88	89	90	91	92
6,7 %	3,3	2,5	5,1	4,9	4,1	5,5	3,3	5,3	6,1	8,7	8,0	6,0

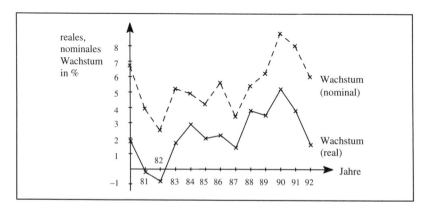

Lösungen

26. *Entstehung:*
 Industrie und Handwerk haben gegenüber 1981 erheblich an Bedeutung verloren; der Beitrag der Landwirtschaft hat sich fast halbiert. Der Beitrag des Dienstleistungssektors ist um ca. ein Drittel gestiegen. Der Beitrag des Staates blieb konstant.

 Verwendung:
 Auf der Verwendungsseite waren die Veränderungen geringer. Der private Verbrauch hat gegenüber 1981 abgenommen, ebenso die Investitionen und der Staatsverbrauch. Der Außenbeitrag hat stark zugenommen.

 Verteilung:
 Die Lohnquote ist gegenüber 1981 gesunken; die Gewinnquote gestiegen.

27. Das **Inlandsprodukt** geht vom **Inlandskonzept** aus, d. h. es wird das Einkommen aus der Produktion im Inland erfaßt, unabhängig davon, ob es von Inländern oder Ausländern erwirtschaftet wurde. Dem **Sozialprodukt** dagegen liegt das **Inländerkonzept** zugrunde, d. h. es werden die Einkommen der Inländer berechnet, unabhängig davon, ob sie im In- oder Ausland erarbeitet wurden. Das Inlandsprodukt enthält beispielsweise nicht die Auslandseinkommen der Inländer, die aber im Sozialprodukt enthalten sind. Das Inlandsprodukt umfaßt aber die Inlandseinkommen der Ausländer, die im Sozialprodukt nicht enthalten sind. Als Inländer gilt, wer seinen festen Wohnsitz im Inland hat.
 Beispiel: Das Einkommen eines österreichischen Grenzgängers, der täglich zu seiner Arbeitsstätte nach Deutschland pendelt, ist im Inlandsprodukt, nicht aber im Sozialprodukt erfaßt. Umgekehrt wäre das Einkommen eines deutschen Arbeitnehmers, der jeden Tag über die Grenze zu seiner Arbeitsstätte nach Österreich fährt, nicht im Inlandsprodukt, wohl aber im Sozialprodukt enthalten.

28. Einerseits ist das Bruttosozialprodukt als umfassende gesamtwirtschaftliche Größe eine Meßzahl für den Wohlstand. Im Vergleich zu anderen Indikatoren läßt es sich relativ leicht ermitteln. Allerdings müßte das reale Bruttosozialprodukt verwendet werden, weil das nominale Bruttosozialprodukt auch Preissteigerung enthält. Es ist allerdings zu bedenken, daß das BSP eine rein quantitative Größe ist. Mehr Wohlstand wird damit gleichgesetzt mit einer größeren Menge an produzierten Gütern und Dienstleistungen. Aussagen über Umweltqualität, Arbeitsbedingungen, Wohnverhältnisse

können nicht gemacht werden, obwohl sie erheblich zur Lebensqualität beitragen. Die absolute Höhe des BSP bzw. das durchschnittliche Pro-Kopf-Einkommen lassen zudem keine Aussagen über die Einkommensverteilung zu. Es werden auch Leistungen, die zu einer Steigerung des Wohlstandes beitragen würden, bei der Berechnung des BSP nicht erfaßt, wie z. B. Hausfrauentätigkeit und Schwarzarbeit. (Bei der Aussagekräftigkeit des realen Wachstums ist der Basiseffekt zu berücksichtigen. Bei einem höheren BSP als Basiswert lassen sich hohe Wachstumsraten schwieriger erzielen. Allerdings wird jedes Prozent Wachstum gehaltvoller).
Es gibt zwar Ansätze, das Sozialprodukt durch andere Wohlstandsindikatoren wie z. B. **Ökosozialprodukt** zu ersetzen, um auch qualitative Aspekte des Wachstum miteinzubeziehen. Qualitative Komponenten lassen sich allerdings schwer erfassen und schlecht in Geldwerten ausdrücken.
Fazit: Die Aussagekraft des BSP als Wohlstandsindikator ist zwar erheblich eingeschränkt, aber es gibt gegenwärtig noch keine gesamtwirtschaftliche Größe, die das BSP ersetzen könnte.

29. Die soziale Marktwirtschaft hat ihre philosophischen Grundlagen im Liberalismus des 18. und 19. Jahrhunderts und in der Philosophie der Aufklärung. Liberalismus und Aufklärung betonen die Freiheit des Individuums und das Recht auf freie Selbstbestimmung. In der sozialen Marktwirtschaft bestimmen die Wirtschaftssubjekte (Unternehmen, Haushalte) autonom und dezentral ihre Pläne (Konsumenten-, Produzentenfreiheit, freie Wahl von Beruf und Arbeitsplatz u. a). Die Koordination erfolgt über den Markt durch freies Spiel von Angebot und Nachfrage. Die Garantie des Eigentums und die Erhaltung des Wettbewerbs sind wichtige staatliche Aufgaben in einer marktwirtschaftlich orientierten Wirtschaftsordnung. Die soziale Marktwirtschaft sieht den Menschen aber nicht nur als personales sondern auch als soziales Wesen. Damit trägt der Mensch auch solidarische Mitverantwortung. Die Freiburger Schule ("neoliberale Schule") sieht in der sozialen Marktwirtschaft eine Verbindung des Individualprinzips mit dem Prinzip des sozialen Ausgleichs. Dort, wo die Marktkräfte "versagen" und zu sozialen Ungerechtigkeiten führen würden, greift der Staat regulierend ein (z. B. Umverteilungspolitik, Struktur-, Sozialpolitik, Arbeitsmarktpolitik).

Lösungen

30. Vergleich der sozialen Marktwirtschaft und der zentralen Verwaltungswirtschaft:

	soziale Marktwirtschaft	zentrale Verwaltungswirtschaft
Koordination	Märkte (Angebot, Nachfrage)	über zentrale Planbehörden, Anordnung
Planung	autonome dezentrale Planung der Wirtschaftssubjekte	zentrale Planbehörden setzen Zielvorgaben
Funktion der Preise	Preise haben Allokationsfunktion; sie zeigen Knappheiten und lenken die Produktionsfaktoren.	Preise haben keine Allokationsfunktion; Produktionsfaktoren werden von den zentralen Planstellen gelenkt; Preise dienen lediglich als Verrechnungseinheiten.
Eigentum an Produktionsmitteln	Privateigentum; es gibt auch staatliche Betriebe (staatl. Monopole; staatl. Beteiligungen).	Kollektiveigentum
Ziele der Betriebswirtschaften	Gewinnmaximierung	Deckung der Bedürfnisse; Erfüllung des Plansolls
Konsumentenfreiheit	gegeben; außer bei Verstoß gegen ein gesetzliches Verbot (Drogen-, Waffengesetze)	Konsumentenwünsche müssen den Entscheidungen der Planbehörden untergeordnet werden; es wäre reiner Zufall, wenn sie sich mit den Behördenplänen decken würden.
Lohnbildung	Angebot und Nachfrage auf dem Arbeitsmarkt; wichtige Rolle der Gewerkschaften bei den Lohnverhandlungen	Lohnhöhe wird von staatlichen Behörden festgesetzt; geringe Lohnunterschiede; Gewerkschaften haben faktisch keine Bedeutung.

31. In der Theorie der **freien Marktwirtschaft** spielt das Problem der Arbeitslosigkeit keine Rolle, da sich auf lange Sicht ein gesamtwirtschaftliches Gleichgewicht bei Vollbeschäftigung einstellen muß. Gibt es Arbeitslosigkeit, sind die Löhne für eine Vollbeschäftigung zu hoch. Durch das Überan-

Lösungen

gebot an Arbeitskräften wird die Lohnhöhe gedrückt. Geringere Löhne sorgen dafür, daß der Produktionsfaktor Arbeit wieder verstärkt eingesetzt wird. Arbeitslosigkeit stellt ein vorübergehendes Phänomen dar.

In der **zentralen Verwaltungswirtschaft** existiert das Problem der Arbeitslosigkeit theoretisch nicht, da die Beschäftigung und der Erhalt von Produktionsstätten vom Staat als Eigentümer der Produktionsmittel garantiert werden können.

In der **sozialen Marktwirtschaft** wird es als Aufgabe des Staates angesehen, durch eine aktive Wirtschaftspolitik für Vollbeschäftigung zu sorgen, weil in vielen Fällen (Konjunktureinbrüche, Strukturschwächen u. a) die Marktkräfte alleine nicht ausreichen, um kurz- bzw. mittelfristig Vollbeschäftigung herzustellen.

32. Das **Wettbewerbsprinzip** besagt, daß der marktwirtschaftliche Wettbewerb (die Konkurrenz auf den Märkten) die ordnungspolitische Basis ist. Die Aufgabe des Staates besteht darin, Wettbewerbsbeschränkungen zu vermeiden und die Konzentration wirtschaftlicher Macht durch Monopole, Oligopole oder Kartelle zu verhindern bzw. zu kontrollieren (z. B. Kartellgesetze). Das **Sozialprinzip** fordert eine Korrektur der Marktkräfte, wo diese soziale Ungerechtigkeiten herbeiführen. Durch eine staatliche Einkommens- und Vermögenspolitik (Sparzulagen, Sparförderung u. a.), Umverteilungspolitik (Transferleistungen, progressive Steuern) und Sozialpolitik (sozialer Wohnungsbau, Kündigungsschutzgesetze u. a.) soll das Sozialprinzip realisiert werden. Durch eine aktive Konjunkturpolitik werden konjunkturelle Ausschläge geglättet **(Konjunkturprinzip)**, um Preisniveaustabilität und Vollbeschäftigung zu erreichen. Bei allen staatlichen Eingriffen in das Marktgeschehen ist das **Prinzip der Marktkonformität** zu beachten. Die Preisbildung auf den Märkten kann zwar durch staatliche Anreize oder Erschwernisse beeinflußt werden, aber die Entscheidungsfreiheit des Individuums muß grundsätzlich erhalten bleiben. Eine Erhöhung der Mineralölsteuer verteuert beispielsweise den Kraftstoffverbrauch. Die Entscheidung darüber, ob bzw. inwieweit der einzelne auf das Autofahren verzichtet oder nicht, bleibt ihm überlassen. Nicht marktkonform wäre eine Maßnahme, die für einen bestimmten Zeitraum das Autofahren verbieten würde, und die Marktteilnehmer somit zwänge, sich der staatlichen Entscheidung unterzuordnen.

Lösungen

33. Probleme bzw. Schwächen der sozialen Marktwirtschaft:
- Ungezügelter Egoismus wird gefördert, sozialer Ausgleich kommt zu kurz (überhöhte Mieten, fehlende Kinderbetreuung und Pflegeplätze, Eingliederung von Behinderten in den Arbeitsprozeß);
- ungerechte Einkommens- und Vermögensverteilung, Zwei-Drittel-Gesellschaft (Anstieg der Arbeitslosigkeit, rasanter Anstieg der Mieten);
- Konzentration ökonomischer Macht (Oligopole, Kartellabsprachen); Preissetzungsspielraum nimmt zu; Preise überhöht, wo wesentliche Konkurrenz fehlt;
- Ausbeutung natürlicher Ressourcen und Umweltverschmutzung; Umweltgüter haben keinen Marktpreis; Folgen der Umweltbelastung bzw. die Beseitigung der Umweltschäden trägt die Allgemeinheit, meist nicht der Verursacher.

34. Ziele des Stabilitätsgesetzes:
- hoher Beschäftigungsstand, Vollbeschäftigung; derzeit erfüllt bei einer Arbeitslosenquote von 3,5 bis 4 %;
- Preisniveaustabilität; erfüllt, wenn der Preisindex der Lebenshaltungskosten Preissteigerungen bis zu 2 % anzeigt;
- stetiges und angemessenes Wachstum; derzeit erreicht, wenn das Wachstum des realen Bruttosozialproduktes zwischen 2 und 2,5 % beträgt;
- außenwirtschaftliches Gleichgewicht; erfüllt, wenn der positive oder negative Außenbeitrag 1,5 bis 2 % des nominalen Bruttosozialproduktes ausmacht.

35. In der Philipskurve wird ein Zielkonflikt zwischen Vollbeschäftigung und Preisniveaustabilität beschrieben: Ein hoher Beschäftigungsstand kann nur erreicht werden, wenn ein gewisses Maß an Inflation in Kauf genommen wird; Preisniveaustabilität kann nur durch Verzicht auf Vollbeschäftigung erkauft werden. Philips geht davon aus, daß das Volkseinkommen und damit die Konsumgüternachfrage bei Vollbeschäftigung hoch sind und zu Produktionsengpässen führen, die sich in Preissteigerungen ausdrücken. Bei hoher Arbeitslosigkeit schrumpft das verfügbare Einkommen, die Konsumgüternachfrage geht zurück und der Preisanstieg verringert sich. Stagflationen mit hohen Inflationsraten bei niedrigem Beschäftigungsstand beweisen, daß das Philips-Theorem keine Allgemeingültigkeit besitzen kann. Bekämpft der Staat hohe Inflationsraten nicht, wird eine Preis-Lohn-Spirale in Gang gesetzt. Steigende Lohnkosten werden den Unternehmens-

191

Lösungen

sektor zu verstärkten Rationalisierungsmaßnahmen veranlassen bzw. zu einer Verlagerung lohnkostenintensiver Bereiche in Niedriglohnländer. Die Arbeitslosigkeit steigt bei hohen Preissteigerungen. Eine Stabilisierung des Preisniveaus kostet in dieser Situation keine Arbeitsplätze, sondern wird einen Beitrag zur Wiederherstellung einer höheren Beschäftigung leisten. Preisniveaustabilität und Vollbeschäftigung müssen somit keine konkurrierenden Ziele sein, wie im Philipstheorem behauptet wird.

36. Die Arbeitslosenquote gibt an, wieviel Prozent der an den Arbeitsämtern als arbeitslos registrierten Arbeitsuchenden ausgehend von der Gesamtzahl der Erwerbspersonen (Erwerbstätige + Erwerbslose) keine Arbeitsstelle finden. Die Aussagekraft der Arbeitslosenquote wird dadurch eingeschränkt, daß nur die registrierten Arbeitslosen erfaßt werden. Es gibt auch Arbeitsuchende, die nicht den Weg über das Arbeitsamt gehen und sich "auf eigene Faust" auf die Stellensuche begeben. Unter den registrierten Arbeitslosen dürften sich auch Personen befinden, die keine Arbeit suchen, sondern die Leistungen der Arbeitsämter vorübergehend in Anspruch nehmen wollen ("Leistungsmißbrauch"). Die tatsächliche Arbeitslosigkeit dürfte jedoch höher sein als die amtliche Arbeitslosenquote ausweist, berücksichtigt man die "verdeckte Arbeitslosigkeit". Verdeckte Arbeitslosigkeit entsteht, wenn Arbeitsplätze durch Kurzarbeit oder staatliche Arbeitsbeschaffungsmaßnahmen (ABM-Stellen) vorübergehend erhalten bleiben oder geschaffen werden. Verdeckte Arbeitslosigkeit besteht auch, wenn ältere Arbeitnehmer in den vorzeitigen Ruhestand geschickt werden oder Altersübergangsgeld erhalten. Sie sind faktisch arbeitslos, obwohl sie in der offiziellen Arbeitslosenstatistik nicht mehr erscheinen. Außerdem sollte die Arbeitslosenquote nicht als alleiniger Indikator zur Beurteilung der Situation auf dem Arbeitsmarkt herangezogen werden. Trotz hoher Arbeitslosigkeit sind immer offene Stellen vorhanden, die strukturelle Probleme anzeigen.

37. Arten der Arbeitslosigkeit:
    - friktionelle Arbeitslosigkeit; kurzfristig
    - saisonale Arbeitslosigkeit; kurzfristig
    - konjunkturelle Arbeitslosigkeit; mittelfristig
    - strukturelle Arbeitslosigkeit: mittel- bis langfristig

Lösungen

38. Bekämpfung der Arbeitslosigkeit:

- **friktionelle Arbeitslosigkeit**
  Erhöhung der Effizienz der staatlichen Arbeitsvermittlung und Zulassung privater Arbeitsvermittler können die friktionelle Arbeitslosigkeit vermindern.

- **saisonale Arbeitslosigkeit**
  Saisonale Arbeitslosigkeit muß hingenommen werden; Auswirkungen können z. B. durch "Schlechtwettergeld" gemildert werden.

- **konjunkturelle Arbeitslosigkeit**
  Durch eine Senkung der direkten Steuern könnte das verfügbare Einkommen gesteigert werden; die Konsumgüternachfrage nimmt zu; steigende Produktion und Kapazitätsauslastung sorgen für Abbau der Arbeitslosigkeit. Durch eine Politik des "billigen Geldes" mit niedrigen Zinsen könnte ebenfalls ein Beitrag zum Abbau der konjunkturellen Arbeitslosigkeit geleistet werden. Sie machen Sparen wenig lukrativ und kurbeln die (kreditfinanzierte) Konsumgüternachfrage an. Sie beleben außerdem die Investitionsgüternachfrage der Unternehmen. Die gesamtwirtschaftliche Nachfrage steigt. Im Verlaufe eines gesamtwirtschaftlichen Expansionsprozesses werden Arbeitsplätze geschaffen und Arbeitslosigkeit abgebaut. Weitere mögliche Maßnahmen: Verbesserung der Abschreibungsmöglichkeiten, Investitionsprämien, Subventionen an Unternehmen, staatliche Investitionen, Förderung von Unternehmensgründungen.

- **strukturelle Arbeitslosigkeit**
  Durch eine Flexibilisierung der Arbeitszeiten könnten die Maschinenlaufzeiten erhöht werden, was zu einer besseren Kapazitätsauslastung und Senkung der Stückkosten führt. Die internationale Wettbewerbsfähigkeit verbessert sich. Arbeitsplätze bleiben erhalten bzw. werden vermehrt. Durch die Schaffung eines "zweiten Arbeitsmarktes" könnte ein Niedriglohnbereich und damit Arbeitsplätze für weniger qualifizierte Arbeitskräfte entstehen.
  Weitere Möglichkeiten: Umschulungsmaßnahmen; Arbeitszeitverkürzung; gleitender Ein- und Ausstieg; Ausbau der Teilzeitbeschäftigung und Erweiterung der Möglichkeiten des Job-Sharing; Subventionen bzw. Steuererleichterungen an strukturschwache Branchen oder Regionen; Infrastrukturmaßnahmen in strukturschwachen Gebieten.

Lösungen

39. Mögliche Ursachen struktureller Arbeitslosigkeit:
- sektorale Ungleichgewichte (Wachstums-, Schrumpfungsbranchen): Arbeitslose aus Schrumpfungsbranchen können nicht von Wachstumsbranchen übernommen werden (Qualifikationsunterschiede);
- "mikroelektronische Revolution": Arbeitskräfte werden durch moderne Produktionstechniken freigesetzt (Freisetzungseffekt > Beschäftigungseffekt);
- regionale Ungleichgewichte: Wachstum verläuft unterschiedlich in Ballungszentren und ländlich strukturierten Gebieten; räumliche Mobilität der Arbeitskräfte reicht nicht aus, um regionale Unterschiede auszugleichen.
- demographische Entwicklungen: Durch geburtenstarke Jahrgänge und Zuwanderung nimmt die Zahl der Erwerbspersonen überproportional zu.

40. Auswirkungen einer hohen Arbeitslosigkeit auf die Sektoren im Kreislaufmodell:

- **Haushalte**
Volkseinkommen und verfügbares Einkommen gehen zurück; die Haushalte müssen die Konsumgüternachfrage und/oder Ersparnisbildung einschränken; durch Nachfrageausfall kann die Arbeitslosigkeit weiter steigen; bei hoher Arbeitslosigkeit sind in der Regel nur geringe Nominallohnsteigerungen durchsetzbar. Liegt die Inflationsrate über den Nominallohnsteigerungen, sinkt das Realeinkommen.

- **Unternehmen**
Durch die Arbeitslosigkeit kommt es zu einem Rückgang der Konsumgüternachfrage; die Kapazitäten sind nicht mehr ausgelastet; die Gewinne schrumpfen; Neuinvestitionen werden zurückgestellt bzw. nicht vorgenommen.

- **Staat**
Durch die hohe Arbeitslosigkeit und den Nachfrageausfall sinken die Einnahmen aus direkten und indirekten Steuern; die staatlichen Transferzahlungen an Haushalte und Unternehmen steigen. Die Staatsverschuldung nimmt zu. Einnahmeausfall und steigender Schuldendienst schränken die fiskalpolitische Manövriermasse ein. Bei hoher Staatsverschuldung werden Steuererhöhungen notwendig, auch wenn sie konjunkturpolitisch nicht wünschenswert sind.

Lösungen

- **Ausland**
  Das sinkende Volkseinkommen bewirkt bei den Haupthandelspartnern einen Nachfrageausfall, wenn die Importgüternachfrage der Haushalte sinkt. Die schlechte Konjunktur kann sich auf das Ausland übertragen und gefährdet dort Arbeitsplätze in der Exportgüterindustrie.

41. Verlierer bei einer Inflation sind die Geldvermögensbesitzer (Sparer) und Gläubiger (Besitzer festverzinslicher Wertpapiere). Sparen und Geldanlage in festverzinslichen Wertpapieren sind die typischen Anlageformen der "kleinen Leute". Außerdem zählen die Lohnempfänger und Bezieher fester Einkommen (Rentner, Sozialhilfeempfänger) zu den Inflationsverlierern (wage lag). Zu den Gewinnern gehören die Sachvermögensbesitzer (Industrielle, Unternehmen). Ebenso profitieren die Schuldner. Schuldner in größerem Stil sind Staat und Unternehmen, die die entsprechenden Sicherheiten (Sachvermögen) bei der Kreditaufnahme bieten können bzw. die Voraussetzungen für die Ausgabe von festverzinslichen Wertpapieren besitzen. Rechnet man die Sachvermögensbesitzer bzw. Produktionsmittelbesitzer und Schuldner zu den "Reichen", die Sparer und Wertpapieranleger sowie die Arbeitnehmer zu den "Armen", so stimmt diese Aussage.

42. Der Preisindex der Lebenshaltungskosten, der auf einem repräsentativen Warenkorb basiert, zeigt Preissteigerungen an, wie sie vom typischen Verbraucher empfunden werden. Da Inflation ein in erster Linie vom Normalverbraucher verspürtes Phänomen darstellt, eignet sich der Preisindex der Lebenshaltung als Inflationsindikator besser als einer der zahlreichen anderen Indices. Allerdings wird seine Aussagekraft eingeschränkt, da sich die Verbrauchergewohnheiten ständig ändern und immer wieder neue Güter auftauchen, die im Warenkorb des Basisjahres nicht enthalten sind. Außerdem können Substitutionseffekte nicht berücksichtigt werden. Steigt beispielsweise der Kaffeepreis, werden viele Verbraucher auf Tee umsteigen. Der Preisindex der Lebenshaltungskosten wird dann eine höhere Preissteigerung anzeigen als sie der Konsument tatsächlich wahrnimmt. Problematisch sind auch Preiserhöhungen, die auf Qualitätsverbesserungen zurückzuführen sind und im Preisindex als Inflation erfaßt werden. Der Preisindex ist nicht ohne weiteres auf die persönliche Situation übertragbar, da es den Durchschnittshaushalt, wie er bei der Ermittlung des Preisindex zugrundegelegt wird, in Realität nicht gibt. Durch eine häufige Anpassung des Warenkorbes bzw. Basisjahres und eine stärkere Differenzierung in Lebens-

haltungskostenindices für einzelne Einkommensgruppen sowie Regionen läßt sich die Aussagekraft des Preisindexes der Lebenshaltungskosten verbessern.

43. *Graphische Darstellung einer Nachfragesoginflation:*

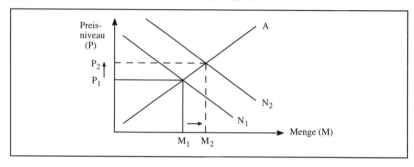

Graphische Darstellung einer Angebotsdruckinflation:

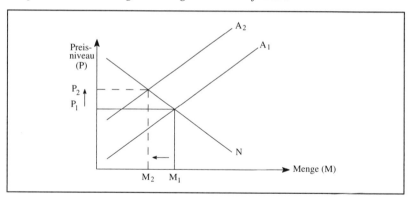

44. Importierte Inflation kann durch eine Erhöhung wichtiger Rohstoffpreise (Erdölpreise) entstehen. Die Produktion verteuert sich. Die höheren Produktionskosten werden auf die Preise abgewälzt (Angebotsdruckinflation). Eine importierte Inflation kann auch durch eine Erhöhung der inländischen Geldmenge durch Notenbankinterventionen im System der festen Wechselkurse (mit Bandbreiten) zustandekommen. Steigt das Angebot an Devisen (z. B. bei X > M), so sinkt der Kurs der ausländischen Währung. Die Notenbank ist verpflichtet, Devisen anzukaufen, um den Kurs in die Bandbreite zu drücken. Der Ankauf der Devisen erfolgt gegen die Herausgabe inländischer Währung. Die inländische Geldmenge steigt und löst eine geldmengeninduzierte Nachfrageinflation aus.

45. *Graphische Darstellung der Auswirkungen eines Preisstopps mit Hilfe des Marktmodelles:*

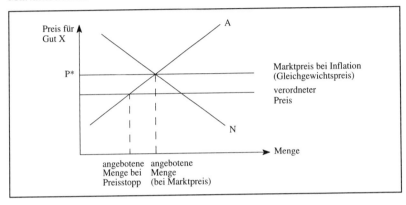

Ohne Preisstopp würde sich ein höherer Marktpreis (P*) einpendeln. Der künstlich niedrig gehaltene Marktpreis führt zu einer Nachfragelücke (N > A), weil zu dem staatlich verordneten Preis zu wenig angeboten bzw. produziert wird. Die Unternehmen werden versuchen, auf dem Schwarzmarkt höhere Preise zu erzielen oder die Waren in Erwartung einer Währungsreform zu horten. Haushalte, die bereit und in der Lage sind einen höheren Preis zu zahlen, werden ihren Bedarf auf den Schwarzmärkten decken. Um die Versorgung weiter Teile der Bevölkerung sicherzustellen, werden die staatlichen Behörden gezwungen sein, bei lebenswichtigen Produkten Bezugsscheine bzw. Lebensmittelmarken auszugeben. Die Qualität der bezugsscheinpflichtigen Waren wird sich verschlechtern, weil die Anbieter auf dem Schwarzmarkt höhere Preise, sprich Gewinne, erzielen können.

46. Wirtschaftswachstum ist notwendig zur Sicherung der vorhandenen und zur Schaffung neuer Arbeitsplätze. Das Wachstum führt zu einem höheren Volkseinkommen. In einer wachsenden Volkswirtschaft können strukturelle Anpassungen besser vorgenommen und notwendige Infrastrukturinvestitionen leichter finanziert werden. Die künftig steigenden Aufwendungen für

Rentenleistungen, die durch die Verschiebung in der Altersstruktur bedingt sind, lassen sich nur bei entsprechendem Wirtschaftswachstum aufbringen, wenn die Realeinkommen der Erwerbspersonen bzw. die Rentenleistungen nicht entscheidend gekürzt werden. Steigende Gewinne in einer wachsenden Wirtschaft fördern Neuinvestitionen und den technischen Fortschritt, der für die Erhaltung der internationalen Wettbewerbsfähigkeit unverzichtbar ist. Wachstum beschert dem Staat höhere Einnahmen, die zur Bewältigung der Zukunftsprobleme (soziale Sicherheit, Umweltschutz, Klimaschutz, Sicherung der Energieversorgung) herangezogen werden können. Allerdings ergeben sich in einer nur auf quantitatives Wachstum ausgerichteten Wirtschaft Probleme. Die zunehmende Belastung der Umwelt und Ausbeutung der natürlichen Ressourcen sind die Kehrseite des materiellen Wohlstandes. Eine unkontrollierte Wachstumspolitik kann auf Kosten der Dritten Welt gehen und den Nord-Süd-Gegensatz verschärfen, wenn die Industriestaaten ihre Märkte von den Produkten aus Entwicklungsländern abschotten und gleichzeitig die weniger entwickelten Staaten mit billigen Massenprodukten überschwemmen.

47. Eine gerechtere Einkommensverteilung und Wirtschaftswachstum können komplementäre Ziele sein. Die Bezieher niedriger Einkommen weisen eine große, Bezieher hoher Einkommen dagegen eine geringere Konsumquote auf. Durch eine Einkommensumverteilung ließe sich die durchschnittliche Konsumquote anheben. Eine Steigerung der Konsumgüternachfrage führt zu Wirtschaftswachstum. Werden die Bezieher hoher Einkommen bzw. die Unternehmergewinne zu stark belastet, nimmt die Selbstfinanzierungskraft der Unternehmen ab, was sich negativ auf die Investitionstätigkeit auswirken könnte. Dieser Aspekt könnte steuerlich berücksichtigt werden, indem beispielsweise nicht ausgeschüttete Gewinne, die der Finanzierung von Investitionen dienen, wesentlich niedriger besteuert würden als die ausgeschütteten.

48. Kurzfristig ergibt sich zwischen Wirtschaftswachstum und Umweltschutz ein Zielkonflikt. Rein quantitatives Wirtschaftswachstum führt zu einer Verschlechterung der Umweltqualität, da durch die steigende Menge der produzierten Güter Umweltgüter wie Luft, Boden, Wasser verbraucht werden und bei der Produktion und beim Konsum Abfallprodukte anfallen. Langfristig müssen jedoch Wirtschaftswachstum und Umweltschutz keine konkurrierenden Ziele sein. Gewinne in einer wachsenden Wirtschaft ermöglichen notwendige Umweltschutzinvestitionen und Entwicklung neuer umweltfreundlicher Produkte und Produktionsverfahren. Umweltschutzinvestitionen können so Arbeitsplätze schaffen. Außerdem eröffnet ein technologischer Vorsprung im Bereich des Umweltschutzes neue Exportmöglichkeiten. Die Wachstumsraten werden möglicherweise geringer ausfallen, jedoch wird das Wachstum qualitativ hochwertiger sein.

49. Kommt es in einer offenen Volkswirtschaft zu einem anhaltenden hohen Außenhandelsdefizit (M > X), erfolgt eine "importierte Arbeitslosigkeit". Arbeitsplätze werden vernichtet, weil das Angebot für den Binnenmarkt von wettbewerbsfähigeren ausländischen Produzenten hergestellt wird. Auch ein dauerhafter Außenhandelsüberschuß (X > M) kann für die Binnenwirtschaft unerwünschte Folgen haben. Er kann im System der festen Wechselkurse bewirken, daß der Devisenkurs der Defizitländer unter den unteren Interventionspunkt sinkt. Die erforderlichen Notenbankinterventionen (Aufkaufen der ausländischen Währung) führen zu einer Ausdehnung der inländischen Geldmenge. Es kommt zu einer "importierten Inflation".

50. Die Bundesbank ist von den Weisungen der Bundesregierung unabhängig. In der Konjunkturpolitik hat für die Bundesbank laut Bundesbankgesetz jedoch die Preisniveaustabilität absoluten Vorrang, während die Bundesregierung alle Ziele des Stabilitätsgesetzes gleichzeitig verfolgen muß. Hat die Bundesbank ihr vorrangiges Ziel als Hüterin der Währung erfüllt, ist sie verpflichtet, die allgemeine Wirtschaftspolitik der Bundesregierung zu unterstützen. Die Bundesbank hat gegenüber der Bundesregierung Beratungs- und Auskunftspflicht in Angelegenheiten von währungspolitischer Bedeutung.

51. In einer Stagflation (hohe Inflationsraten bei hoher Arbeitslosigkeit) kann es zu einem Konflikt zwischen Bundesregierung und Bundesbank kommen. Die Bundesbank muß gemäß ihrer Aufgabe als Hüterin der Währung durch eine Politik des knappen Geldes vornehmlich den Preisauftrieb bremsen. Eine Hochzinspolitik steht jedoch dem Vollbeschäftigungsziel, das von der Regierung angestrebt wird, im Wege. Hohe Zinsen behindern die notwendigen Neuinvestitionen zur Schaffung bzw. Erhaltung von Arbeitsplätzen

52. Zur wirksamen Bekämpfung der Inflation ist eine weitgehend autonome Notenbank erforderlich. Nur eine von den Weisungen der Regierung unabhängige Zentralbank kann verhindern, daß die Deckung des staatlichen

Kreditbedarfes nicht über die Notenpressen erfolgt. Sie zwingt die öffentliche Hand zu einer gewissen Ausgabendisziplin. Notenbankentscheidungen können zudem unabhängig von parteipolitischen Überlegungen getroffen und schnell – ohne parlamentarische Hürden – in die Praxis umgesetzt werden. Da autonome Notenbanken ihre geldpolitischen Entscheidungen nicht vor dem Parlament rechtfertigen müssen, fehlt eine Kontrolle weitgehend. Die Notenbanken können sich unter Berufung auf ihre Aufgabe als Währungshüter leicht vom allgemeinen wirtschaftspolitischen Geschehen abkoppeln und zu einer wirtschaftspolitischen "Nebenregierung" avancieren. Die Erfahrungen in Deutschland zeigen jedoch, daß die Vorteile einer weitgehend autonomen Notenbank gewisse Nachteile aufwiegen.

53. Geldpolitische Instrumente zur Ankurbelung der Wirtschaft:
- Senkung des Rediskontsatzes
- Senkung des Lombardsatzes
- Verringerung der qualitativen Anforderungen bei den rediskontfähigen Wechseln
- Erweiterung der Rediskont- und Lombardkontingente
- Senkung der Mindestreservesätze
- Ankauf von Wertpapieren (Geldmarktpapiere); Ausweitung der Wertpapierpensionsgeschäfte
- Ankauf von langfristigen Wertpapieren am Kapitalmarkt

54. Durch eine Erhöhung des Rediskontsatzes verteuert sich zunächst die Refinanzierung der Banken über Wechselrediskont. Sie geben die höheren Kosten an ihre Kunden weiter und erhöhen ihrerseits den Diskontsatz. Damit verteuern sich die kurzfristigen Wechselkredite. Kurzfristige kreditfinanzierte Investitions- und Konsumgüternachfrage gehen zurück. Die geringere gesamtwirtschaftliche Nachfrage bremst den Preisauftrieb. Neben dieser direkten Wirkung der Rediskontsatzerhöhung ist zu beachten, daß der Rediskontsatz Leitzinsfunktionen besitzt. Alle Zinsen werden sich mit einer zeitlichen Verzögerung nach oben bewegen. Damit verteuern sich nicht nur alle kurzfristigen Kredite, sondern auch die langfristigen. Langfristige kreditfinanzierte Investitions- und Konsumgüternachfrage werden eingeschränkt. Eine Erhöhung der Sparzinsen führt dazu, daß Sparen attraktiver und die Konsumgüternachfrage zugunsten der Ersparnisbildung eingeschränkt wird. Außerdem gehen von der Diskontpolitik wirtschaftspolitische Signale aus. Die Bundesbank kündigt damit an, daß sie künftig drastischere Maßnahmen ergreifen wird, sollten ihre stabilitätspolitischen Ziele nicht erreicht werden.

Lösungen

55. Bei international freiem Kapitalverkehr locken hohe Zinsen bei entsprechendem Zinsgefälle zum Ausland Anlagegelder aus dem Ausland an. Durch die Einlagen ausländischer Kunden wachsen die Überschußreserven der Banken und damit die Möglichkeiten zur Giralgeldschöpfung. Im System der festen Wechselkurse kann der Kapitalimport durch ein größeres Devisenangebot zu einem Fallen des Kurses fremder Währungen führen. Beim Unterschreiten des unteren Interventionspunktes ist die Bundesbank verpflichtet, Devisen gegen Herausgabe inländischer Währung anzukaufen. Die inländische Geldmenge steigt, was einen Preisauftrieb verursachen kann. Die Hochzinspolitik kann auch durch Kreditaufnahme im Ausland durchkreuzt werden. Gelingt es Unternehmen, billige Kredite bei ausländischen Banken in Anspruch zu nehmen, können sie die Hochzinspolitik umgehen. Die Bundesbank könnte diese Störungen durch außenwirtschaftliche Einflüsse ausschalten, indem sie die Mindestreservepflicht auf die Einlagen Gebietsfremder auf 100 % schraubt und den Banken damit die zusätzlichen Überschußreserven zur Giralgeldschöpfung nimmt. Außerdem könnte die Bundesbank im Einvernehmen mit der Bundesregierung die Einführung einer Bardepotpflicht beschließen. Ein Teil der im Ausland aufgenommenen Kreditsummen muß dann bei der Bundesbank als Bardepot zinslos hinterlegt werden. Damit erhöht sich die effektive Verzinsung der Auslandskredite erheblich. Die Kreditaufnahme im Ausland wird unattraktiv. Um die Bundesbank von ihrer Interventionsverpflichtung zu befreien, müßte die Bundesregierung ein System der flexiblen Wechselkurse einführen oder im System der festen Wechselkurse im Einvernehmen mit den Partnerländern die Bandbreiten erweitern oder eine Aufwertung der D-Mark beschließen.

56. Der Diskontsatz (Rediskontsatz) bestimmt die Höhe des Zinsabzugs für den Rediskont von Wechseln bei der Zentralbank; der Lombardsatz bestimmt die Höhe der Zinsen, die bei der Kreditnahme durch Verpfändung von Wertpapieren zu bezahlen sind. Der Rediskontsatz liegt stets ein bis drei Prozent über dem Lombardsatz. Der Rediskont dient der Liquiditätsbeschaffung der Geschäftsbanken zur Ausweitung ihres Geschäftsvolumens; der Lombardkredit sollte zur Überbrückung kurzfristiger Liquiditätsengpässe in Anspruch genommen werden.

57. Mindestreservepflicht bedeutet, daß die Banken einen bestimmten Prozentsatz der Sicht-, Termin- und Spareinlagen ihrer Kunden bei der Bundesbank zinslos hinterlegen müssen. Dadurch wird die Rentabilität der Banken ver-

Lösungen

ringert. Außerdem wird durch die Mindestreservepflicht den Banken Zentralbankgeld entzogen, das zur lukrativeren Kreditvergabe oder Anlage in Wertpapieren verwendet werden könnte. Durch die Existenz der Mindestreservepflicht werden die Geldschöpfungsmöglichkeiten der Banken und des Bankensektors beschnitten.

58. Offenmarktinstrumente der Bundesbank:
- An- und Verkauf von Geldmarktpapieren ohne Rückkaufvereinbarung
- An- und Verkauf von Mobilisierungs- und Liquiditätspapieren
- Wertpapierpensionsgeschäfte (Geldmarktpapiere mit Rückkaufvereinbarung): Mengentender, Zinstender
- An- und Verkauf von langfristigen Wertpapieren am Kapitalmarkt

59. Die Bundesbank favorisiert derzeit die Wertpapierpensionsgeschäfte. Über Wertpapierpensionsgeschäfte ist eine Feinsteuerung möglich im Gegensatz zur Diskontpolitik, die ein relativ grobes Instrument darstellt. Über den Zins- bzw. Mengentender kann die Bundesbank den Banken die Liquidität zufließen lassen, die ihren geldpolitischen Zielsetzungen entspricht. Zudem haben die Wertpapierpensionsgeschäfte den Vorteil, daß den Geschäftsbanken nur für eine relative kurze Zeit Zentralbankgeld zur Verfügung gestellt wird, so daß sich diese Instrument sehr flexibel handhaben läßt. Nach Ablauf der "alten" Wertpapierpensionsgeschäfte kann die Bundesbank ihren stabilitätspolitischen Kurs über die neuen Pensionsgeschäfte kurzfristig korrigieren. Diskont- und Mindestreservenpolitik beeinflussen dagegen die Liquiditätslage der Banken erst auf längere Sicht. Außerdem lassen sich die Wertpapierpensionsgeschäfte "geräuschloser" durchführen als beispielsweise die Diskont- und Lombardsatzveränderungen, die als "Paukenschläge" der Bundesbank medienwirksamer sind.

60. Haushalte: Trotz hoher Zinsen werden die Haushalte die Konsumgüternachfrage nicht einschränken und entsparen, wenn sie Preissteigerungen erwarten (vorgezogener Konsum).

Unternehmen: Wenn die Kapazitäten voll ausgelastet sind und die Unternehmen hohe Gewinne erwarten, werden sie sich durch höhere Zinsen kaum von Neuinvestitionen abschrecken lassen, vor allem wenn sich die Kreditkosten auf die Preise überwälzen lassen. Bei entsprechendem Zinsgefälle läßt sich die Hochzinspolitik durch eine Kreditaufnahme im Ausland umgehen. Großunternehmen ("Multis") verfügen zudem über eine hohe Selbstfinanzierungskraft und können meist weitgehend unabhängig von der Hochzinspolitik der Bundesbank operieren.

Staat: Die staatliche Kreditnachfrage ist ziemlich zinsrobust, weil die Zinsen nicht über den Markt verdient werden müssen. Insbesondere die Länder und Gemeinden werden sich prozyklisch verhalten, wenn in einer Boomphase die Kassen gefüllt sind. Werden die Haushaltsüberschüsse im Boom (Staatseinnahmen > Staatsausgaben) zur Tilgung von Übertragungskrediten verwendet, fließt dem Privatsektor Geld zu, das nachfragewirksam werden könnte und somit die Hochzinspolitik der Bundesbank durchkreuzt.

Banken: Verfügen die Banken über genügend Liquiditätsreserven (z. B. durch Zufluß von Anlagegeldern aus dem Ausland), können sie kurzfristig weiterhin die Kreditwünsche der Kunden erfüllen.

61. Wirkungshemmnisse bei einer expansiven Geldpolitik:
- **Prozyklisches Verhalten der Unternehmen und Haushalte**
  Sind die Kapazitäten unausgelastet und die Gewinnerwartungen schlecht, werden die Unternehmen trotz eines niedrigeren Zinsniveaus keine Neuinvestitionen tätigen. Existieren gute Anlagemöglichkeiten (hochverzinsliche Staatspapiere, Auslandsanlagen) werden Unternehmen Geld anlegen ("idle money") und nicht für Investitionen, die immer mit Risiken behaftet sind, einsetzen. Bei Realeinkommenseinbußen und drohendem Arbeitsplatzverlust wird bei den Haushalten ein Angstsparen zu Lasten der Konsumgüternachfrage einsetzen. Ein geringeres Zinsniveau vermag unter diesen Umständen nicht zur Ankurbelung der Konsumgüternachfrage beizutragen.

- **Verhalten des Bankensektors**
  Wenn sich den Banken lukrative Anlagemöglichkeiten bieten (hochverzinsliche Staatspapiere oder Auslandspapiere), werden sie die zusätzliche Liquidität nicht zur Kreditvergabe verwenden.

- **Ausland**
  Sind im Ausland die Zinsen höher, kommt es zu einem Kapitalabstrom. Anlagegelder wandern auf ausländische Konten und verschlechtern die Liquidität im Bankensektor. In einem System der festen Wechselkurse kann die verstärkte Nachfrage nach Devisen den Devisenkurs über den oberen Interventionspunkt treiben. Die nationale Notenbank ist gezwun-

gen, Devisen anzubieten und inländisches Geld aus dem Verkehr zu ziehen. Die inländische Geldmenge nimmt ab, die expansive Notenbankpolitik wird unterlaufen.

- **Time-lags**
Bis die Geldpolitik expansive Wirkungen auf die gesamtwirtschaftliche Nachfrage entfaltet, vergehen Monate. Die gesamtwirtschaftliche Lage kann sich dann grundlegend geändert haben, so daß die expansive Geldpolitik prozyklisch wirkt.

- **Dosierung**
Diskont-, Lombard- und Mindestreservesätze sind relativ grobe Instrumente und zur Feinsteuerung nicht geeignet. Häufig entstehen durch eine Überdosierung prozyklische Effekte. Zur Feinsteuerung eignen sich jedoch die Wertpapierpensionsgeschäfte.

62. Das Geldmengenkonzept der Bundesbank geht auf die Monetaristen zurück. Sie fordern aufgrund von Time-Lags und Dosierungsproblemen, auf die klassischen Instrumente der Geldpolitik zu verzichten und stattdessen die Geldmenge zu steuern, die für die Preisentwicklung als entscheidend angesehen wird. Seit Mitte der 70er Jahre gibt die Bundesbank ihr jährliches Geldmengenziel (Zielkorridor) bekannt. Die Geldmenge soll jährlich um den Prozentsatz wachsen, der ein Wachstum bei stabilen Preisen ermöglicht. Bei der Ableitung des Geldmengenziels orientiert sich die Bundesbank deshalb am Wachstum des Produktionspotentials. Bei der endgültigen Festsetzung des Geldmengenzieles wird ein als unvermeidbar erachteter Preisanstieg einkalkuliert. Durch die Bekanntgabe des Zielkorridors sollen den Wirtschaftssubjekten wichtige Orientierungsdaten geliefert werden. Die Geldmengensteuerung dient der Verstetigung der Geldmengenentwicklung und bedeutet eine Abkehr von der Stop-and-Go-Politik, die zu einer Verunsicherung der Wirtschaftssubjekte beitrug.

63. Folgt man der Theorie der Monetaristen, die die Geldmenge als entscheidende Größe für die Preisentwicklung ansieht, kann die am Produktionspotential orientierte Geldmengensteuerung ein weitgehend inflationsfreies Wachstum garantieren. Nach Meinung der Kritiker weist das Geldmengenkonzept jedoch zwei grundlegende Schwächen auf: Eine exakte Geldmengensteuerung erfordert die genaue Prognose der Wachstumsrate des Pro-

Lösungen

duktionspotentials. Fehldiagnosen bewirken, daß die Geldmenge zuviel oder zuwenig wächst. Das zweite Problem liegt in der genauen Kontrolle der Geldmenge. Nicht kontrollierbare Geldmengenänderungen liegen aber in der Kreditschöpfungsmöglichkeit der Banken und in Kapitalbewegungen zwischen Inland und Ausland. Außerdem stellt die Interventionspflicht und die damit verbundenen Geldmengenänderungen im System der festen Wechselkurse einen Risikofaktor dar. Trotz aller Unwägbarkeiten ist die Bundesbank mit ihrer am Produktionspotential orientierten Geldmengensteuerung bisher gut gefahren.

64. a) Verkauft die Bank X an die Bundesbank gegen Zentralbankgeld Wertpapiere (Geldmarktpapiere), so nimmt zunächst der Bargeldbestand (Kassenbestand) um 200 000 DM zu und die Position Wertpapiere nimmt um den selben Betrag ab.

b) Die Position "Sichtguthaben bei der Bundesbank" enthält die Mindestreserveguthaben der Bank X, die einen bestimmten Prozentsatz der Sicht-, Termin- und Spareinlagen ausmachen und bei der Bundesbank zinslos deponiert werden müssen.

c) Durch das Wertpapierpensionsgeschäft besitzt die Bank X mehr Zentralbankgeld. Aus Rentabilitätsgründen wird sie versuchen, ihr Geschäftsvolumen auszudehnen. Sie könnte das Zentralbankgeld zur Kreditvergabe an Kunden verwenden.

d) Nach Ablauf des Wertpapierpensionsgeschäftes muß die Bank X die Wertpapiere gegen Zentralbankgeld zurückkaufen. Der Bank wird wieder Liquidität entzogen. Um den Banken zusätzliche Liquidität zu entziehen, müßte die Bundesbank bei neuen Wertpapierpensionsgeschäften im Tenderverfahren die zugeteilte Zentralbankmenge verkleinern, so daß nur die Banken mit höheren Zinsgeboten zum Zuge kommen. Außerdem könnte die Bundesbank der Bank X bzw. dem Bankensektor durch eine Erhöhung der MR-Sätze Liquidität entziehen

65. a) Wegen der schnellen Verfügbarkeit müssen diese Papiere der Geldmenge M 3 zugeschlagen werden, dem Bestand an Bargeld, Sichteinlagen, Termineinlagen (bis 4 Jahre Laufzeit) und Spareinlagen mit gesetzlicher Kündigungsfrist.

Lösungen

b) Für die Bundesbanker ist M 3 der wichtigste Maßstab für die Bestimmung der Inflationsrisiken. Nach ihren Stabilitätsvorstellungen darf M 3 nur um einen bestimmten Prozentsatz pro Jahr wachsen (derzeit nicht stärker als 6 %). Die Geldmarktfonds könnten diese Rechnung schnell erschüttern. Wenn Milliardenbeträge aus Anlagen mit längeren Laufzeiten in die Geldmarktfonds umgeschichtet würden, erhöhte sich M 3 gewaltig ohne Kontrollmöglichkeiten durch die Bundesbank.

66. "Nettokreditaufnahme" ist die Neuverschuldung des Staates, die zur Finanzierung der Ausgaben des jeweiligen Haushaltsjahres notwendig ist. Jedes Jahr wächst der Schuldenberg um die Nettokreditaufnahme.

Unter **"Schuldendienst"** sind die Leistungen des Staates für Zins- und Tilgungszahlungen zu verstehen.

Als **"Schöpfungskredit"** wird die Kreditaufnahme des Staates bei der Bundesbank bezeichnet, der allerdings enge Grenzen gesetzt sind. Schöpfungskredite erhöhen die umlaufende Geldmenge.

"Übertragungskredite" holt sich die öffentliche Hand vom Geld- oder Kapitalmarkt. Sie erhöhen die Geldmenge nicht, sondern führen lediglich zu einer Umschichtung, d. h. dem Privatsektor wird das Geld entzogen, das dem Staat in Form von Übertragungskrediten zufließt.

67. Das Stabilitätsgesetz geht davon aus, daß die Selbstheilkräfte des Marktes nicht ausreichen, und der Staat zur Herstellung eines gesamtwirtschaftlichen Gleichgewichtes aktiv in das Wirtschaftsgeschehen eingreifen muß. Gemäß dem Grundsatz von Keynes ("auf lange Sicht sind wir alle tot") gibt das Stabilitätsgesetz der Bundesregierung die Möglichkeit, rasch ins Wirtschaftsgeschehen einzugreifen. Die im Stabilitätsgesetz vorgesehenen Maßnahmen können per Rechtsverordnung eingesetzt werden. Da nach Keynes die gesamtwirtschaftliche Nachfrage die Höhe des Volkseinkommens und der Beschäftigung bestimmt, stellt das Stabilitätsgesetz ein umfangreiches Instrumentarium zur Steuerung der gesamtwirtschaftlichen Nachfrage bereit. Keynesianisches Gedankengut zeigt auch darin, daß es dem Staat erlaubt, in Rezessionszeiten in gewissem Umfang Schulden zu machen, die allerdings durch Haushaltsüberschüsse in Boomphasen wieder abzutragen sind.

68. Fiskalpolitische Instrumente zur Drosselung der gesamtwirtschaftlichen Nachfrage:
– Erhöhung der Lohn-, Einkommen- und Körperschaftssteuer um maximal 10 % für ein Jahr

- Aussetzung von Sonderabschreibungsmöglichkeiten bzw. Verschlechterung der Abschreibungsmöglichkeiten
- Einführung einer Investitionssteuer
- Streichung bzw. Reduzierung von Subventionen
- Kürzung der Transferzahlungen und/oder Anhebung der Bemessungsgrenzen
- Kürzung der Staatsausgaben; Verschiebung von staatlichen Investitionsvorhaben
- (Einstellungs- und Beförderungsstopp im öffentlichen Dienst)
- Einführung einer Exportsteuer; evtl. Aufwertung der D-Mark in einem System der festen Wechselkurse (aber nur möglich bei fundamentalen Zahlungsbilanzungleichgewichten in Absprache mit den EWS-Mitgliedsstaaten)
- Einstellung der Haushaltsüberschüsse in die Konjunkturausgleichsrücklage bzw. Verwendung der freiwerdenden Mittel zur Schuldentilgung bei der Notenbank

69. Wirkungshemmnisse bei einer kontraktiven Fiskalpolitik

- Prozyklisches Verhalten der privaten Wirtschaftssubjekte: Bei optimistischen Zukunftserwartungen und steigenden Einkommen werden die Haushalte trotz höherer direkter Steuern die Konsumgüterausgaben nicht einschränken. Erwarten sie künftig Preissteigerungen, kommt es zu einem vorgezogenen Konsum. Sind die Kapazitäten voll ausgelastet und winken hohe Gewinne, werden sich die Unternehmen durch höhere direkte Steuern kaum von Neuinvestitionen abhalten lassen.

- Eine kontraktive Fiskalpolitik ist politisch riskant, insbesondere wenn Wahlen bevorstehen, und wird häufig zu gering dosiert. Bei der Wahl des geeigneten Instrumentariums spielen politische Rücksichtnahmen auf das jeweilige Wählerpotential eine wichtige Rolle (rückzahlbarer Konjunkturzuschlag, Befreiung bestimmter Einkommensgruppen).

- Länder und Gemeinden haben die Tendenz zu prozyklischem Verhalten. Gefüllte Haushaltskassen veranlassen die Kommunen zum Geldausgeben. Außerdem lassen sich die von den Kommunen durchgeführten Infrastrukturinvestitionen nur schwer an konjunkturpolitische Erfordernisse anpassen. Ein Krankenhausneubau kann nicht gestoppt werden, um dann erst in der Rezession fortgesetzt zu werden.

Lösungen

– Time-lags bewirken, daß die beabsichtigten Wirkungen der Maßnahmen erst eintreten, wenn sich die Konjunkturlage verschlechtert hat, und dann prozyklisch wirken. Die Inside-Lags bei der Fiskalpolitik sind oft erheblich, wenn die Beschlüsse der Regierung Gesetzescharakter haben, d. h. von den im Stabilitätsgesetz vorgesehenen Maßnahmen abweichen (z. B. rückzahlbarer Konjunkturzuschlag).

70. Die Finanzierung von staatlichen Konjunkturprogrammen ist ein heikles Problem. Jede Finanzierungsvariante birgt gesamtwirtschaftliche Risiken, die es abzuwägen gilt. Wird eine Konjunkturspritze durch **Kreditaufnahme** finanziert, ist zu beachten, daß die Staatsverschuldung steigt. Der Spielraum für **Notenbankkredite** ist eng. Sie führen aber zu einer Ausweitung der Geldmenge, was sich negativ auf die Preisniveaustabilität auswirken kann. Bei **Übertragungskrediten** konkurriert der Staat mit privaten Kreditnehmern und treibt das Zinsniveau hoch. Da der Staat zinsrobust ist im Gegensatz zu den privaten Unternehmen, die die Kreditkosten über den Markt verdienen müssen, kommt es zum "Crowding-out". Private Investoren werden verdrängt. Da ein Großteil der Staatsausgaben für konsumtive Zwecke verwendet wird, fehlen die notwendigen Privatinvestitionen als Wachstumsmotor. Das Wirtschaftswachstum fällt künftig geringer aus. Wachstum ist jedoch unverzichtbar für den technologischen Fortschritt und die Erhaltung der internationalen Wettbewerbsfähigkeit.

Eine weitere Finanzierungsmöglichkeit besteht in der **Erhöhung der Steuern**. Werden die **direkten Steuern** heraufgesetzt, sinkt das verfügbare Einkommen und damit die Konsumgüternachfrage und/oder die Ersparnisbildung. Höhere direkte Steuern mindern die Selbstfinanzierungskraft der Unternehmen über die Gewinne. Rückläufige Konsumgüter- und Investitionsgüternachfrage führen zu einem Produktionsrückgang und möglicherweise zu Entlassungen. Die Ziele Wachstum und Vollbeschäftigung sind gefährdet. Werden die **indirekten Steuern** als Finanzierungsquelle angezapft, werden die Unternehmen versuchen, die höheren Steuern auf die Preise abzuwälzen. Der Preisauftrieb beschleunigt sich. Gelingt die Überwälzung auf die Konsumgüterpreise nicht oder nur teilweise, gehen die Gewinne der Unternehmen zurück. Die geringere Selbstfinanzierungskraft kann zu einer Einschränkung der Investitionsgüternachfrage führen und/oder die Unternehmen zu Rationalisierungsmaßnahmen zwingen, wodurch Arbeitsplätze verloren gehen. Eine Steuererhöhung läßt allerdings die

Staatsverschuldung nicht weiter anschwellen und kann über sinkende Zinsen zu einer Entlastung auf den Kapitalmärkten beitragen, somit ein günstigeres Investitionsklima schaffen.

Ein Konjunkturprogramm ließe sich auch durch eine **Umschichtung im Ausgabenbereich** finanzieren. Allerdings ist zu beachten, daß ein großer Teil der Staatsausgaben festgelegt ist (Ausgabeverpflichtungen durch Rentenzahlungen, Schuldendienst u. a.) und nicht als "Manövriermasse" zur Verfügung steht. Erfolgt eine Umschichtung durch die Streichung von Subventionen und/oder Transferzahlungen ergibt sich die Gefahr, daß strukturschwache Gebiete und Branchen sowie sozial Schwächere benachteiligt werden.

71. Wirkungen der Investitionsprämie auf die Gewinn- und Verlustrechnung:
Da die Investitionsprämie in Höhe von 3 750 DM (7,5 % vom Anschaffungswert von 50 000 DM) mit der Einkommensteuerschuld verrechnet wird, wirkt sie sich nicht auf das Ergebnis der Gewinn- und Verlustrechnung aus.

Aufwendungen		G.- und V-Rechnung	**Erträge**
Gesamte Aufwendungen	100 000	Umsatzerlöse	200 000
Abschreibungen	10 000		
Gewinn	90 000		
	200 000		200 000

Der steuerpflichtige Gewinn der Unternehmung beträgt nach Berücksichtigung der Abschreibungen für die angeschaffte Maschine 90 000 DM. Bei einem Einkommensteuersatz von 40 % ergibt sich eine Einkommensteuerschuld von 36 000 DM. Davon darf die Investitionsprämie in Höhe von 3 750 DM auf Antrag abgezogen werden. Das Unternehmen spart durch die Investitionsprämie 3 750 DM. Die gleiche Steuerersparnis gälte, wenn das Unternehmen 50 % Einkommensteuer bezahlen müßte. Würde das Unternehmen jedoch Verluste ausweisen, käme es nicht in den Genuß der Investitionsprämie. Wer keinen steuerpflichtigen Gewinn ausweisen kann, muß keine Einkommensteuer bezahlen. Wer keine Steuern bezahlt, kann nichts abziehen.

Lösungen

Auswirkungen der 7,5 %igen Sonderabschreibung auf die Gewinn- und Verlustrechnung:
Die Höhe der Abschreibungen beträgt bei einer Lebensdauer von 5 Jahren 10 000 DM pro Jahr. Gewährt der Fiskus nun Sonderabschreibungsmöglichkeiten in Höhe von 7,5 % von den Anschaffungskosten (3 750 DM), wirkt sich dies wie folgt auf die Gewinn- und Verlustrechnung aus:

Aufwendungen	G.- und V-Rechnung		Erträge
Gesamte Aufwendungen	100 000	Umsatzerlöse	200 000
Abschreibungen	10 000		
Sonderabschreibung	3 750		
Gewinn	86 250		
	200 000		200 000

Die Sonderabschreibungen mindern den steuerpflichtigen Gewinn. In diesem Fall vermindert sich die Einkommensteuerschuld bei einem Steuersatz von 40 % um 1 500 DM. Für Unternehmen mit einem höheren Einkommensteuersatz fiele die Steuerersparnis größer aus. Würde das Unternehmen einen Verlust ausweisen, erhöhte sich dieser in Höhe der Sonderabschreibungen. Da der Verlust im kommenden Geschäftsjahr mit dem erzielten Gewinn aufgerechnet wird, geht der Steuervorteil durch die Sonderabschreibung nicht verloren.

72. a) Durch eine Erhöhung der direkten Steuern sollte das verfügbare Einkommen der Haushalte gekürzt werden. Dadurch erhoffte sich die Bundesregierung einen Rückgang der Konsumgüternachfrage. Die verringerte Konsumgüternachfrage sollte die Unternehmen veranlassen, ihre Produktion zu drosseln und Neuinvestitionen zurückzustellen. Die Bundesregierung versprach sich dadurch eine Bremsung des Preisauftriebs. Bei Vollbeschäftigung sind die Risiken, die von dieser Maßnahme auf die Beschäftigung ausgehen, gering.

b) Da den Haushalten die Rückzahlung garantiert wurde, schränkten sie die Konsumgüternachfrage nicht ein. Die Haushalte wußten, daß sie die befristeten Steuerabgaben vom Staat zurückerstattet bekommen würden. Anstelle des freiwilligen Sparens trat nur ein "Zwangssparen" beim

Staat. Die Sparquote der privaten Haushalte sank, die Konsumgüternachfrage wurde nicht vermindert. Eine weitere Schwäche des zurückzahlbaren Konjunkturzuschlages lag in der Festlegung des Rückzahlungstermines, da hierdurch die Gefahr besteht, daß die Rückzahlung in einen konjunkturellen Aufschwung fällt und dadurch prozyklisch wirkt. Dieses Problem trat dann auch auf, da der Rückzahlungstermin Mitte 1972 in einen konjunkturellen Aufschwung fiel. Die Regierung empfahl, die frei werdenden Gelder für den Urlaub im Ausland zu verwenden und nicht im Inland auszugeben, um die Binnenkonjunktur nicht weiter anzuheizen. Ein zusätzliches Hindernis bestand in der Beschränkung des Konjunkturzuschlages auf Bevölkerungsgruppen mit einem Mindesteinkommen, um soziale Gruppen mit geringem Einkommen nicht zu belasten. Gerade diese Einkommen haben aber eine sehr hohe Konsumquote, d. h. eine geringe Sparquote. Durch die Sozialgrenze wurden also die Einkommensschichten mit relativ hohen Konsumausgaben, die auf eine Verminderung ihrer verfügbaren Einkommen mit einer Konsumeinschränkung reagieren hätten müssen, ausgenommen. Das war zwar aus sozialpolitischen Gründen verständlich, verringerte aber die konjunkturpolitische Wirksamkeit des Konjunkturzuschlages.

73. Der Solidaritätszuschlag kommt einer Erhöhung der direkten Steuern gleich. Dadurch sinkt das verfügbare Einkommen der Haushalte. Insbesondere Haushalte mit hoher Konsumquote und geringer Sparquote werden die Konsumgüternachfrage einschränken. Der Rückgang der Konsumgüternachfrage führt zu einer schlechteren Kapazitätsauslastung, einer Drosselung der Produktion sowie Zurückstellung von geplanten Investitionen. Wird der Nachfrageausfall nicht über die Exportgüternachfrage oder Staatsnachfrage ausgeglichen, könnten sich negative Auswirkungen auf die Beschäftigung ergeben. Das Wachstum des realen Bruttosozialproduktes ginge zurück, die Arbeitslosigkeit würde steigen. Die verminderte gesamtwirtschaftliche Nachfrage könnte sich jedoch positiv auf die Preisniveaustabilität auswirken. Führt das geringere verfügbare Einkommen zu einem Rückgang der Importgüternachfrage, wächst bei gleichbleibenden Exporten der Außenbeitrag, was eine Verschlechterung der Konjunktur bei wichtigen Handelspartnern verursachen kann. Es besteht die Gefahr, daß der in der Bundesrepublik im Frühjahr 1994 in Gang gekommene Aufschwung durch den Solidaritätszuschlag gebremst wird. Der Solidaritätszuschlag könnte aber einen entscheidenden Beitrag zur Konsolidierung des Staatshaushaltes

leisten. Durch höhere Steuereinnahmen ließe sich bei entsprechender Ausgabendisziplin die Nettokreditaufnahme reduzieren. Dies brächte für den Kapitalmarkt eine Entlastung, was ein Nachgeben der Zinsen zur Folge haben könnte. Rückläufige Zinsen sind eine wichtige Voraussetzung für Neuinvestitionen und könnten so zu einer Festigung des Aufschwunges beitragen. Auch wenn die Steuererhöhung in vollem Umfang zur Ausgabenerhöhung verwendet wird, ergibt sich ein expansiver Effekt. Da die Haushalte einen Teil des verfügbaren Einkommens sparen würden, der Staat aber das abgeschöpfte Einkommen in vollem Umfang ausgeben kann, ist der positive Multiplikatoreffekt, der durch eine Erhöhung der Staatsnachfrage induziert wird, größer als der negative, der durch die Senkung der Konsumgüternachfrage ausgelöst wird. Möglicherweise könnte ein gesamtwirtschaftlicher Expansionsprozeß die Preisniveaustabilität gefährden.

Fazit: Obwohl der Solidaritätszuschlag kurzfristig erhebliche Risiken für Wachstum und Beschäftigung birgt, könnte er, falls sich der Aufschwung 1995 festigen sollte, einen Beitrag zur Konsolidierung des Staatshaushaltes leisten und damit langfristig möglicherweise positive gesamtwirtschaftliche Wirkungen auslösen.

74. Gründe für die hohe Staatsverschuldung:
– Rasant steigende Verschuldungsquoten seit Anfang der 70er Jahre; der Keynesianismus machte die Verschuldung hoffähig.
– Die antizyklische Fiskalpolitik wurde vornehmlich zur Ankurbelung der Wirtschaft eingesetzt (Deficit-spending); Haushaltsüberschüsse in Boomzeiten wurden nicht gebildet bzw. nicht in die Konjunkturausgleichsrücklage eingestellt oder zur Schuldentilgung verwendet.
– Steigende Arbeitslosigkeit seit Mitte der 70er Jahre führte zu wachsenden Ausgabenverpflichtungen bei gleichzeitigen Einnahmeausfällen.
– Finanzierung der deutschen Wiedervereinigung erfolgte bisher überwiegend über eine Nettokreditaufnahme.
– Für Politiker ist es einfacher, die Staatsschulden zu mehren, als unpopuläre Einsparungen oder Steuererhöhungen durchzusetzen. (Verschuldung scheint politisch weniger riskant zu sein als Besteuerung, weil viele Wähler der Fiskalillusion unterliegen und nicht wissen bzw. verstehen, daß die Schulden von heute mit den Steuern von morgen beglichen werden müssen. Wähler, die damit rechnen, daß sie die Besteuerung in der Zukunft nicht mehr trifft, tendieren ebenfalls zu schuldenfinanzierten Staatsausgaben.)

Lösungen

75. Probleme bei hoher Staatsverschuldung:
Der Staat treibt durch Kreditnachfrage die Kapitalmarktzinsen in die Höhe und verdrängt dadurch private Investoren (Crowding-out). Da die Staatsausgaben überwiegend konsumtiv sind und in der Regel keine Arbeitsplätze schaffen, kann die Verdrängung privater Investoren das künftige Wirtschaftswachstum vermindern und sich negativ auf die Beschäftigung auswirken. Mit der Höhe des Schuldenberges wachsen die Zins- und Tilgungszahlungen, die heute schon einen beträchtlichen Anteil der Staatseinnahmen verschlingen. Durch diese Ausgabenverpflichtungen schrumpft die fiskalpolitische Manövriermasse, die die Voraussetzung für eine wirksame Fiskalpolitik darstellt, immer mehr. Die zunehmende Staatsverschuldung bewirkt auch eine Einkommensumverteilung zu Lasten künftiger Generationen. Im Ausmaß der Staatsverschuldung lebt die gegenwärtige Generation auf Kosten der nachfolgenden, die die Staatsschulden abzutragen hat, ohne eine entsprechende Gegenleistung dafür zu erhalten.

76. Folgende Kritikpunkte werden gegen die nachfrageorientierte Wirtschaftspolitik vorgebracht:
    - Die nachfrageorientierte Wirtschaftspolitik (speziell Fiskalpolitik) wurde überwiegend zur Ankurbelung der Konjunktur eingesetzt und ließ über das Deficit-spending die Staatsverschuldung seit Mitte der 70er Jahre rasant steigen.
    - Durch ihren hohen Kreditbedarf hat die nachfrageorientierte Politik inflationär gewirkt, das Zinsniveau in die Höhe getrieben und dadurch private Investoren verdrängt.
    - Die antizyklische nachfrageorientierte Konjunkturpolitik führte zu einer hektischen Stop-and-Go-Politik. Durch das ständige abrupte "Gasgeben" oder "Bremsen" wurden die Anbieter verunsichert, so daß mittel- und langfristige Entscheidungen mit zusätzlichen großen Risiken behaftet wurden. Die Verunsicherung der Anbieter bewirkte schließlich einen Rückgang der Neuinvestitionen.
    - Durch eine zu starke Ausweitung der Transferausgaben hat die nachfrageorientierte Politik das Anreizsystem der Marktwirtschaft beeinträchtigt. Dadurch wurde es zunehmend attraktiver, staatliche Leistungen in Anspruch zu nehmen, anstatt selber Leistungen zu erbringen.
    - Aufgrund von erheblichen Time-lags und Dosierungsproblemen wirkte die antizyklische nachfrageorientierte Wirtschaftspolitik oft prozyklisch und verstärkte die konjunkturellen Schwankungen statt sie zu glätten.

Lösungen

77. Nach Auffassung der Klassiker stellt sich bei einem freien Spiel der Marktkräfte automatisch ein gesamtwirtschaftliches Gleichgewicht bei Vollbeschäftigung ein. Arbeitslosigkeit gilt als vorübergehendes Phänomen, da die Selbstheilkräfte des Marktes ausreichen, um lang- bzw. mittelfristig die Vollbeschäftigung herzustellen. Die Vertreter einer angebotsorientierten Wirtschaftspolitik haben diese Gedanken übernommen. Ist der Privatsektor stabil, muß sich der Staat weitgehend aus dem Wirtschaftsgeschehen zurückziehen, um die Marktkräfte zu stärken. Da sich nach dem Sayschen Theorem das Angebot seine Nachfrage selber schafft, setzt die angebotsorientierte Wirtschaftspolitik beim gesamtwirtschaftlichen Angebot an, das als entscheidender Faktor für die Höhe von Volkseinkommen und Beschäftigung betrachtet wird.

78. "Markenzeichen" der angebotsorientierten Politik, z. B.:
- Senkung der Steuerquote, v. a. Senkung der direkten Steuern
- Senkung der Staatsquote
- Geldmengensteuerung
- Korrektur des sozialen Regelwerkes (Abbau von Transferzahlungen)
- Abbau bürokratischer Hemmnisse
- Senkung der Lohnstückkosten (kostenniveauneutrale Lohnerhöhungen, Flexibilisierung der Arbeitszeit)

79. Die angebotsorientierte Wirtschaftspolitik wird versuchen, dem Marktprinzip in der **Wohnungspolitik** mehr Geltung zu verschaffen. Wichtigster Teil der Politik wird der Abbau von "überzogenen" Regulierungen sein. So ist nach Meinung von Experten das derzeitige Mietrecht überreglementiert (Kündigungsschutzgesetze, Wartefrist bei Umwandlung einer Miet- in eine Eigentumswohnung, Kappungsgrenzen des Miethöhegesetzes, Mietspiegel u. a.) und zu einer Bremse für Investitionen geworden. Um die Marktkräfte zu aktivieren, müßte auch der Sozialwohnungsbestand nach Ablauf der Bindungsfristen in den freien Markt mit freien Mietpreisen übergeführt werden. Die Wohnungspolitik soll verstärkt an der Angebotsseite ansetzen. Zur Minderung der Wohnungsnot müssen mehr Wohnungen gebaut werden. Dazu gilt es, die steuerlichen Rahmenbedingungen zu schaffen durch entsprechende Abschreibungsmöglichkeiten oder z. B. Abzug der Schuldzinsen von der Einkommensteuerschuld. Außerdem müßten die Kommunen ihre Baulandausweisungen verstärken und billiges Bauland zur Verfügung stellen. Ebenso sollten die Baugenehmigungsverfahren verkürzt und Bauvorschriften gelockert werden.

Die gesetzliche **Rentenversicherung** funktioniert nach dem Umlageverfahren, dem "Generationenvertrag". Die Arbeitenden zahlen ein, die Ruheständler beziehen Renten. Die demographische Entwicklung könnte dieses System zu Fall bringen. Vom Jahr 2010 an wird die Zahl der Beitragszahler durch die geburtenschwachen Jahrgänge deutlich sinken, die Zahl der Rentenempfänger wird aber drastisch steigen. Auf 100 Erwerbspersonen kommen heute 35 Beitragsempfänger, im Jahr 2030 werden es ca. 75 sein.

Die Vertreter der angebotsorientierten Politik favorisieren eine private Altersvorsorge als Ergänzung zur gesetzlichen, die eventuell als staatliche Grundrente das Existenzminimum abdeckt. Die Versicherten sollten in verstärktem Maße für sich selber sorgen, indem sie sparen, Immobilien erwerben oder Lebensversicherungen abschließen. Bei einer privaten Lebensversicherung schließt der Versicherte einen Vertrag über eine bestimmte Summe ab, die er zu einem festgelegten Zeitpunkt ausgezahlt bekommt, entweder als Gesamtbetrag oder in Form einer monatlichen Rente. Der Versicherte muß also einen großen Teil des Auszahlungsbetrages "ansparen". Es könnten auch die Betriebsrentensysteme als "zweite Säule" der Altersversorgung ausgebaut werden. Die Beiträge werden den Mitarbeitern entweder vom Lohn oder Gehalt abgezogen oder von Sonderzahlungen wie Weihnachts- und Urlaubsgeld einbehalten. Davon würden auch die Unternehmen profitieren, da sie mit dem Kapital aus den Pensionsrückstellungen arbeiten könnten. Bei diesen Lösungen fallen für die Unternehmerseite zudem weniger Kosten an als bei einer Erhöhung der Beiträge zur gesetzlichen Rentenversicherung, da in diesem Fall die Arbeitgeber die Hälfte der Beitragserhöhung beisteuern müßten.

80. Größte Lieferanten: Frankreich, Niederlande, Italien
    Größte Kunden: Frankreich, USA, Großbritannien
    Führende Exportartikel: Autos, Maschinen, chemische Erzeugnisse

81. a) Übertragungsbilanz (Haben)
    b) Dienstleistungsbilanz (Haben)
    c) Übertragungsbilanz (Haben)
    d) Kapitalbilanz, Direktinvestitionen (Soll)
    e) Dienstleistungsbilanz (Haben)
    f) Kapitalbilanz (Haben)
    g) Kapitalbilanz (Soll)
    h) Dienstleistungsbilanz (Soll)
    i) Kapitalbilanz (Haben)

Lösungen

82. Mögliche Gründe für den internationalen Handel:
- unterschiedliche klimatische Bedingungen (verschiedene Anbauprodukte)
- unterschiedlicher technischer Stand
- ungleiche Verteilung der Rohstoffe
- Kostenunterschiede (unterschiedliche Preise für Produktionsfaktoren)

83. Unter Zahlungsbilanzgleichgewicht versteht man, wenn im internationalen Verkehr die Zahlungseingänge den Zahlungsausgängen entsprechen, d. h. wenn sich der Devisenbestand der Deutschen Bundesbank nicht verändert. Eine positive Zahlungsbilanz entsteht, wenn die Zahlungseingänge größer als die Zahlungsausgänge sind und der Devisenbestand der Bundesbank zunimmt. Bei einem Zahlungsbilanzdefizit überwiegen die Zahlungsausgänge die Zahlungseingänge, so daß der Devisenbestand der Bundesbank schrumpft.

84. Die Bundesrepublik ist internationale Verpflichtungen für Entwicklungshilfe und für internationale Organisationen wie Europäische Gemeinschaft, UNO, Weltbank oder den Weltwährungsfonds eingegangen. Um diesen Verpflichtungen nachkommen zu können, muß sie jährlich einen positiven Außenbeitrag erwirtschaften.
Ist dieser Außenbeitrag dauerhaft hoch, kann es im System der festen Wechselkurse zu einer importierten Inflation kommen, wenn Stützungskäufe der Notenbank notwendig werden. Kritiker befürchten auch, daß die hohen Überschüsse der Bundesrepublik im Waren- und Dienstleistungsverkehr der Dritten Welt schaden. Das wirtschaftliche und soziale Elend werde in den hochverschuldeten Entwicklungsländern durch die Handelspraktiken der Überschußländer verschärft. Die Entwicklungsländer könnten ihre Schulden nur dann abbauen, wenn sie Überschüsse in der Handels- und Dienstleistungsbilanz erzielten. Diesen Überschüssen müßten dann entsprechende Defizite bei den Industriestaaten gegenüberstehen. Zu hohe positive Außenbeiträge könnten auch protektionistische Bestrebungen bei den Defizitländern gegenüber der Bundesrepublik hervorrufen. Viele amerikanische Politiker liebäugeln mit administrativen Einfuhrbeschränkungen. Gehen die Exporte der Bundesrepublik zurück, sind viele Arbeitsplätze in Gefahr.

85. In einem **System der festen Wechselkurse** werden in internationalen Übereinkünften feste Austauschverhältnisse (Paritäten) mit bestimmten Bandbreiten vereinbart. Die nationalen Notenbanken sind zur Verteidigung des

Paritätskurses verpflichtet. Verlassen die Wechselkurse die Bandbreiten, müssen die Notenbanken auf dem Devisenmarkt fremde Währung ankaufen oder verkaufen, um die Wechselkurse wieder in die Bandbreiten zu drücken. Bei fundamentalen Zahlungsbilanzungleichgewichten sind im System der festen Wechselkurse Auf- und Abwertungen vorgesehen.
Im **System der flexiblen Wechselkurse** kommt der Wechselkurs durch Angebot und Nachfrage auf dem Devisenmarkt zustande. Für die nationalen Notenbanken besteht keine Interventionspflicht. Durch die Schwankungen im Wechselkurs bei freiem Spiel von Angebot und Nachfrage kommt es automatisch zu Auf- bzw. Abwertungen.

86. Die Monetaristen bevorzugen ein System der flexiblen Wechselkurse. Für die Monetaristen ist die Geldmenge die entscheidende gesamtwirtschaftliche Größe, die es zu steuern gilt. Eine wirksame Geldmengensteuerung durch die Notenbanken kann nur dann erfolgen, wenn sie nicht zu Interventionen auf dem Devisenmarkt verpflichtet sind. Müssen Notenbanken beispielsweise Stützungskäufe vornehmen, wächst die inländische Geldmenge unerwünscht. Eine dadurch ausgelöste importierte Inflation durchkreuzt den stabilitätspolitischen Kurs der Zentralbank.

87. Eine Abwertung der D-Mark bedeutet, daß der Kurs einer fremden Währung steigt bzw. für eine Einheit ausländischer Währung ein höherer Gegenwert in D-Mark zu entrichten ist. Für die exportorientierten Unternehmen ergeben sich Vorteile. Tauschen sie die Exporterlöse in D-Mark um, erhalten sie einen größeren D-Mark-Betrag gutgeschrieben. Sie könnten ihre Wettbewerbschancen im Ausland verbessern, indem sie die Preise senken. Für die Importeure bringt die Abwertung Nachteile. Sie müssen nun mehr inländische Währung bei gleichbleibenden Importpreisen und -mengen bezahlen. Importierte Rohstoffe (z. B. Erdöl ist in Dollar zu bezahlen) verteuern sich. Lassen sich die höheren Rohstoffkosten auf die Konsumgüterpreise abwälzen, kommt es zu einer importierten Inflation (Angebotsdruckinflation). Können die höheren Rohstoffkosten nicht oder nur unvollständig überwälzt werden, schrumpft der Gewinn der Unternehmen. Die Unternehmen werden zu verstärkten Rationalisierungsmaßnahmen gezwungen, die Entlassungen zur Folge haben könnten. Für die Haushalte bedeutet die Abwertung zunächst, daß sich Dienstleistungsimporte verteuern. Reisen ins Ausland wird kostspieliger. Gehen die Auslandsreisen zurück, wird es zu Einbrüchen in der Touristikbranche kommen. Für Beschäftige der Ex-

portindustrie sind die Arbeitsplätze gesichert. Allerdings sind auch Arbeitsplätze durch die Rationalisierungsmaßnahmen gefährdet. Außerdem werden die Haushalte von einer importierten Inflation getroffen. Es kann zu Realeinkommensverlusten kommen, wenn die Nominallohnsteigerungen geringer ausfallen als die Preissteigerungsraten.

88. Mögliche Gründe für Wechselkursänderungen:
- Außenhandelsüberschüsse bzw. -defizite (Preisunterschiede, technologischer Vorsprung, Attraktivität der Produktpalette etc.)
- Kapitalimport, Kapitalexport (Zinsdifferenzen, Attraktivität für Direktinvestoren, Standortvor- und -nachteile)
- politische und wirtschaftliche Ereignisse (Regierungswechsel, Kurswechsel in der Wirtschaftspolitik, Kriege, Konflikte)
- Währungsspekulationen (Erwartungen über bevorstehende Wechselkursänderungen)

89. Bei einem Leistungsbilanzdefizit überwiegen die Zahlungsausgänge durch den Import von Gütern und Dienstleistungen sowie Übertragungen an das Ausland die Zahlungseingänge durch den Export von Gütern und Dienstleistungen. Die Lücke wird über eine verstärkte Nachfrage nach Devisen geschlossen, falls die fehlenden Devisen nicht über Kapitalimporte bereitgestellt werden. Die steigende Devisennachfrage (N_2) führt zu einem höheren Devisenkurs (K_2).

Darstellung im Marktmodell:

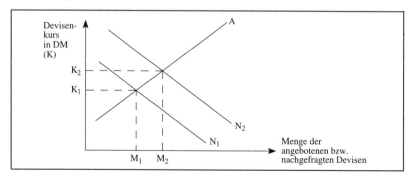

Lösungen

90. Im **System der flexiblen Wechselkurse** mit ständigen Auf- und Abwertungen ist Währungsspekulation schwieriger und mit größeren Risiken behaftet. Allerdings können durch Spekulationswellen Wechselkursschwankungen ausgelöst werden. Spekulationsbedingte Auf- und Abwertungen verzerren die realen Austausch- bzw. Wettbewerbsverhältnisse.

Im System der festen Wechselkurse haben Spekulationswellen geringen Einfluß auf die Wechselkurse, da die Notenbanken die Wechselkurse innerhalb der Bandbreiten stabil halten müssen. Allerdings können bei Auf- und Abwertungen erhebliche Spekulationsgewinne erzielt werden. Gerät eine Währung unter Aufwertungsverdacht, werden Anlagegelder in das aufwertungsverdächtige Land transferiert. Nach der Aufwertung kann dann ein größerer Betrag in ausländische Währung zurückgetauscht werden. Bei Aufwertungsverdacht geraten die Notenbanken unter schweren Druck. Die spekulationsbedingten Kapitalimporte bewirken ein weiteres Fallen des Devisenkurses, so daß sie im Vorfeld der Aufwertung beträchtliche Devisenmengen ankaufen müssen, was den geldpolitischen Handlungsspielraum erheblich einschränkt. Aus abwertungsverdächtigen Währungen setzt eine "Kapitalflucht" ein. Werden die Anlagegelder nach erfolgter Abwertung wieder im Abwertungsland angelegt, lassen sich innerhalb kürzester Zeit beträchtliche Spekulationsgewinne einstreichen. Auch die Notenbanken der abwertungsverdächtigen Länder werden unter Druck gesetzt. Sie müssen im Vorfeld der Abwertung kurzfristig große Mengen an Devisen verkaufen, was eine Knappung der inländischen Geldmenge verursacht.

91. Im System der flexiblen Wechselkurse sind die Notenbanken nicht zu Interventionen verpflichtet. Trotzdem greifen die Notenbanken in Form des "schmutzigen Floatings" ein. Bei einem starken Dollarkursverfall entscheidet sich die Bundesbank häufig zu Stützungskäufen. Ein schwacher Dollar, d. h. eine starke D-Mark, könnte einen Rückgang der Exporte verursachen. Die induzierten negativen multiplikativen Effekte könnten einen Abschwung auslösen bzw. einen Aufschwung abbremsen. Arbeitsplätze in der Exportindustrie würden gefährdet.

92. – EWS-Mitgliedsstaaten haben feste Wechselkurse mit Bandbreiten (Abweichungen +/– 15 % vom Paritätskurs).
– Für nationale Notenbanken besteht Interventionspflicht.
– Gegenüber Nichtmitgliedstaaten bestehen flexible Wechselkurse (Blockfloating).

Lösungen

- Spannungen im Wechselkurssystem werden durch sogenannte Abweichungsindikatoren angezeigt.
- Notenbanken stellen sich gegenseitig die zur Intervention erforderlichen Währungsbeträge durch Kredite bereit (kurz- und mittelfristiger Währungsbeistand).
- Auf- bzw. Abwertung bei fundamentalen Zahlungsbilanzungleichgewichten.
- ECU als Kunstwährung (Währungskorb mit gewichteten nationalen Währungseinheiten der Mitgliedsländer) dient als Verrechnungseinheit zwischen Notenbanken; ECU gewinnt aber zunehmend an Bedeutung im Außenhandel und als Anlagewährung.

93. Nach dem Delorsplan soll der europäische Einigungsprozeß in drei Stufen erfolgen. Die erste Stufe wurde bereits mit einer Liberalisierung des Geld- und Kapitalverkehrs und der Schaffung des europäischen Binnenmarktes erreicht. In der zweiten Stufe soll ein europäisches Zentralbanksystem mit einer gemeinsamen Euro-Zentralbank geschaffen werden. Zwischen den nationalen Währungen sollen dann feste Wechselkurse herrschen. In der dritten Stufe soll die Wirtschafts- und Finanzpolitik der Mitgliedstaaten so weit zusammengeführt sein, daß am Ende eine einheitliche europäische Währung (ECU) an die Stelle der nationalen Währungen treten kann.

94. Der Beitrag des **primären Sektors** zum BIP ist seit 1960 auf etwa ein Viertel geschrumpft, wobei der größte Rückgang von 1960 bis 1970 erfolgte. Gleichzeitig reduzierte sich die Zahl der Erwerbstätigen von 1960 bis 1990 auf etwas mehr als ein Viertel. Der stärkste Rückgang war von 1970 bis 1980 zu verzeichnen.
Die Zahl der Erwerbstätigen im **sekundären Sektor** sank von 1960 bis 1990 um etwa 23 %, wobei von 1970 an ein kontinuierlicher Rückgang stattfand. Der Beitrag zum BIP nahm in den letzten 30 Jahren noch stärker, um etwa 30 %, ab. Von 1970 bis 1980 war der Rückgang am größten.
Der **tertiäre Sektor** beschäftigt seit etwa 1980 die meisten Arbeitnehmer und wuchs in 30 Jahren um über 50 %. Besonders stark war die Zunahme der Erwerbstätigen von 1970 bis 1980. Der Beitrag zum BIP stieg sogar noch mehr, um ca. 55 %, wobei sich die Zunahme im letzten Jahrzehnt verlangsamte.

Lösungen

95. Ursachen des Strukturwandels, z. B.:
- Wachstum vollzieht sich nicht gleichmäßig, sondern verläuft in einzelnen Branchen und Regionen unterschiedlich;
- Einführung neuartiger Güter und Dienstleistungen durch Produktinnovationen;
- Einführung neuer Produktionstechniken;
- Standortverlagerungen durch unterschiedliche Preise für Produktionsfaktoren (Internationalisierung der Produktion);
- Veränderung von Standortfaktoren;
- demographische Entwicklung (Veränderungen in der Altersstruktur, Zuwanderung);
- Veränderungen der Verbrauchergewohnheiten (steigende Einkommen, Modetrends).

96. Mögliche künftige Tendenzen:
Durch die **"Tertiärisierung"** der Wirtschaft wird der Beitrag des tertiären Sektors zum BIP weiter wachsen. Die Zahl der Erwerbstätigen in tertiären Berufen wird noch mehr steigen, da auch innerhalb des produzierenden Gewerbes tertiäre Bereiche (Forschung, Entwicklung, Verwaltung, Service u. a.) größere Bedeutung erlangen werden. Weiterhin wird die Internationalisierung der Produktion voranschreiten durch eine zunehmende internationale Arbeitsteilung (Kostenvorteile) und den Austausch der Produktionsfaktoren. Der internationale Wettbewerb wird sich verschärfen durch das Aufholen von Schwellenländern auch in forschungsintensiven Bereichen. Außerdem zeichnen sich neue Schlüsselbereiche (Gentechnologie, neue Werkstoffe, Umwelttechnik, Mikroelektronik u. a.) durch Basisinnovationen ab, die die künftige Produktionsstruktur verändern werden.

97. Für eine staatliche Strukturpolitik spricht, daß die erforderlichen strukturellen Anpassungsprozesse schneller vollzogen und Ungleichgewichte in der regionalen und sektoralen Wirtschaftsstruktur besser ausgeglichen werden können. Die staatliche Strukturpolitk sichert Arbeitsplätze und Einkommen und mildert soziale Härten in den betroffenen Branchen bzw. Regionen, bis die notwendigen Produktionsumstellungen erfolgt sind. Außerdem können strukturpolitische Maßnahmen die Marktversorgung aus inländischer Produktion stärken und damit die Abhängigkeit vom Weltmarkt verringern.
Staatliche Eingriffe können allerdings zu einer Konservierung der wirtschaftlichen Schwächen und zu einer Verzögerung der Anpassungsprozesse führen, wenn sie den Marktmechanismus außer Kraft setzen bzw. bei-

Lösungen

behalten werden, wenn sie den eigentlichen Zweck erfüllt haben. Außerdem können strukturpolitische Maßnahmen eines Staates Gegenreaktionen anderer Volkswirtschaften hervorrufen.
Fazit: Statt einer bloßen Strukturerhaltung müßte eine aktive Politik der Strukturgestaltung durch eine gezielte Förderung von Wachstumssektoren mit hohen Beschäftigungswirkungen und Spin-off-Effekten erfolgen.

98. Strukturpolitische Maßnahmen, z. B.:
    - Mindestpreis- und Höchstpreispolitik
    - Subventionen (sektoral, regional)
    - Infrastrukturpolitik
    - Forschungspolitik
    - bildungspolitische Maßnahmen
    - Investitionszulagen, Abschreibungspolitik
    - Steuerpolitik

99. *Vorteile des Standortes Deutschland, z. B.:*
    - hohes Ausbildungsniveau der Arbeitskräfte
    - politische Stabilität, verantwortungsbewußte Sozialpartnerschaft
    - hervorragende Infrastruktur und funktionsfähige öffentliche Dienstleistungen
    - stabile Währung

    Nachteile des Standortes Deutschland, z. B.:
    - relativ hohe Lohnkosten und Lohnnebenkosten
    - geringe jährliche Arbeitszeit
    - hohe steuerliche Belastungen
    - bürokratische Hemmnisse für Investitionen

100. Von 1988 bis 1992 wurden von deutschen Unternehmen für 98 Milliarden DM Direktinvestitionen im Ausland getätigt. Ausländische Unternehmen investierten im gleichen Zeitraum nur 35 Milliarden in der Bundesrepublik. Da deutsche Unternehmen stärker im Ausland investieren als ausländische Unternehmen in der Bundesrepublik, könnte dies als Schwäche des Standortes Deutschland und Kapitalflucht gewertet werden. Produktionsstätten werden zunehmend im Ausland errichtet, weil dort die Lohnstückkosten, steuerlichen Belastungen und bürokratischen Hemmnisse geringer sind.

Auch die Direktinvestitionen der wichtigsten Konkurrenten auf dem Weltmarkt nahmen zu. Die fünf führenden Exporteure stellen die höchsten Direktinvestitionen im Ausland, denn die Ausfuhren bedürfen zunehmend der Stützung durch Niederlassungen vor Ort zur Markterhaltung und Marktsicherung. Außerdem können durch Direktinvestitionen im Ausland Importbeschränkungen umgangen werden. Unter den begehrten Standorten rangierte die Bundesrepublik 1992 an 7. Stelle. Besser schnitt die EG-Konkurrenz ab. Japan taucht in dieser Statistik nicht auf. Das kann allerdings nicht als Indiz für die Standortschwäche Japans herangezogen werden. Die geringeren Direktinvestitionen aus dem Ausland ließen sich somit als Stärke eines Standortes interpretieren. An einem starken Standort gelingt es der ausländischen Konkurrenz schwerer Fuß zu fassen, deshalb ist sie mit Direktinvestitionen zurückhaltender. Das Beispiel Japan läßt sich aber nicht ohne weiteres auf die Bundesrepublik übertragen, da der japanische Markt in bezug auf Sprache und Schrift ("ohne Japanisch kommt man nicht in die Blutbahn der Japaner hinein", Philips-Manager C. Brossers 1989), Verhaltensmuster, Kaufgewohnheiten besonders schwer zu erschließen ist.

101. "Freie Güter" stehen im Gegensatz zu wirtschaftlichen Gütern, die im Verhältnis zum Bedarf knapp sind und nur mit Aufwand von Kosten zu erlangen sind, in beliebiger Menge ohne Kosten zur Verfügung. Umweltgüter haben zwar den Charakter von wirtschaftlichen Gütern, stehen aber in den meisten Fällen wie freie Güter zur Verfügung. Umweltgüter weisen auch Merkmale "öffentlicher Güter" auf, da das Marktausschlußprinzip weitgehend fehlt. Nutzer können sie verwenden, ohne für alle oder zumindest einen Teil der damit verbundenen Kosten aufkommen zu müssen. Die Kosten müssen andere tragen (soziale Zusatzkosten). Preise haben in der Marktwirtschaft Allokationsfunktion. Knappe Güter sind teuer und werden der Verwendung zugeführt, bei der sie den größten Nutzen stiften. Da Umweltgüter weitgehend zum Nulltarif verfügbar sind bzw. die sozialen Zusatzkosten (negative externe Effekte) nicht als Kostenfaktoren einkalkuliert werden, werden sie in zu großem Umfang eingesetzt. Wirtschaftswachstum geht zu Lasten der Umwelt.

102. Durch Emissionszertifikate soll ein Markt für Umweltgüter geschaffen werden. Zunächst werden regionale Emissionsmengen festgelegt, dann in Teilmengen gestückelt und in Emissionszertifikaten verbrieft. Nur die

Lösungen

Eigentümer der Zertifikate dürfen Schadstoffe an die Umwelt abgeben. Wer ein Unternehmen gründen will, das Schadstoffe abgibt, oder seine Produktion erweitert, muß Zertifikate erwerben. Der Preis der Zertifikate spiegelt die Preise für das jeweilige Umweltgut wider. Steigt die Nachfrage nach Zertifikaten, klettern deren Preise. Die Produktion verteuert sich. Die Unternehmen werden versuchen, Kosten zu sparen durch Vermeidung von Schadstoffen und verstärkte Umweltschutzinvestitionen.

103. Verursacher- und Gemeinlastprinzip sollen einen Beitrag zur Erhaltung der Umwelt leisten. Durch konsequente Anwendung des Verursacherprinzipes müssen diejenigen, die Schadstoffe produzieren auch dafür aufkommen. Das Verursacherprinzip kann durch Auflagen, Abgaben (Steuern) oder Emissionszertifikate umgesetzt werden. Die Verursacher geraten unter Anpassungsdruck und müssen die Produktion umstellen, was über kurz oder lang zu einer Reduzierung der Schadstoffe führt. Unternehmen, denen die Anpassung am besten gelingt, haben Wettbewerbsvorteile.

Nach dem Gemeinlastprinzip soll die Gemeinschaft für die Kosten des Umweltschutzes aufkommen. In manchen Fällen mag das eine praktikable Lösung sein, weil sich die Ursache-Wirkungsketten oft nur schwer ermitteln lassen. Das Gemeinlastprinzip stellt allerdings nur Krisenmanagement dar. Es versucht mit enormen öffentlichen Aufwendungen – Schadstoffbeseitigung ist meist teurer als Schadstoffvermeidung – die Symptome zu bekämpfen, die Ursachen werden dabei übersehen. Umweltgüter bleiben für die Produzenten weiterhin freie Güter und werden dementsprechend überproportional eingesetzt. Für die Verursacher besteht kein Anreiz, die Schadstoffe zu reduzieren.

Die Anwendung des Verursacherprinzipes im Umweltschutz ist ökologisch und ökonomisch effizienter.

Anmerkungen

[1] J. Christmann und M. Schopf: Volkswirtschaft und Politik. Eine problembezogene Volkswirtschaftslehre. Darmstadt: Winklers Verlag Gebrüder Grimm, ^{6}1981, S. 183
[2] Bruce Nussbaum: Das Ende unserer Zukunft. München: Kindler Verlag 1984, S. 98 f.
[3] Der Spiegel, Nr. 36, 47. Jahrgang, 6. September 1993, S. 37
[4] Bundeszentrale für politische Bildung (Hrsg.): Informationen zur politischen Bildung Nr. 180, Wirtschaft 4, Wirtschaftsordnungen im Vergleich, 1979, Universum Verlagsanstalt
[5] A. Müller-Armack: Die Konzeption der sozialen Marktwirtschaft. In: Unsere Wirtschaft – Basis, Dschungel, Dogma? Hrsg. v. Landeszentrale für politische Bildung Nordrhein-Westfalen, Köln 1973, S. 92
[6] Nach B. Gahlen u. a.: Volkswirtschaftslehre. UTB 737, Tübingen 1981, S. 43 f.
[7] isw – sozial-ökologische Wirtschaftsforschung München e. V. (Hrsg): isw-spezial Nr. 1, Oktober 1991, S. 20, Eigendruck im Selbstverlag
[8] In: R. Müller und W. Röck: Konjunktur- und Stabilisierungspolitik. Stuttgart, Berlin, Köln, Mainz: Verlag W. Kohlhammer, ^{1}1976, S. 14
[9] Wolfgang Wiegard: Die Zeche zahlen spätere Generationen. Folgen einer zunehmenden Staatsverschuldung. In: Blick in die Wissenschaft. Forschungsmagazin der Universität Regensburg, Heft 4, 1994, S. 82
[10] Ders., a. a. O., S. 86
[11] Jörg Huffschmid: Krise und Krisenrhetorik. Die wahren Stärken und Schwächen des Wirtschaftsstandortes Deutschland. In: Blätter für internationale Politik. 30. Jahrgang, März 1994, S. 284 ff.
[12] Ders., a. a. O., S. 286
[13] Ders., a. a. O., S. 287
[14] Ders., a. a. O., S. 286

Stichwortverzeichnis

Absatzmöglichkeiten 36
Abschwung 3, 6 f.
Abweichungsindikatoren 144
Abwertung 136 ff.
Akzeleratorprinzip 35, 182
Allokation 51
Angebot 152, 196
Angebotsdruckinflation 75 f.
Arbeitslosenquote 4, 65 ff.
Arbeitslosigkeit
– demographisch bedingt ~ 69
– friktionelle ~ 68, 193
– importierte ~ 80
– konjunkturelle ~ 68, 193
– saisonale ~ 67, 193
– sektorale ~ 68
– strukturelle ~ 68, 193
– regionale ~ 68
– technologische ~ 68
Arbeitszeitverkürzung 70
Arbeitszeitverlängerung 69
Aufschwung 3, 6 f.
Auftragseingang 4
Aufwertung 136 ff.
Ausgaben 37
– öffentliche ~ 111
Außenbeitrag 132
– negativer ~ 27
– positiver ~ 27
Außenwert einer Währung 134
außenwirtschaftliches Gleichgewicht 64, 79 ff.
Autonomiegrundsatz 84

Bardepotpflicht 98
Bargeldschöpfung 90
Basiseffekt 43
Basiskonsum 184
Boom 3
Bruttoinlandsprodukt 42
Bruttoproduktionswert 38
Bruttosozialprodukt 39 f.
– ~ zu Marktpreisen 40
– reales ~ 4
Budgetpolitik, klassische 109

Bundesbankgesetz 90
Bundesschuld 108
Crowding-out 118, 120
deficit spending 112
Deflation, geldmengen-induzierte 80
Delors-Plan 146
Depression 3, 6 f.
Desinvestition 31
Deutsche Bundesbank 83 ff., 95 ff.
Devisenbilanz 131 f.
Dienstleistungsbilanz 132
Direktinvestitionen 164 f.
Diskontkredit 86
Diskontsatz 87, 201
ECU (European Currency Unit) 144 ff.
Einfuhrkontingent 37
Einkommensteuer 113
Einkommen, verfügbares 26, 36
Einkommensverteilung 36
Emissionszertifikat 171
Engels, Friedrich 53
Entstehungsrechnung 41
Erhard, Ludwig 54
Europäische Zentralbank (EZB) 147
Europäisches Währungssystem (EWS) 144 ff.
Ex-ante-Größe 22
Ex-post-Größe 22
Ex-post-Ausgleichsmechanismen 31 f.
Expansion 3
Expansionsprozeß 32

Faktoreinkommen 36
Finanzplanung, mittelfristige 113
Fiskalinflation 75
Fiskalisten 101
Fiskalpolitik 107
– antizyklische ~ 112
Flexibilisierung der Arbeitszeit 69
Floating 141, 219
Freiburger Schule 54
freie Marktwirtschaft 52
Friedman, Milton 101, 112, 122
Frühindikator 5

Stichwortverzeichnis

Geldmarkt 95
Geldmarktpapiere 95
Geldmengenbegriff 102
Geldmengenkonzept der Bundesbank
  101 f., 204
Geldmengenziel 102
Geldschöpfungsmultiplikator 93
Geldumlauf 83
Gemeinlastprinzip 171, 224
Geschäftsklimaindex 4
Gewinndruckinflation 76
Gewinne 27
Gewinneinkommen 5
Gini-Koeffizient 44
Giralgeldschöpfung 90

Handelsbilanz 132
Handelsströme 142
Haushaltsausgleich 108
Hausvaterpolitik 110
Hochkonjunktur 3, 6 f.
Hochlohnland 13
Höchstpreis 155

importierte Inflation 75 f.
Individualprinzip 54
Inflationsursachen 75 ff.
Infrastrukturinvestitionen 156
Inlandsprodukt 42, 187
Inside-lag 116
Interventionspunkt 135 f.
Investitionsprämie 114, 209

Job-sharing 70

Kapazitätsauslastung 4
Kapitalabstrom 100
Kapitalbilanz 132
Kapitalkoeffizient 35
Kapitalmarkt 96
Kapitalströme 142
Kassenkredite 83
Keynes, John Maynard 111 f., 122
Kollektivgüter 169
Kondratieffzyklen 8
Konjunktur, gespaltene 1, 11
Konjunkturanalyse 3
Konjunkturausgleichsrücklage 113
Konjunkturdiagnose 3
Konjunkturindikatoren 4 f., 175

Konjunkturphase 3
Konjunkturzyklen 2, 9 f.
Konsumausgaben 22
– staatliche ~ 26
Konsumfunktion 48, 184
Kontraktionsprozeß 32
Körperschaftssteuer 113
Kosten 36
Kostenaufschlagtheorie 59
Kostenindikator 5
Kosteninflation 76
Kreditaufnahmemöglichkeiten 37
Kreislaufmodell 21 ff., 178 ff.
Kurzarbeit 65

Laissez-faire 52
Landeszentralbanken 85
Leistungsbilanz 132
Leistungsbilanzdefizit 132
Leistungsbilanzüberschuß 132
Liquiditätspapiere 95
Liquiditätsreserven 98, 100
Lohneinkommen 5
Lohnquote 161
Lohnsteuer 113
Lohnstückkosten 160 f.
Lohnzusatzkosten 158
Lombardkredit 86
Lombardsatz 88

Maastrichter Gipfel 146
magisches Achteck 80
magisches Viereck 62
Marktausschlußprinzip 169
Marktkonformität 55
Marx, Karl 53
Marxismus 53
Mengenindikator 5
Mengentender 96
Mindestpreis 155
Mindestreserve 90 f.
Mindestreservenpolitik 94
Minuswachstum 3
Mobilisierungspapiere 95
monetärer Ausgleich 32
Monetarismus 75, 101, 122, 217
Müller-Armack, Armin 54
Multiplikatoreffekt 33 f., 112, 182

227

Stichwortverzeichnis

Nachfrage 152
Nachfrageinflation
– geldmengen-induzierte ~ 76, 79
– monetär induzierte ~ 75
Nachfragesoginflation 75, 196
Nachtwächterstaat 110
negative externe Effekte 169
Neoklassiker 112
Nettokreditaufnahme 108
Nettoproduktionswert 38
Nettosozialprodukt zu Faktorkosten 40
Nettosozialprodukt zu Marktpreisen 40
Neutralitätspostulat 109
Nominalwertprinzip 71
Nullwachstum 2

Offenmarktpolitik 94
Ökosozialprodukt 45
Ökosteuer 170
Outside-lag 99, 116

Parallelpolitik 111
Paritätskurs 135
Philipskurve 63 f.
Politik des billigen Geldes 100
Politik des knappen Geldes 98
Präsensindikator 5
Preise
– administrative ~ 118
– angebotsdeterminierte ~ 59
– durchsetzbare ~ 36
Preiserwartung 36
Preisindex 72 f., 195
Preisindikator 5
Preisniveauanstieg 102
Preisniveaustabilität 63, 147
Preisstopp 75, 197
primärer Sektor 151
private Arbeitsvermittler 70
Produktinnovation 152
Prozeßinnovation 152

Rahmenbedingungen, wirtschaftliche 36
Realignments 140
Rediskontkontingent 89, 95
Rediskontsatz 87, 200
Refinanzierung 86
Rentenversicherung 215

Ressourcen, natürliche 60
Rezession 3, 6 f.

Sättigungstendenz 36
Saysches Theorem 110
Schattenhaushalt 108
Schattenwirtschaft 43
Schöpfungskredit 108, 118
Schuldendienst 37
Schwellenländer 153
Sektoren 21
sekundärer Sektor 151
Smith, Adam 52, 125
Sonderabschreibung 114, 210
soziale Marktwirtschaft 54 ff., 167 ff., 189 ff.
Sozialismus, wissenschaftlicher 53
Sozialprinzip 54 f.
Sozialprodukt 42, 187
Sparen 27
Spätindikator 5
Spin-off-Effekt 155
Staatsausgaben 107 f., 162
Staatseinnahmen 107
Staatshaushalt 107, 109
Staatsquote 162
Staatsverschuldung 119 ff., 212 ff.
Stabilitätsgesetz 9, 61 f.
Stagflation 76, 199
Standort Deutschland 157 ff.
Standortfaktoren 157
Steueraufkommen 4
Steuereinnahmen 36
Steuern
– direkte ~ 25, 36, 107
– indirekte ~ 25, 107, 118
Steuerquote 163
Strukturpolitik
– erhaltende ~ 154, 221 f.
– gestaltende ~ 155, 221 f.
Strukturwandel, intrasektoraler 151
Subventionen 25, 114, 154, 157

Teilzeitbeschäftigung 70
Terms of Trade 137
tertiärer Sektor 151
Tertiärisierung 13, 153
Time-lag 99 ff.
Transferzahlungen 25, 36, 113
Treuhandanstalt 109

Stichwortverzeichnis

Überraschungsinflation 121
Übertragungsbilanz 132
Übertragungskredit 108
Umverteilung 11
Umweltgüter 167 ff.
Umweltverschmutzung 60

Verteilungsrechnung 41
Verursacherprinzip 169, 224
Verwendungsrechnung 41
Volkseinkommen 22, 40, 110, 142
Vollbeschäftigung 63
Vorleistungen 38

Wage-lag 72
Währung 84
Warenkorb 73 ff.
Wechselkredit 86
Wechselkurs 37, 134, 142, 147
– fester ~ 138, 143 f.
– flexibler ~ 140 f., 143 f.
Wechselregreß 87
Wertpapierpensionsgeschäft 96, 202
Wertschöpfung 40
Wettbewerbsdruck 153
Wettbewerbsprinzip 55

Wirtschaftsliberalismus
Wirtschaftsordnung 51
Wirtschaftspolitik
– angebotsorientierte ~ 122 ff., 214
– neoklassische ~ 122 ff.
– nachfrageorientierte ~ 122 ff., 213
Wirtschaftswachstum 63 f.
Wohnungspolitik 214

Zahl der offenen Stellen 65
Zahlungsbilanz 130 ff.
– aktive ~ 133
– passive ~ 133
Zahlungsbilanzdefizit 133
Zahlungsbilanzüberschuß 133
Zentralbankgeld 96, 102
Zentralbankrat 85
Zentralverwaltungswirtschaft 54
Zinsentwicklung 4
Zinsniveau 142
Zinsreagibilität 99
Zinssatz 147
Zinstender 96
Zölle 37
zweiter Arbeitsmarkt 70

Literaturverzeichnis

ARBEITSGEMEINSCHAFT zur Förderung der wirtschaftlichen und sozialen Bildung (Hrsg.): Unser Geld. Gelsenkirchen-Buer: Verlag Dr. Neufang, Ausgabe 1992/93
BLAICH, F.: Der Schwarze Freitag. München: Deutscher Taschenbuch Verlag 1985
BUNDESZENTRALE für politische Bildung (Hrsg.): Informationen zur politischen Bildung, Nr. 241, 1993 (Steuern und Finanzen); Nr. 219, 1988 (Umwelt) und Nr. 180, 1979 (Wirtschaftsordnungen im Vergleich)
CHRISTMANN, J. und Schopf, M.: Volkswirtschaft und Politik. Volkswirtschaftstheorie und Wirtschaftspolitik in 7 Problemfeldern. Darmstadt: Winklers Verlag Gebrüder Grimm 1993
DECKER, F.: Problemorientierte Wirtschaftslehre. Darmstadt: Winklers Verlag Gebrüder Grimm, 1980
DUWENDAG, D.; Ketterer, K.-H.; Kösters, W.; Pohl, R.; Simmert, D. B.: Geldtheorie und Geldpolitik. Köln: Bund-Verlag 1977
GAHLEN, B. u. a.: Volkswirtschaftslehre. UTB 737, Tübingen 1981
HARTWIG, K.-H.: Umweltökonomie. In: Vahlens Kompendium der Wirtschaftstheorie und Wirtschaftspolitik Band 2. München: Verlag Franz Vahlen 1992, S. 123 – 162
HUFFSCHMID, J.: Krise und Krisenrhetorik. Die wahren Stärken und Schwächen des Wirtschaftsstandortes Deutschland. In: Blätter für deutsche und internationale Politik, 39. Jahrgang, März 1994, S. 281 – 296
INSTITUT der deutschen Wirtschaft Köln, iwd (Hrsg.): Wirtschaft und Unterricht, Nr. 9 Staat und Wirtschaft, 28. 10. 1993; Nr. 30, 25. Juli 1991 und Nr. 39, 11. August 1994
ISW – sozial-ökologische Wirtschaftsforschung München e. V. (Hrsg.): iws-spezial Nr. 1, Oktober 1991, Eigendruck im Selbstverlag
KOESTERS, P.-H.: Ökonomen verändern die Welt. Hamburg: Gruner + Jahr 1983
LANDESZENTRALE für politische Bildung Nordrhein-Westfalen (Hrsg.): Unsere Wirtschaft – Basis, Dschungel, Dogma? Köln 1973
MÜLLER, R. und RÖCK, W.: Konjunktur- und Stabilisierungspolitik. Stuttgart: Verlag W. Kohlhammer 1976
NUSSBAUM, B.: Das Ende unserer Zukunft. München: Kindler Verlag 1984
PETERS, H.: Volkswirtschaftslehre. Darmstadt: Winklers Verlag Gebrüder Grimm 1989
REIP, H.: Volkswirtschaftslehre in Problemen. Bad Homburg: Verlag Dr. Max Gehlen 1979
SCHILLER, G.: Konjunkturpolitik. Darmstadt: Winklers Verlag 1985
SCHILLER, G.: Wirtschaftliche Wechsellagen. Darmstadt: Winklers Verlag 1983
UHL, K.: Aspekte der Wirtschaftspolitik. Frankfurt am Main, Berlin, München: Verlag Moritz Dieslerweg 1976
WIEGARD, W.: Die Zeche zahlen spätere Generationen. Folgen einer zunehmenden Staatsverschuldung. In: Blick in die Wissenschaft, Forschungsmagazin der Universität Regensburg, Heft 4, 1994, S. 82 – 89.
WILLMS M.: Strukturpolitik. In: Vahlens Kompendium der Wirtschaftstheorie und Wirtschaftspolitik Band 2. München: Verlag Franz Vahlen 1992, S. 371 – 403

Sicher durch alle Klassen und das Abitur!

Theorie ist gut, Praxis ist besser. Deshalb enthalten unsere von Fachlehrern entwickelten Trainingsbände nicht nur alle nötigen Fakten, sondern jede Menge praxisgerechte Übungen mit vollständigen Lösungen. Auf die prüfungsrelevanten Stoffgebiete konzentriert, ermöglichen alle Bände ein effektives Lernen – beste Voraussetzungen, um sicher durch alle Prüfungen zu kommen.

Mathematik

Analysis – LK .... Best.-Nr. 94002
Analysis – gk .... Best.-Nr. 94001
Analytische Geometrie
und lineare Algebra 1 – gk/LK .... Best.-Nr. 94005
Analytische Geometrie
und lineare Algebra 2 – gk/LK .... Best.-Nr. 54008
Stochastik – LK .... Best.-Nr. 94003
Stochastik – gk .... Best.-Nr. 94007
Mathematik Aufgaben Analysis – gk .... Best.-Nr. 40011
Integralrechnung – gk .... Best.-Nr. 40015
Exponential-/Logarithmusfunktionen,
gebrochenrationale Funktionen – gk ... Best.-Nr. 40016
Mathematik Aufgaben Wahrscheinlich-
keitsrechnung und Statistik – gk .... Best.-Nr. 40051
Wahrscheinlichkeitsrechnung
und Statistik – gk .... Best.-Nr. 40055
NEU: Mathematik Aufgaben
Analytische Geometrie – gk .... Best.-Nr. 40071
NEU: Analytische Geometrie – gk .... Best.-Nr. 40075
Infinitesimalrechnung 1/11. Klasse ..... Best.-Nr. 94006
Infinitesimalrechnung 2/11. Klasse ..... Best.-Nr. 94008
Wiederholung Algebra .... Best.-Nr. 92402
Übungsaufgaben Analysis 1 – Sek. II ... Best.-Nr. 92403
Übungsaufgaben Analysis 2 – Sek. II ... Best.-Nr. 92404
Übungsaufgaben Analytische
Geometrie – Sek. II .... Best.-Nr. 92405

Physik

NEU: Elektromagnetische
Schwingungen und Wellen – LK .... Best.-Nr. 94309
Elektrisches und magnetisches Feld – LK Best.-Nr. 94308
Kernphysik – LK .... Best.-Nr. 94305
Wellen- und Teilchenaspekt
von Licht und Materie – LK .... Best.-Nr. 94303
Atommodelle – LK .... Best.-Nr. 94304
Physik 1 – gk .... Best.-Nr. 94321
Physik 2 – gk .... Best.-Nr. 94322
Mechanik 11. Klasse .... Best.-Nr. 94307
Physik 1 – FOS .... Best.-Nr. 92436
Physik 2 – FOS .... Best.-Nr. 92437
Physik 11. Klasse – FOS .... Best.-Nr. 92438
Physikalisches Praktikum – FOS .... Best.-Nr. 92435

Chemie

Chemie 1 – gk/LK Baden-Württemberg Best.-Nr. 84731
Chemie 2 – gk/LK Baden-Württemberg Best.-Nr. 84732
Chemie 1 – LK Bayern .... Best.-Nr. 94731
NEU: Chemie 2 – LK Bayern .... Best.-Nr. 94732
Chemie 1 – gk Bayern .... Best.-Nr. 94741
Chemie 2 – gk Bayern .... Best.-Nr. 94742

Biologie

Biologie 1 – gk/LK Baden-Württemberg
Enzyme, Neurophysiologie
und Hormone .... Best.-Nr. 84701
Biologie 2 – gk/LK Baden-Württemberg
Klassische Genetik, Molekulargenetik, Immun-
biologie und Evolution .... Best.-Nr. 84702
Biologie 1 – gk/LK Nordrhein-Westfalen
Cytologie, Stoffwechselphysiologie Best.-Nr. 54701
Biologie 2 – gk/LK Nordrhein-Westfalen
Genetik, Entwicklungsbiologie .... Best.-Nr. 54702
Biologie 3 – gk/LK Nordrhein-Westfalen
Ethologie, Neurophysiologie .... Best.-Nr. 54703
Biologie 4 – gk/LK Nordrhein-Westfalen
Evolutionsbiologie, Ökologie .... Best.-Nr. 54704
Biologie 1 – LK Bayern
Zellbiologische Grundlagen der Vererbung, Mole-
kulargenetik, Stoffwechselphysiologie, Ökologie
und Umweltschutz .... Best.-Nr. 94701
Biologie 2 – LK Bayern
Ethologie und Evolution .... Best.-Nr. 94702
Biologie 1 – gk Bayern
Molekulargenetik, zellbiologische Grundlagen der
Vererbung, Stoffwechselphysiologie, Ökologie
und Umweltschutz .... Best.-Nr. 94715
Biologie 2 – gk Bayern
Anatomische und physiologische Grundlagen des
Verhaltens, Verhalten bei Tier und Mensch,
Evolution .... Best.-Nr. 94716
Chemie für den Leistungskurs Biologie
Aufbau der Materie, Bildung chem. Verbindungen,
Grundtypen chem. Reaktionen, Wasser, Moleküle
des Lebens, Struktur und Reaktionen organ. Mole-
küle, Untersuchungsmethoden .... Best.-Nr. 54705

(Bitte blättern Sie um)

Natürlich führen wir noch mehr Buchtitel für alle Schularten. Bitte rufen Sie uns einfach an. Wir informieren Sie gerne! Telefon: 0 81 61/17 90

Englisch

Englisch – Textaufgaben zur Landeskunde USA .... Best.-Nr. 94463
Englisch – Textaufgaben zur Landeskunde Großbritannien .... Best.-Nr. 94461
Englisch – Textaufgaben zur Literatur ... Best.-Nr. 94462
Englisch – Grundlagen der Textarbeit ... Best.-Nr. 94464
Englisch – Grundfertigkeiten des Schreibens .... Best.-Nr. 94466
Englisch – Übersetzungsübung .... Best.-Nr. 82454
Englisch – Grammatikübung Oberstufe Best.-Nr. 82452
Englisch – Wortschatzübung Oberstufe .. Best.-Nr. 82451
Englisch – Literaturgeschichte .... Best.-Nr. 94465
Englisch – Übertritt in die Oberstufe ..... Best.-Nr. 82453
Englisch – Interpretationshilfen 1 .... Best.-Nr. 82455
Englisch – Interpretationshilfen 2 .... Best.-Nr. 82456
NEU: Interpretationshilfe Macbeth .... Best.-Nr. 2500011
NEU: Interpretationshilfe Romeo and Juliet Best.-Nr. 2500041

Deutsch

Deutsche Literaturgeschichte – gk/LK .. Best.-Nr. 94405
Deutsch 1 – gk/LK .... Best.-Nr. 94401
Deutsch 2 – gk/LK .... Best.-Nr. 94402
Deutsch 3 – gk/LK .... Best.-Nr. 94403
Aufsatz Oberstufe .... Best.-Nr. 84401
Deutsch Training – 11. Klasse .... Best.-Nr. 90405
Deutsch – Interpretationshilfen 1 .... Best.-Nr. 94407
NEU: Interpretationshilfe Der fremde Freund/Drachenblut .... Best.-Nr. 2400061

Latein

Kurzgrammatik .... Best.-Nr. 94601
Lateinische Literaturgeschichte .... Best.-Nr. 94602
Wortkunde .... Best.-Nr. 94603

Wirtschaft/Recht

Betriebswirtschaft – LK .... Best.-Nr. 94851
Volkswirtschaft – gk/LK .... Best.-Nr. 94881
Rechtslehre – gk .... Best.-Nr. 94882

Religion/Ethik

Ethische Positionen in historischer Entwicklung – gk .... Best.-Nr. 94951
Evangelische Religion 1 – gk .... Best.-Nr. 94971
Evangelische Religion 2 – gk .... Best.-Nr. 94972
Katholische Religion 1 – gk .... Best.-Nr. 84991
NEU: Katholische Religion 2 – gk .... Best.-Nr. 84992

Französisch

Textaufgaben z. Landeskunde Frankreich Best.-Nr. 94501
Französisch – Wortschatz .... Best.-Nr. 94503
Textaufgaben zur Literatur gk/LK .... Best.-Nr. 94502
Französisch – Textarbeit .... Best.-Nr. 94504
Französisch – Wortschatzübung .... Best.-Nr. 94505
Französisch – Literaturgeschichte .... Best.-Nr. 94506
Französisch – Interpretationshilfen 1 Lyrik .... Best.-Nr. 94507
NEU: Französisch – Interpretationshilfen 2 Prosa .... Best.-Nr. 94508

Erdkunde

NEU: Erdkunde – gk/LK .... Best.-Nr. 94901

Geschichte

NEU: Die Weimarer Republik .... Best.-Nr. 47815
NEU: Geschichte Quellen Die Weimarer Republik .... Best.-Nr. 47811
Geschichte 1 – gk Baden-Württemberg
Deutschland im 19. Jh., Entwicklung Russlands u. der Sowjetunion zur Weltmacht, die USA u. die Sowjetunion seit den 60er-Jahren u.a.m. ... Best.-Nr. 84761
Geschichte 2 – gk Baden-Württemberg
Nationalsozialismus, die Welt zwischen den beiden Weltkriegen (1919–1945), Deutschland und Europa nach dem 2. Weltkrieg u.a.m. .... Best.-Nr. 84762
Geschichte – gk K 12 Bayern
Entwicklung Bayerns zum modernen Staat, 1. Weltkrieg und Weimarer Republik, Nationalsozialismus (Innenpolitik) u.a.m. .... Best.-Nr. 94781
Geschichte – gk K 13 Bayern
Internat. Politik und 2. Weltkrieg, Bedingungen und Probleme des Neubeginns nach dem Krieg, Deutschland seit den 50er-Jahren u.a.m. .... Best.-Nr. 94782

Kunst

Grundwissen Malerei – LK .... Best.-Nr. 94961
Analyse und Interpretation – LK .... Best.-Nr. 94962

Sport

Bewegungslehre – LK .... Best.-Nr. 94981
NEU: Sport Trainingslehre – LK .... Best.-Nr. 94982

Pädagogik/Psychologie

Grundwissen Pädagogik .... Best.-Nr. 92480
NEU: Grundwissen Psychologie .... Best.-Nr. 92481

Bestellungen bitte direkt an: Stark Verlag · Postfach 1852 · 85318 Freising
Tel. 0 81 61/17 90 · FAX 0 81 61/179 51 · Internet http://www.stark-verlag.de

... und lernen wird einfacher!